百瑞信托
BRTC

信托研究与年报分析2013

百瑞信托博士后科研工作站 著

中国财政经济出版社

前　言

FORWORD

2012年年底，信托行业管理的信托资产规模达到7.47万亿元，超过了保险业7.35万亿元的资产规模，成为仅次于银行业的第二大金融细分行业，一时间万众瞩目、风光无限，仿佛走到哪里都是鲜花和掌声。但是高处不胜寒，说是第二名，其实与第一名银行业131万亿元资产规模相比连零头都赶不上；说是超越了保险行业，但是从资产结构和行业风控等角度来看，差距还是实实在在的。

今年是第五次出版《信托研究与年报分析》系列书籍了，2008年信托行业还在为资产规模突破万亿元而骄傲，转眼间2013年就要冲击十万亿元规模了，飞速的发展过程中尤其不能迷失自我。不依赖通道类信托业务，依托高净值客户资产管理和财富管理业务的发展取得成功，正是信托人不断的追求。“自知者明，自胜者强”，通过行业分析能够更好地认识所从事的这个行业，有利于更好地做好风险控制战胜自我，使行业取得稳健的发展，使信托成为一个不仅“大”而且“强”的行业。

《信托研究与年报分析2013》共分两个部分：第一部分为2012年信托公司年报分析，包括6篇系列研究报告，分别从行业概况、信托业务、自营业务、人力资源、客户服务、创新业务等多个角度，全面分析了国内信托公司2012年的经营情况，总结了行业发展特点，分析了行业发展趋势。第二部分包括6篇文章，其中4篇是2012年信托行业季度分析报告，侧重于信托行业产品发行情况、产品设计与创新分析。《信托产品流通市场研究》着眼于信托产品流通的巨大需求，总结分析了信托公司提升信托产品流动性的种种努力，提出了建立统一的信托产品流通市场的总体框架和操作方案。《金融创新浪潮下的信托监管建议》重点分析了2012年下半年密集出台的证券、基金、保险等资管新规，从比较监管理论的角度给出了若干具体的信托监管建议。

本书在编写过程中，国务院研究发展中心金融研究所副所长、博士生导师巴曙松教授，北京大学金融与证券研究中心主任、博士生导师曹凤岐教授，对外经济贸易大学副校长、博士生导师刘亚教授，中央财经大学副校长、博士生导师史建平教授，南开大学原经济学院院长、博士生导师马君潞教授，在百忙之中从学术角度提出了许多宝贵的意见和建议，在此表示衷心的感谢。

本书主要编写人员为：马宝军、马磊、罗靖、高志杰、程磊、汪要文、王彪、白战伟和王文莉。其中，马宝军作为编委会主任，负责本书的选题、总体策划与审稿；马磊、王彪撰写了2012年信托公司年报分析之《信托业务篇》，马磊、白战伟撰写了2012年信托公司年报分析之《创新业务篇》，罗靖、王文莉撰写了2012年信托公司年报分析之《人力资源篇》，高志杰、程磊、汪要文分别撰写了2012年信托公司年报分析之《客户服务篇》、《行业概况篇》和《自有业务篇》，汪要文、王彪、白战伟和王文莉撰写了4篇2012年信托行业季度分析报告，程磊撰写了《信托产品流通市场研究》和《金融创新浪潮下的信托监管建议》。

由于所收集的资料有限，主要研究人员信托行业从业经验尚浅、时间紧迫等原因，本书还存在许多尚待改进之处，希望大家不吝赐教。

百瑞信托博士后科研工作站

2013年9月

CONTENT

目　录

第一部分　2012 年信托公司年报分析

第二部分　信托研究

第一部分

2012年信托公司年报分析

2012年信托公司年报分析之一：行业概况篇

百瑞观点：

- 信托行业内忧外困：受调控政策和市场行情影响，业务拓展受阻；资管业务不断放开，金融子行业竞争加剧，信托业的制度红利逐渐削弱
- 信托行业社会价值逐渐提升，主要体现为：更大程度支持实体经济发展、为客户创造可观的投资收益、向国家缴纳巨额税收
- 抗风险能力得以加强：信托公司更加注重资本实力的提升
- 2012年信托行业继续呈现靓丽的成绩单：信托资产规模继续冲高，未来调整结构是关键；行业盈利能力稳步提升，总收入和净利润增幅近50%；资本利润率创阶段新高，市场化程度高的信托公司股东回报率最高
- 信托业务杠杆倍数高企，但从37家披露净资本监管指标的信托公司来看，风险尚处于资本能够覆盖的范围
- 信托公司风险处置机制亟待完善：尽管风控已普遍受到极大的重视，但对于风险已经发生的项目还缺乏成熟的处置机制

- 关注人才队伍建设：信托公司之间员工人数差距逐渐拉大；与员工人数相关性最为显著的是集合信托规模，其次是总收入，而与ROE相关性不大；年末应付职工薪酬体现了差异化的绩效激励措施，且与总收入、净利润的相关性较为显著
- 衡量信托公司综合竞争力：从信托业务与自营业务发展程度及均衡度看资产管理能力；从净资产和集合信托规模看风险承受能力与业务拓展的匹配度；从净利润与费用支出看当前盈利和长期发展
- 信托行业已经发展为充分竞争型市场结构，信托公司应寻求差异化定位
- 股东背景对信托公司各项指标有着显著影响：绝对量指标上金融机构背景的信托公司占据优势，相对量指标上民营背景和地方国企背景信托公司排名靠前
- 信托与互联网的未来：营销与服务创新

作为金融行业年轻的一员，2012年，信托业面对更加复杂的外部环境，充分利用跨市场投资、平缓经济周期的优势，与银行形成互补，为实体经济发展注入活力，在困境中求发展，与此同时，信托行业管理的信托资产规模继续再创新高，连续4年实现近50%的增速。然而，市场总是多变的，外部竞争在不断加剧，持续的快速增长也必将考验信托公司的风控能力，大家对信托业的未来有期望、有担忧，站在十字路口的信托业，信托业用数据向大家阐述我们的明天由我们主宰。

第一章　信托业外部发展环境综述

受欧债危机蔓延，国际市场需求萎缩以及国内经济下行等宏观经济影响，2012年，我国宏观经济系统性风险加大，企业出现经济效益大幅下降、资金管理困难加剧，风险持续加大等困境，长期来看，调结构、去杠杆成为

改革的主基调。面对企业的融资需求，作为服务实体经济服务的金融行业，一方面要积极为实体经济发展提供金融支持；另一方面加强风险防范，维护金融业的持续稳健发展，这对各类金融机构提出了新的要求。在此宏观背景下，信托业发展环境并不乐观，加之证券、保险等其他金融子行业掀起的一轮创新热潮，使得信托业面临前所未有的考验。

一、受调控政策和市场行情影响，主要行业领域业务拓展受阻

房地产、基础设施、证券三大领域一度被称为信托行业发展的“三驾马车”，2012年，受各种因素影响，“三驾马车”不同程度受挫，加大了信托业务拓展的难度和风险。

（一）房地产调控政策持续加码，信托风控随之升级

随着房地产业的高速增长，房价的快速上涨和房地产市场的剧烈波动，引起了全社会的关注，2010年年初以来，政府再一次对房地产市场实行紧缩型宏观调控。“国八条”、房产税试点改革等政策的先后落地，“限购”、“限价”、“限贷”等政策也全面升级，中央政府明确提出了抑制房地产投资、投机行为，遏制部分城市房价过快上涨的政策目标。被称为“史上最严厉”的调控已经持续近三年的时间，房地产市场曾一度陷入浓厚观望，虽然近期呈现回稳迹象，但房地产企业的经营风险加大。

在此背景下，为加强风险防范，2011年7月，中国银监会对房地产信托的开展出台了新的要求，将房地产信托的发行由此前的“事后报备”改为“事前报备”，要求信托公司在发行房地产信托计划之前先到属地的银监部门报备。实施“事前报备”政策之后，银监部门通过拉长审批周期等方式减缓了房地产信托的发行速度。与此同时，在房地产调控没有放松迹象的情况下，信托公司自身风险控制方面也对房地产信托业务提出了更高的要求。据信托业协会数据统计，2012年，行业共开展房地产信托3163亿元，较2011年下降14.6%，其中，集合信托1496亿元，较2011年下降37.3%。

（二）地方融资平台债务问题严峻，基础设施信托受拖累

2009年4万亿元经济刺激政策出台后，地方融资平台债务膨胀，为其提供资金的银行系统潜在坏账率上升。针对上述问题，2010年，国务院下发《关于加强地方政府融资平台公司管理有关问题的通知》（国发〔2010〕19号），要求地方各级政府要对融资平台公司债务进行一次全面清理，并按

照分类管理、区别对待的原则，妥善处理债务偿还和在建项目后续融资问题。

基础设施信托是除了房地产信托之外信托公司又一重要业务领域，从市场需求上，在全国基础设施建设普遍相对落后亟待升级和政绩需求的背景下，地方政府有着强烈的举债冲动，同时地方政府拥有的资源诸多，再融资能力相对企业而言更加有保障，因此，信托公司对政信合作有着较高的认可度。2012年，顺应监管政策要求，政信合作类信托业务更多以能够产生现金流的项目为载体，通常还需要提供抵质押，但其中也不乏一些信托公司为了规避政策限制而开展的BT项目应收账款收益权信托，从形式上符合了监管要求，但是实质上仍是政府信用类信托业务，更有甚者信托标的物应收账款在信托成立时尚未确权，具有一定的法律瑕疵。

针对融资平台类政信合作信托的不断升温，2012年，中国银监会通过窗口指导方式对部分该类业务增长迅速的信托公司进行了风险提示，要求限制融资平台类产品；2012年12月底，财政部、发改委、中国人民银行、中国银监会四部委联手出台《关于制止地方政府违法违规融资行为的通知》（463号文）规范政府融资行为。长远来看，463号文的执行将有助于规范地方政府融资行为，明确融资平台的职能界限和资产、资金渠道，对控制地方政府债务风险有重大意义，但对于信托业而言无疑是重大利空，地方政府将更多的转向发行城投债或通过企业发行私募债来满足融资需求。2013年，政信合作信托将遇到更多的阻力，但作为信托公司，应强化风险意识，认真分析每笔业务存在的实际潜在风险，而并非掩耳盗铃式通过创新从形式上规避监管政策的限制。

（三）证券市场未见曙光

2012年8月31日，中登公司发布《关于信托产品开户与结算有关问题的通知》，明确信托公司可开立证券账户参与证券交易，这意味着自2009年7月证券投资信托暂停开户以来暂停达三年之久的信托开户重新开启，为信托产品提供了公平参与证券市场的机会。对于私募基金公司而言，通道费将大大降低，然而这一迟来的惊喜却并未对信托公司自身开展的证券投资业务产生显著影响，主要原因是A股市场的一蹶不振，以往存续的证券投资信托不同程度亏损，在市场前景不明朗的情况下，投资者和信托公司更多持观望态度。

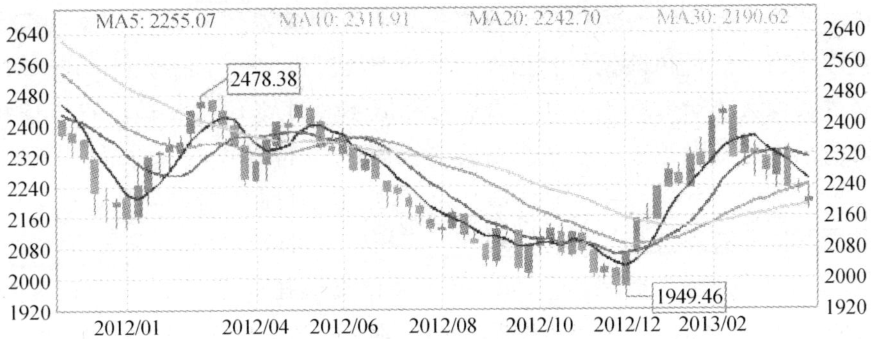

图 1-1　2012 年上证指数走势图

从图 1-1 中的上证指数走势可以看到，2012 年，上证指数在 2200 点上下波动，最高 2478 点，最低 1949 点，达到 2010 年以来三年中的新低。从信托公司披露的年报数据统计，2012 年信托公司清算的证券投资信托合计 917 个，规模 1733 亿元，各家信托公司公布的清算证券投资信托加权年化收益率分布情况如表 1-1 所示，有 3 家信托公司清算的主动管理证券投资信托加权年化收益率超过 10%，分别是方正信托 29.05%、西部信托 12.65%和五矿信托 17.46%；有 2 家信托公司清算的被动管理证券投资信托加权年化收益率超过 10%，分别是中江信托 151.67% 和四川信托 10.42%。

表 1-1　2012 年信托公司清算的证券投资信托加权年化收益率分布情况

	10%以上	5%—10%	0—5%	(-5%)—0	(-5%)—(-10%)	低于(-10%)
主动管理加权平均	3	14	7	5	8	6
被动管理加权平均	2	7	9	—	—	1

在我国当前信托业发展阶段，信托产品仍以融资类为主，投资者对信托产品收益率的预期通常为固定收益，对于风险持回避态度。而对于投资类，尤其是证券投资类信托产品，若为非结构化设计，则收益水平受市场因素影响较大，从表 1-1 中 2012 年清算的证券投资类信托产品年化收益率情况来看，有 19 家信托公司采取主动管理的证券投资信托加权平均为亏损，此外，不排除还存在当年未到期清算的信托项目出现的浮亏情况。因此，一定意义

上讲，非结构化证券投资信托的合格投资者标准更高，不仅具备投资实力，而且需要有一定的风险偏好和积极的风险态度；反之，若信托公司在未对投资者进行深入了解和甄别，让非合格投资者购买了非结构化证券投资信托，在市值出现亏损情形下，信托公司将可能面临声誉风险。

二、同业竞争加剧，制度红利逐渐削弱

（一）资管业务不断放开，金融子行业竞争加剧

2012年下半年以来，中国证监会推出的新政令人眼花缭乱，随着中国证监会拉开的资管创新大幕，金融深化改革逐步推进，各金融子行业之间的界限被打破，业务交叉程度达到历史空前。与此同时，一向最为稳健保守的中国保监会也加入了创新队伍，不仅扩大了保险资金的投资范围，而且允许保险资产管理公司作为受托人开展资管业务。

1. 各类机构资管业务优势对比。对比中国证监会和中国保监会下发的资管新政可以看到，证券、基金、期货、保险资管业务与信托业务之间产生了很强的替代性，上下游客户与当前信托公司开展的信托业务有较大的重合，加上银行人民币理财业务，资管领域的竞争进入了一个前所未有的阶段。

表1－2　　各类金融机构资管业务领域优劣势对比

	信托	银行	证券	基金	保险	期货
业务类型	资管	存贷款、资管	经纪、投行、资管	资管	保险、资管	经纪、资管
资管业务经验	丰富	非常丰富	一般	略差	一般	略差
项目资源	较多	多	多	少	一般	少
客户资源	一般	多	多	多	多	一般
获取资金价格	高	低	较低	较高	低	—

对比各类金融机构在资管业务领域的业务经验、项目资源、客户资源，如表1－2所示。可以看到，银行和证券公司较信托优势明显，但中国银监会对于银行理财业务仍将严控，而证券公司一旦完成业务转型将对信托行业产生较大影响；基金公司在证券投资之外的领域没有业务经验和基础，需要借助于专业子公司开辟新天地；保险公司业务理念将产生改变，在大项目的获得上占有优势；期货公司整体规模不大，且中国证监会尚未出台相关细

则，资管业务短期难以取得明显进展。

2. 非上市公司私募债将分流信托业务资源。根据中国证监会下发的《公司债券发行管理暂行办法》（征求意见稿），非上市公司可以通过非公开发行方式发行公司债券，采取备案制，发行对象包括金融机构、金融机构面向投资者发行的理财产品、注册资本不低于500万元的企业法人、实缴出资金额不低于500万元的合伙企业、QFII、RQFII、金融资产不低于300万元的个人投资者，每期债券投资者不超过200人。

非上市公司私募债的发行人与融资类信托业务的融资方有较大的重合，中国证监会此次征求意见稿对于发行主体不设任何财务指标和发行限制条件，发行条件相对宽松，证券公司在理顺这类业务后将对信托公司的融资类业务产生巨大冲击。

3. 监管尺度上，证券公司更为宽松。对照证券公司资管业务的相关规定，可以发现证券公司完全比照信托功能开展资管业务，对信托具有极强的替代性，但从监管角度，监管尺度更加宽松。比如，同类业务投资者范围和数量更加宽泛，能更好地满足融资需求；倾向于轻资产管理模式，强调投资者风险自担；产品的开放性和流动性方面，券商和基金资管更为宽松；拓宽资产证券化业务基础资产范围，推动业务向常规化发展；证券公司债务融资工具管理暂行规定助力券商提升杠杆；拓宽公司债券发行主体范围，非上市公司可通过非公开方式发行公司债券。

4. 保险公司更低的资金成本带来的冲击。从客户群体上看，保险资管公司客户风险偏好程度较低，相应的对于收益率也没有太高要求，因此其资金成本最低，可能导致优质项目优先流向保险资管。

此外，根据中国保监会《基础设施债权投资计划管理暂行规定》，保险资金投资于基础设施债权投资计划的受托人界定为保险资管公司，将信托公司排除在外。同时由于保险资金体量大，资金成本低廉，因此一旦进入产业市场，将具有很大的竞争力，其可直接通过保险资管公司对接融资者，将会极大地削弱信托公司融资业务的竞争优势，对于养老金、企业年金等机构投资者具有很强的吸引力。

（二）背后的大树——银信业务遭分流

尽管近几年信托业取得了快速发展，但显而易见的是当前中国金融体系仍以银行为主导。截至2012年年底，银行业存款规模125万亿元，理财规模7.6万亿元，两者合计132.6万亿元。借助于独具的清算功能和众多的网点，银行吸收资金的能力为其他金融机构所无法比拟，且获得存款和理财资金所需要承担的利率很低。另一方面，在融资方可选择的各类债务融资方式中，贷款利率最低；其次是发债券；再次是信托。使得银行能够获得大量的优质项目资源，在上下游客户的获得上较其他金融子行业均具有明显优势，使得信托公司、证券公司、基金子公司纷纷成为银行开展表外业务的通道。

对于银信合作，监管层一直持审慎态度，2009—2011年，先后出台《中国银监会关于进一步规范银信合作有关事项的通知》、《中国银监会关于规范银信理财合作业务有关事项的通知》、《中国银监会关于进一步规范银信理财合作业务的通知》和《中国银监会非银部关于做好信托公司净资本监管、银信合作业务转表及信托产品营销等有关事项的通知》等规范性文件，同时利用非现场监管信息系统对银信合作业务进行持续统计和监测，针对不同发展阶段的问题，及时进行专题分析，并通过专题监管会议对商业银行和信托公司进行监管指导，对重点信托公司开展窗口指导。通过“有保有压”的监管策略，抑制银信合作野蛮和粗放式增长。

在银信合作业务受限和券商资管创新的双重背景下，证券公司成为银行开展表外业务的另一通道，为了迅速占领市场，证券公司打出了降价牌，通道业务收费低至万分之一，甚至不收费，使得银证合作业务规模迅速增加。截至2012年年末，证券公司资管业务规模1.89万亿元，2011年年末仅有2819亿元，2012年三季度末也只有9296亿元，在这1.89万亿元的资管规模中，1.6万亿元为定向资管业务（通道业务），集合资管业务仅2200亿元。券商的加入无疑将造成部分银信合作业务的分流，但由于券商资管计划不能直接发放贷款，因此对银信合作业务规模的影响尚不显著。

（三）利率市场化进程加快

2012年6月至7月间，人民银行两次调整利率浮动区间，金融机构贷款利率浮动区间下限调整为基准利率的0.7倍，存款利率浮动区间的上限调整为基准利率的1.1倍，标志着中国利率市场化进程的又一迈进。

在利率管制下，信托作为金融体系中银行贷款的重要补充，这也是近几年信托快速发展的另一原因。随着利率市场化进程的加快，银行存贷款利率浮动区间不断扩大，势必将对信托公司的融资客户和投资客户均产生影响。如果说券商、基金进入资产管理行业让独享分业经营好处的信托公司开始感受到了竞争的威胁的话，那么此次央行全面放开金融机构贷款利率管制则进一步削弱了信托行业的“制度红利”。

回顾信托快速增长的历程，信托资产管理规模的高速增长，很大程度上是因为分业经营的监管体系为信托业创造了一种制度性红利。如今，证券、基金、期货、保险资管均可汇集客户资金开展资管业务，打破了原有的机构壁垒，其资管业务与信托业务之间产生了很强的替代性，制度性红利正在逐渐弱化甚至消失。金融体系发展的主线是功能而不是机构，谁能以更高的效率、更低的成本、更好的服务满足社会需求，谁就是最有发展前途的机构，在竞争中处于优势地位。老子曰：知人者智，自知者明。不管信托行业发展到哪个阶段，我们都应该认真的总结过去，思考未来。

第二章　数据背后的信托百态

一、信托规模节节高

（一）信托资产规模继续冲高，未来调整结构是关键

2012年，信托业在各种质疑声中继续保持着快速发展。根据年报中披露的数据，截至2012年年末，66家信托公司管理信托资产规模达7.47万亿元，超过了保险业7.35万亿元的资产规模。2005—2012年信托资产规模增长情况如图1－2所示。

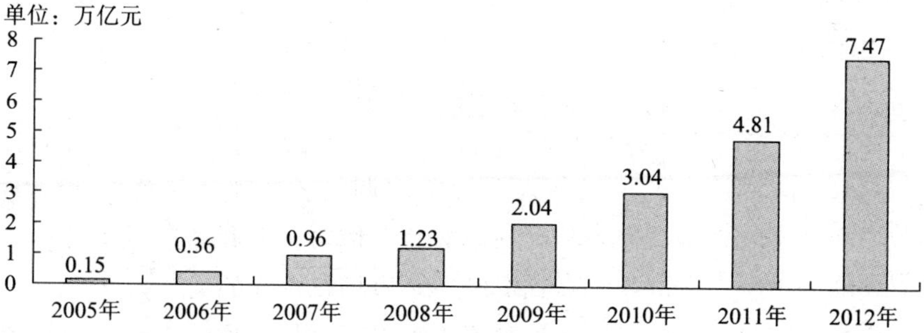

图1－2　2005—2012年信托资产规模变动图

从项目类型上看，集合资金信托1.88万亿元，占比25%；单一资金信托5.1万亿元，占比68%；财产权信托0.49万亿元，占比6%（见图1－3）。

可见，尽管近几年信托资产规模取得了飞速增长，但是集合资金信托规模仍相对较小，不足2万亿元，相比中国巨大的财富管理市场而言，信托功能尚未得到充分发挥。目前，不管是从监管导向还是信托公司内部驱动，开展通道类业务的意义开始逐渐弱化，在信托公司专注开展财富管理业务后，未来信托业仍有巨大的市场空间。换句话说，未来信托资产规模增长速度可能下降，但产品结构的调整将促使质量的改善。

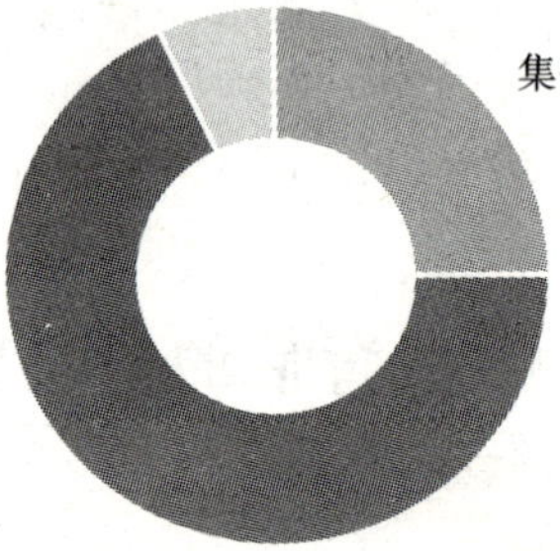

图1－3　2012年年末信托资产构成

动态来看，2009—2012年，集合资金信托、单一资金信托、财产权信托规模均处于增长态势。但从占比上看，2009—2011年间，单一资金信托规模占比持续降低，2011—2012年基本保持稳定；集合资金信托规模占比则在2009—2011年间处于增长态势，而2011—2012年占比小幅下降；财产权信托与集合资金信托走势相反，2009—2011年间处于下降态势，而2011—2012年小幅增长，详见表1－3、图1－4。

表1－3　2009—2012年信托资产分布情况表

信托资产分布	2009年		2010年		2011年		2012年	
	金额（万亿元）	占比（%）	金额（万亿元）	占比（%）	金额（万亿元）	占比（%）	金额（万亿元）	占比（%）
集合资金信托	0.27	13	0.60	20	1.35	28	1.88	25
单一资金信托	1.64	80	2.30	77	3.28	68	5.1	68
财产权信托	0.18	9	0.14	5	0.17	4	0.49	7
信托资产总计	2.04	100	2.98	100	4.80	100	7.47	100

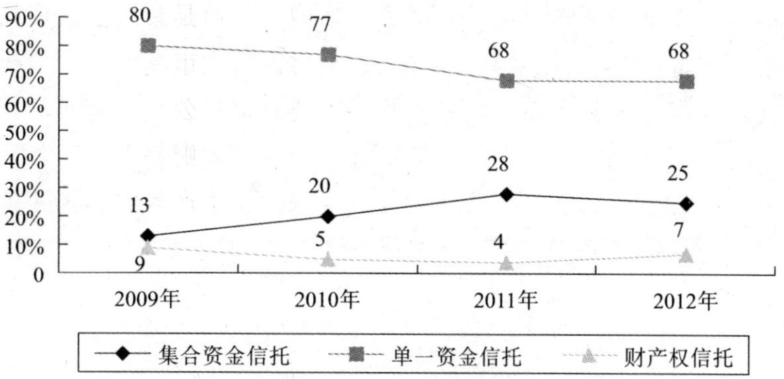

图 1－4　2009—2012 年各类信托资产占比情况图示

各类信托资产占比出现上述走势的原因包括以下三个方面：

1. 2009—2011 年，为了响应中国银监会关于信托公司加强自主管理、减少开展通道类业务的导向，信托公司集合资金信托业务相对增加，占比上升。2012 年，正如第一章外部发展环境分析中所讲，信托公司在主要业务领域业务拓展受阻、制度红利逐渐消失的背景下，集合信托业务拓展遇到了前所未有的困境，由此导致集合资金信托规模占比下降的情形。

2. 2009 年，中国银监会出台多项举措对银信合作进行规范，受此影响单一信托占比出现下降，但执行中通过多种业务变形规避了监管，且银行拥有丰富的项目源和客户源，而这两项对于信托公司都属于劣势，因此银行成为信托公司不得不依赖的大树，因此银信合作业务仍占据较大比例，2012 年在信托行业业务拓展面临较大困境的时候，单一信托占比止跌。

3. 财产权信托占比基本持续处于下降态势，2011—2012 年，一些银信合作的单一信托为了规避政策监管采取了财产权信托的方式进行了变形，例如，由融资企业设立财产权信托并设置相应的抵质押措施，银行自有/理财资金购买/受让信托受益权成为受益人，并向企业支付购买/受让信托受益权的对价，变相向企业发放贷款。因此，2012 年财产权信托占比出现上升，但有相当一部分的财产权信托实质上仍属于单一资金信托范畴。

（二）信托业对内外部政策的敏感度差异显著

动态来看，2012 年年末信托资产规模较 2011 年年末的 4.81 万亿元增加 2.66 万亿元，增幅达 55.3%，连续 4 年保持近 50% 的增长速度。

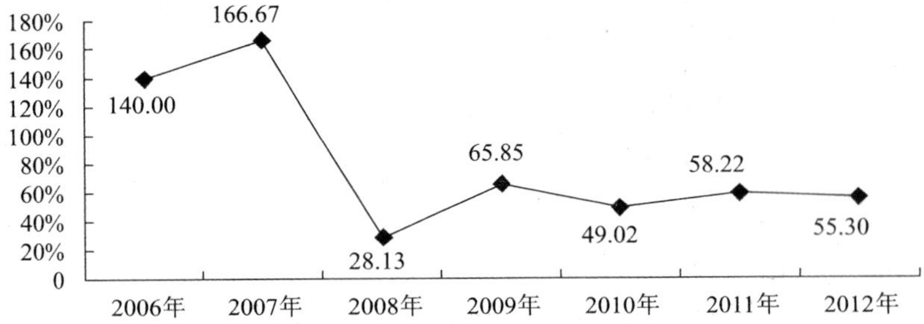

图1－5　2006—2012年信托资产规模增长率变动图

从图1－5可以看到，自2006年以来，除了“新两规”出台后的2008年增速大幅下降外，其余各年份信托业持续保持着高速增长态势。如果把监管部门对信托业监管政策的调整看做行业内部影响因素，把相关业务领域的宏观调控政策看做外部影响因素，可以发现，内部因素对信托资产规模的影响强于外部因素，即对行业监管政策的敏感性高于对业务领域调控政策的敏感性。

（三）信托业仍处于发展期

尽管近几年信托业的发展速度超过了其他金融子行业，但是从信托深度指标（信托资产规模/GDP）上来看，我国信托资产在GDP中所占比例依然偏低。如图1－6所示，2012年年末我国信托资产规模与GDP的比值为14.4%，同期日本的信托规模与GDP的比值为129%，可见，与信托业更加成熟的国家相比，我国信托化程度依旧不足。我们用A股市值与GDP的比值衡量我国的证券化程度，2012年年末该比值为44.12%，可见，我国信托业仍处于发展上升期，尚未达到成熟期。

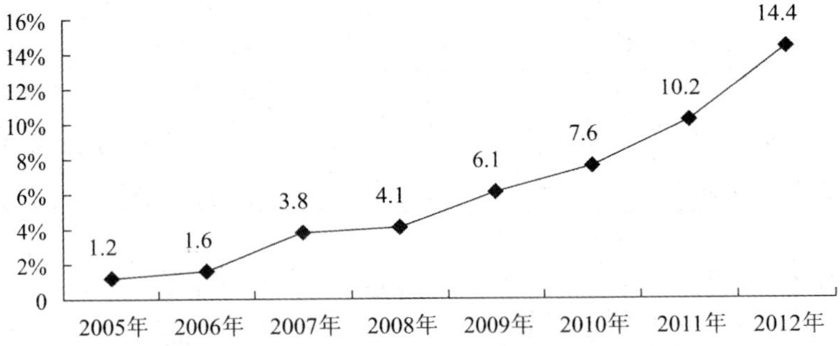

图1－6　2005—2012年信托资产规模占GDP比重趋势图

（四）信托规模两极差异性突出

2012年年末，信托公司平均管理的信托资产规模为1131.5亿元，较2011年年末的行业均值762.6亿元增加368.9亿元，有27家信托公司超过行业平均值，另外39家信托公司处于行业均值之下；行业中位数为940.5亿元，较2011年年末的517.9亿元增加422.6亿元。从具体信托公司来看，信托资产规模之间的差距逐渐拉大，遥遥领先的中信信托管理信托资产规模5913亿元，另外两家银行系信托公司建信信托和兴业信托也步入了前三甲，但规模距离中信信托仍有2000多亿元的距离。而另外一极，信托资产规模排名靠后的信托公司仅100多亿元甚至不足100亿元的规模。具体如图1－7所示。

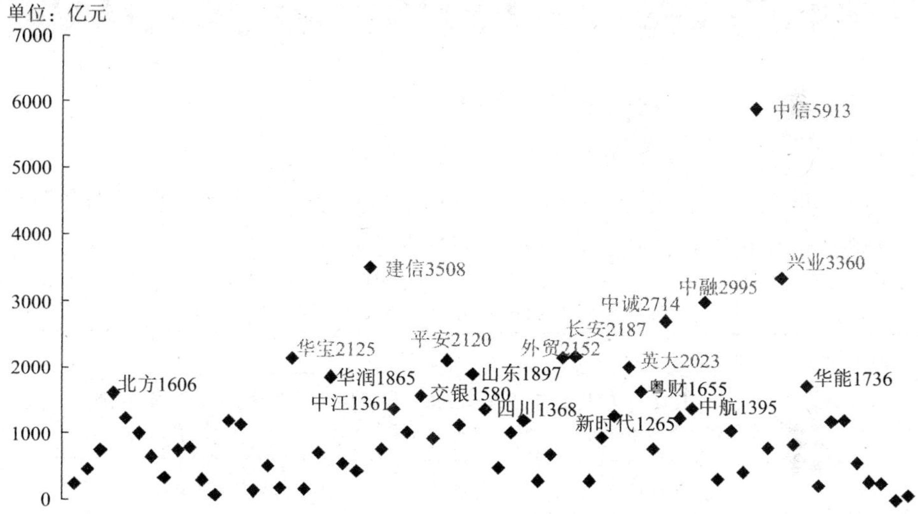

图1－7　信托资产规模排名前20位的信托公司

由于信托规模中单一资金信托占比较大，其中较大部分属于通道类业务，不反映信托公司的资产管理能力，因此，本文对集合资金信托进行分析。从66家信托公司披露的年报数据上看，截至2012年年末，集合信托规模合计1.88万亿元，平均每家信托公司284亿元，行业中位数为173亿元，规模最大的是中融信托1247亿元，中信信托1138亿元位居第二，平安信托960亿元排名第三，500亿元以上的有10家信托公司；另外一端，100亿元以下的有11家信托公司，除了新重组的长城新盛未开展外，规模最小的3

家信托公司分别是国民信托14亿元、甘肃信托35亿元和英大信托51亿元，见图1－8。

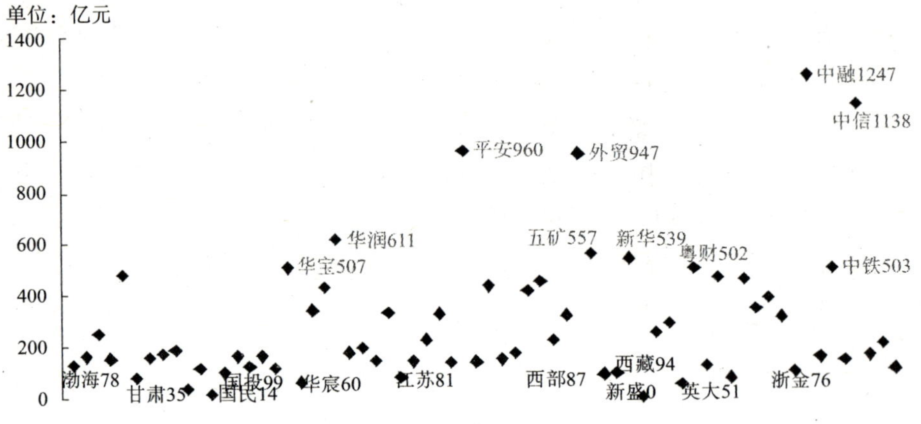

图1－8　信托公司集合信托规模分布图

（五）从集合资金信托规模看信托公司发展

鉴于集合资金信托更能反映信托公司的资产管理能力，我们根据各阶段集合资金信托规模将信托公司分为不同梯队，见表1－4。

表1－4　根据集合信托资产规模对信托公司进行梯队分类情况

集合信托规模	信托公司分布
第一梯队：10家（500亿元以上）	中融信托、中信信托、平安信托、外贸信托、华润信托、五矿信托、新华信托、华宝信托、中铁信托、粤财信托
第二梯队：14家（300亿—500亿元）	北京信托、长安信托、中诚信托、四川信托、山东信托、华融信托、上海信托、中航信托、中海信托、华能信托、建信信托、昆仑信托、天津信托、中江信托
第三梯队：18家（150亿—300亿元）	兴业信托、新时代信托、百瑞信托、金谷信托、苏州信托、重庆信托、华信信托、方正信托、华鑫信托、东莞信托、陕国投、中原信托、安信信托、国元信托、湖南信托、大业信托、中泰信托、北方信托
第四梯队：13家（100亿—150亿元）	山西信托、中投信托、吉林信托、交银信托、厦门信托、陆家嘴信托、爱建信托、杭工商信托、云南信托、国联信托、华澳信托、紫金信托、中粮信托
第五梯队：11家（100亿元以下）	国投信托、西藏信托、西部信托、江苏信托、渤海信托、浙金信托、华宸信托、英大信托、甘肃信托、国民信托、新盛信托

二、社会价值

在行业快速发展的同时，社会价值随之提升。一方面，为实体经济发展提供投融资服务，与银行体系形成良好的互补；另一方面，为投资者提供金融理财产品，满足客户全方位资产配置和财富保值增值的需求。

（一）为实体经济发展提供投融资支持

2012年，66家信托公司共新增信托项目16521个，平均每家信托公司250个；新增信托规模5.4万亿元，平均每家信托公司818亿元。从新增项目数量和规模上看，较2010年和2011年均有显著增长，为实体经济发展提供有力支持（见图1－9）。

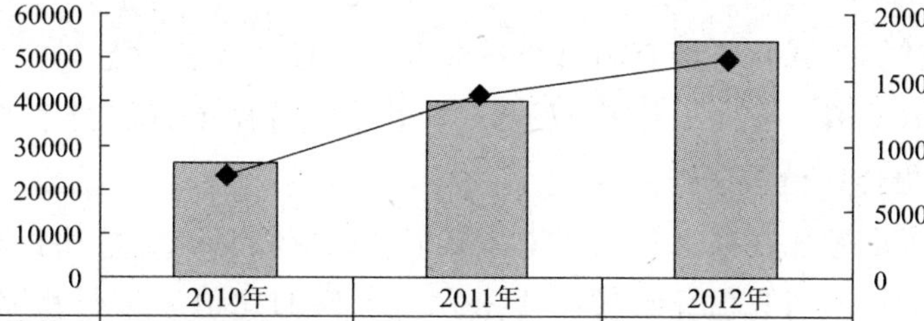

	2010年	2011年	2012年
新增规模(左轴)	26029	40003	53990
新增数量(右轴)	7765	13817	16521

图1－9　2010—2012年新增信托项目情况对比图

（二）创造了可观的投资收益，满足投资者财富保值增值需求

根据披露年报的66家信托公司数据统计，2012年，清算项目数量11987个，清算的实收信托规模2.68万亿元，平均每家信托公司清算项目182个，清算实收信托规模406亿元。见图1－10。

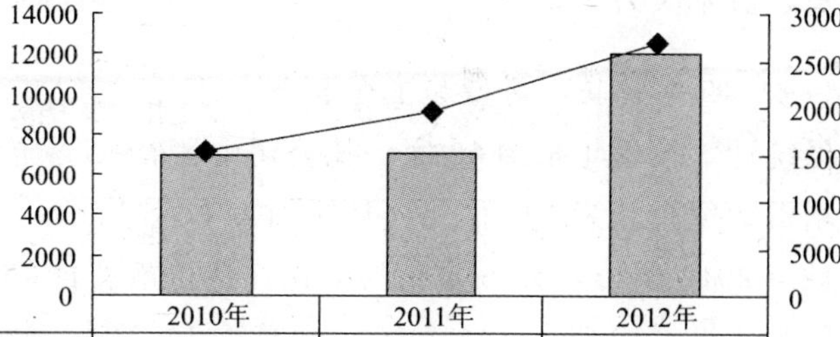

	2010年	2011年	2012年
清算项目数量(左轴)	6998	7066	11987
清算实收信托规模(右轴)	15351	19630	26810

图1－10　2010—2012年清算信托项目情况对比图

根据信托公司年报中披露的当年清算项目实收信托规模和加权平均实际年化收益率，我们可以估算出2012年66家信托公司已清算项目为投资者实现投资收益1785亿元，较2011年增加近70%，如图1－11所示。

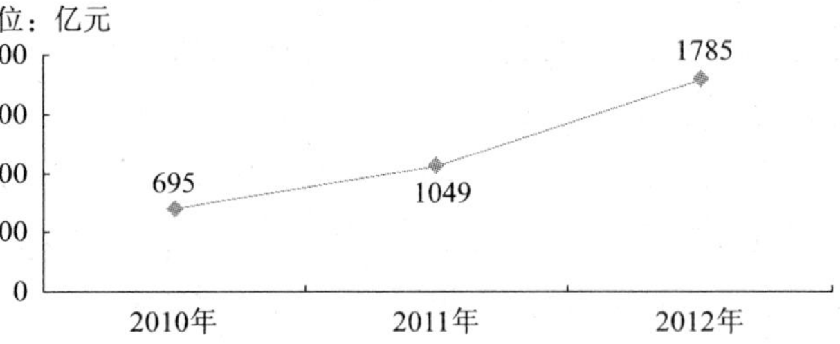

图1－11　2010—2012年信托公司清算项目实现收益

计算公式：已清算项目为投资者实现投资收益＝Σ年度清算的实收信托规模（集合、单一、财产权）×本年度已清算项目加权平均实际年化收益率（集合、单一、财产权）

考虑到还存在大量当年未清算但向投资者分配了信托收益的情况，按照年度清算的实收信托规模与年末存续规模的比值来进行粗略估计，2012年信托公司为投资者创造的信托收益为5000亿元左右。

（三）向国家缴纳大量税收

据年报数据统计，2012年66家信托公司直接缴纳3种税费（企业所得税、营业税金及附加、信托项目营业税及附加）合计达149亿元，较上年增长55%。此外，信托公司还通过支持实体经济发展、员工个人所得税等途径间接为政府贡献大量税收。

三、资本实力争扩充

（一）15家信托公司增加了资本金

经统计，披露年报的66家信托公司中，有15家信托公司增加了注册资金，增资额度合计为102亿元，具体如表1－5所示。

截至2012年年末，66家信托公司注册资本合计973.5亿元，较2011年年末的852亿元增加了121.5亿元，增幅14.3%；平均注册资本14.75亿元，较2011年年末的13.49亿元增加1.26亿元，增幅9.34%；中位数值为12.69亿元，较2011年的12亿元增加0.69亿元。2006—2012年行业注册

表1－5　　2012年增加注册资金的信托公司明细

序号	信托公司	增资后（亿元）	增资前（亿元）
1	爱建信托	30	10
2	华信信托	30	20.57
3	兴业信托	25.76	12
4	华鑫信托	22	12
5	中铁信托	20	12
6	英大信托	18.217545	15
7	中原信托	15	12.02
8	中粮信托	14.99812523	12
9	苏州信托	12	5.9
10	新华信托	12	6.2112
11	陆家嘴信托	10.683462	3.15
12	方正信托	10	6
13	新时代信托	8	3
14	陕国投	5.78413026	3.58413026
15	西藏信托	4	3

资本及增长率变动情况如图1－12所示。

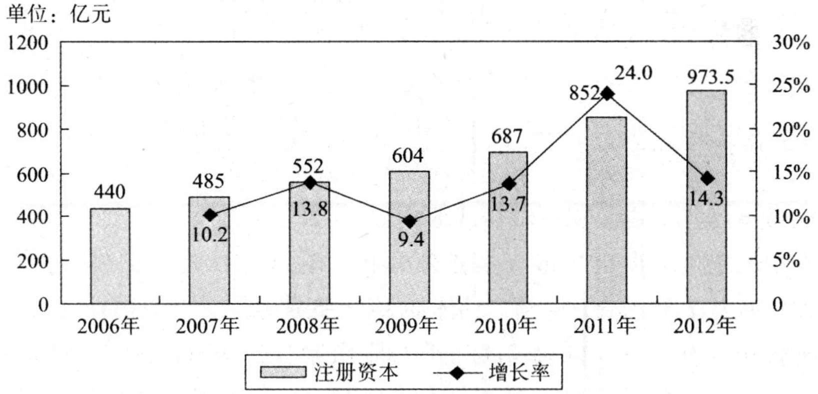

图1－12　2006—2012年行业注册资本及增长率变动图

（二）净资产突破2000亿元，增幅远高于注册资本

相对于注册资本而言，净资产更能反映信托公司的资本实力，尤其在监管部门对信托公司实施净资本监管后，净资产规模的大小将直接影响信托公司的业务规模和盈利能力，因此，增加净资产规模，扩充资本实力成为信托公司必须要考虑的问题。

截至2012年年末，行业净资产合计2030.8亿元，较2011年年末的1623.5亿元增加407.3亿元，增幅25.1%；平均每家信托公司净资产30.77亿元，较2011年年末的25.37亿元增加5.4亿元，增幅21.28%；中位数值为23.88亿元，较2011年的18.35亿元增加5.53亿元。2006—2012年行业净资产及增长率变动情况如图1－13所示。

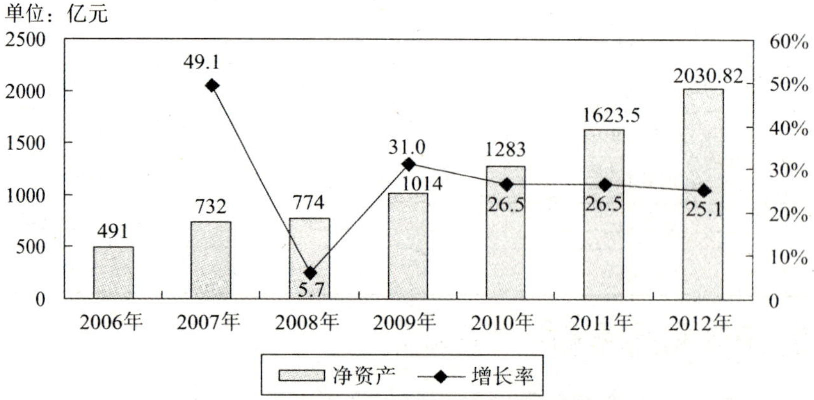

图1－13　2006—2012年行业净资产及增长率变动图

2012年，行业增加的407.3亿元净资产中，102亿元来自于注册资本金的增加，8.6亿元来自于新重组的信托公司（浙金信托和新盛信托），剩余的296.7亿元分别来自于上年度利润留存、资本公积—其他资本公积—其他综合收益贡献、资本公积—资本或股本溢价。

在中国银监会出台《净资本管理办法》后，信托公司更加关注净资产的增加和自营业务的合理配置，以便为信托业务提供更大的提升空间。从具体信托公司来看，净资本最多的是平安信托151.47亿元，百亿元以上规模的还有两家信托公司，分别是华润信托101.55亿元和中诚信托100.46亿元；50亿—100亿元的有8家信托公司，详见表1－6。

表1－6　　根据净资产规模对信托公司进行梯队分类情况

净资产规模	信托公司分布
第一梯队：11家（50亿元以上）	平安信托、华润信托、中诚信托、中信信托、重庆信托、江苏信托、上海信托、华信信托、建信信托、外贸信托、昆仑信托
第二梯队：10家（30亿—50亿元）	中融信托、兴业信托、中海信托、国元信托、华宝信托、英大信托、吉林信托、北京信托、陕国投、华能信托
第三梯队：21家（20亿—30亿元）	华融信托、中江信托、中铁信托、爱建信托、渤海信托、中投信托、粤财信托、交银信托、华鑫信托、山东信托、中航信托、国联信托、百瑞信托、国投信托、北方信托、中粮信托、长安信托、四川信托、新华信托、天津信托、金谷信托
第四梯队：14家（10亿—20亿元）	苏州信托、中原信托、五矿信托、中泰信托、新时代信托、厦门信托、山西信托、国民信托、方正信托、西部信托、湖南信托、甘肃信托、云南信托、陆家嘴信托
第五梯队：10家（10亿元以下）	杭工商信托、东莞信托、华宸信托、华澳信托、紫金信托、安信信托、西藏信托、大业信托、浙金信托、新盛信托

四、盈利能力稳步上升

（一）总收入和净利润双提升，增幅近50%

2012年，66家信托公司共实现总收入648.6亿元，较2011年的444.48亿元增加204.12亿元，增幅45.9%；行业平均值为9.83亿元，较2011年的6.94亿元增加2.89亿元；行业中位数值为7.45亿元，较2011年的4.38亿元增加3.07亿元。

66家信托公司共创造净利润347.12亿元，较2012年的233.78亿元增加113.34亿元，增幅48.48%；行业平均值为5.26亿元，较2011年的3.65亿元增加1.61亿元；行业中位数值为4.03亿元，较2011年的2.43亿元增加1.6亿元。2006—2012年信托行业总收入和净利润走势图如图1－14所示。

（二）信托公司总收入和净利润排布情况

从具体信托公司来看，2012年实现总收入最多的信托公司是中信信托

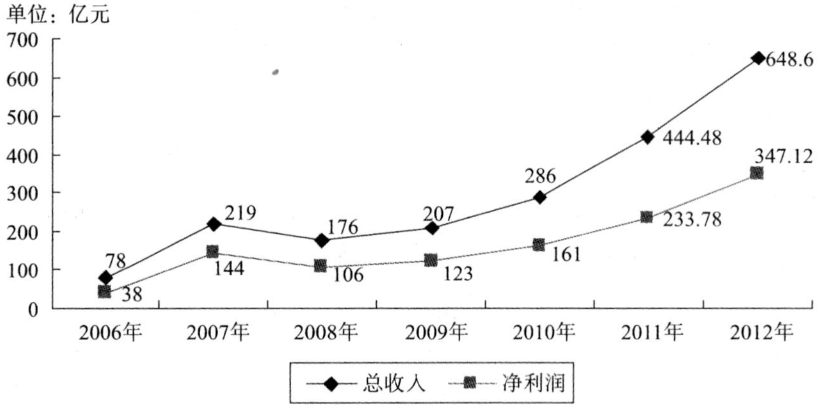

图1－14　2006—2012年总收入与净利润情况趋势图

45亿元，其次是中融信托38亿元，平安信托37亿元排名第三，中诚信托、华润信托分别以27亿元和21亿元位居第四位、第五位。总收入在15亿元以上的信托公司有9家，10亿—15亿元的有15家，各梯队分布情况详见表1－7。

表1－7　　根据总收入对信托公司进行梯队分类情况

总收入指标	信托公司分布
第一梯队：9家（15亿元以上）	中信信托、中融信托、平安信托、中诚信托、华润信托、长安信托、华融信托、外贸信托、四川信托
第二梯队：15家（10亿—15亿元）	兴业信托、新华信托、上海信托、北京信托、重庆信托、中航信托、江苏信托、昆仑信托、中铁信托、华能信托、华信信托、中海信托、山东信托、建信信托、华宝信托
第三梯队：16家（6亿—10亿元）	中江信托、金谷信托、北方信托、英大信托、五矿信托、吉林信托、百瑞信托、渤海信托、方正信托、华鑫信托、交银信托、厦门信托、国元信托、湖南信托、天津信托、中原信托
第四梯队：14家（4亿—6亿元）	粤财信托、陕国投、安信信托、中投信托、国民信托、苏州信托、杭工商信托、新时代信托、东莞信托、爱建信托、华澳信托、山西信托、国投信托、大业信托
第五梯队：12家（4亿元以下）	中粮信托、国联信托、华宸信托、中泰信托、云南信托、西部信托、陆家嘴信托、紫金信托、甘肃信托、西藏信托、浙金信托、新盛信托

净利润在10亿元以上的信托公司有7家，中信信托27亿元位居榜首，其次是中诚信托16亿元、平安信托15.3亿元、中融信托15.2亿元、华润信托13亿元、江苏信托10.8亿元、外贸信托10.6亿元。7亿—10亿元的有11家，4亿—7亿元的有15家，2亿—4亿元的有19家，2亿元以下的有14家，具体见表1－8。

表1－8　　根据净利润对信托公司进行梯队分类情况

净利润指标	信托公司分布
第一梯队：7家（10亿元以上）	中信信托、中诚信托、平安信托、中融信托、华润信托、江苏信托、外贸信托
第二梯队：11家（7亿—10亿元）	上海信托、重庆信托、四川信托、中海信托、中铁信托、华信信托、长安信托、兴业信托、山东信托、昆仑信托、北京信托
第三梯队：15家（4亿—7亿元）	华融信托、五矿信托、中航信托、华能信托、建信信托、华宝信托、英大信托、金谷信托、新华信托、百瑞信托、中江信托、北方信托、厦门信托、渤海信托、国元信托
第四梯队：19家（2亿—4亿元）	方正信托、粤财信托、华鑫信托、湖南信托、交银信托、国民信托、中原信托、中投信托、苏州信托、吉林信托、陕国投、国投信托、天津信托、东莞信托、杭工商信托、国联信托、中泰信托、爱建信托、新时代信托
第五梯队：14家（2亿元以下）	大业信托、西部信托、华宸信托、中粮信托、云南信托、安信信托、甘肃信托、山西信托、华澳信托、紫金信托、陆家嘴信托、西藏信托、浙金信托、新盛信托

对比总收入和净利润分布表，我们发现一些信托公司如新华信托、安信信托、吉林信托、华融信托、华澳信托，净利润排名低于总收入排名10位以上；相反，江苏信托和中海信托净利润排名超过总收入排名10位以上，见表1－9，反映了不同信托公司成本费用的巨大差异，也从侧面反映出了信托公司差异化的经营风格。

（三）费用指标反映信托公司不同的经营风格

为了更好地了解信托公司的经营风格，我们对利润表中营业费用—业务及管理费指标进行分析。根据年报数据，66家信托公司2012年业务及管理

表1-9　总收入与净利润排名差距较大的信托公司

信托公司	总收入排名	净利润排名	总收入与净利润排名差距
新华信托	11	27	-16
安信信托	43	58	-15
吉林信托	30	43	-13
华融信托	7	19	-12
华澳信托	51	61	-10
山西信托	52	60	-8
长安信托	6	14	-8
国投信托	53	45	8
中泰信托	58	50	8
五矿信托	29	20	9
江苏信托	16	6	10
中海信托	21	11	10

费合计144.8亿元，较2011年增长41.9亿元，平均每家信托公司2.19亿元。我们用业务及管理费/总收入计算费用收入比，则2012年，行业加权平均收入费用比为22.64%，相比2011年的23.64%降低1个百分点。

从具体信托公司来看，最舍得花钱的信托公司是中融信托15.32亿元，随后依次是平安信托9.53亿元、中信信托6.71亿元、长安信托6.61亿元、华融信托6.54亿元、新华信托5.4亿元、中诚信托4.5亿元、中航信托3.8亿元、华润信托3.7亿元、兴业信托3.2亿元。而另外一部分信托公司对于费用的控制则比较严格，如国联信托3448万元、国民信托5188万元。

收入费用比最高的信托公司是两家新重组的信托公司浙金信托和新盛信托，分别为67%和53.1%，随后依次是安信信托50%、华澳信托48%、山西信托41%、中融信托41%、新时代信托40%、华融信托39%、新华信托38%、长安信托37%。收入费用比低于10%的信托公司分别是江苏信托5.24%、山东信托7.51%、华信信托8.49%、中铁信托8.59%、国联信托9.68%、国民信托9.81%。

我们通过分析业务及管理费、收入费用比与总收入的相关性，来了解费用对于信托公司创收能力的支持作用究竟有多大。从表1-10可以看到，总收入与业务及管理费的相关系数为0.8328，即业务及管理费的增加与总收入的增长具有较大的一致性。

表 1-10　　总收入与业务及管理费的相关系数

数组1	数组2	相关系数
总收入	业务及管理费	0.8328

综上，受股东背景、经营层理念等多种因素影响，信托公司的营业费用—业务及管理费指标差异较大，虽然并不是越高越好，但是从长期看一定的费用投入对于行业和公司自身的长久发展是有较大支持作用的，尤其是研发、IT等费用的投入应受到足够的重视，个别业务及管理费指标过低的信托公司应更多关注长期发展。

五、股东回报：资本利润率

（一）行业加权平均资本利润率创阶段新高

2012年，行业加权平均资本利润率为19.03%，较2011年的15.94%增加3.09个百分点。除了2007年在证券市场一路上扬影响下资本利润率一度高达24.12%外，2012年在证券市场表现不佳的情形下，依然实现19.03%的资本回报率，创下2008年以来的新高。

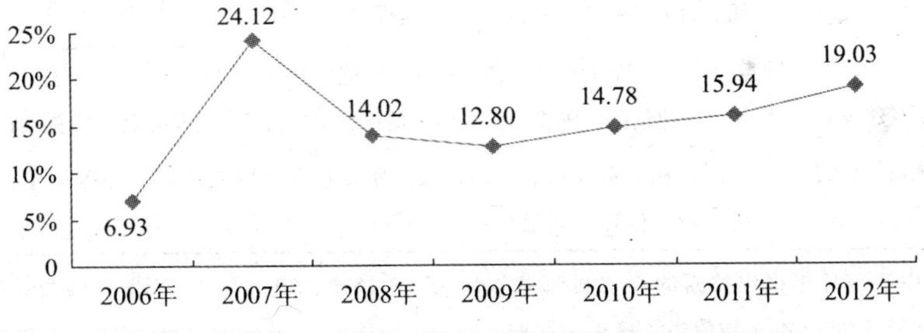

图 1-15　2006—2012年行业资本利润率趋势图

注：本文中采用的为加权平均资本利润率，因此对2011年数据进行了调整。

从资本利润率走势图1-15可以看到，经过多年的耕耘和积累，信托行业已经形成了相对稳定的盈利能力，且对外部市场变化的应变能力也在不断提升。

（二）市场化程度高的信托公司股东回报率最高

66家信托公司中，资本利润率最高的信托公司是四川信托44%，其次是长安信托42%，排名第三的是大业信托39%，五矿信托38%排第四，中融信托37%位居第五。相对而言，这5家信托公司的市场化程度较其他信托公司更高，尤其是四川信托、长安信托近两年充分激励型的经营风格使他们成为继中融信托之后的新秀。

转向排名的末端，除了浙金信托和新盛信托两家新重组信托公司外，资本利润率最低的信托公司分别是山西信托8.99%、吉林信托9.22%、国联信托10.45%、平安信托10.62%。具体各梯队分布情况如表1-11所示：

表1-11　　根据资本利润率对信托公司进行梯队分类情况

ROE指标	信托公司分布
第一梯队：10家（30%以上）	四川信托、长安信托、大业信托、五矿信托、中融信托、方正信托、中铁信托、山东信托、中信信托、陆家嘴信托
第二梯队：18家（20%—30%）	中航信托、湖南信托、厦门信托、金谷信托、新华信托、杭工商信托、华融信托、国民信托、安信信托、北京信托、东莞信托、外贸信托、兴业信托、北方信托、百瑞信托、紫金信托、华信信托、华鑫信托
第三梯队：16家（15%—20%）	中海信托、华能信托、江苏信托、中原信托、华宸信托、英大信托、华澳信托、上海信托、中江信托、中诚信托、华宝信托、西藏信托、苏州信托、渤海信托、粤财信托、昆仑信托
第四梯队：13家（11%—15%）	云南信托、华润信托、西部信托、爱建信托、交银信托、中泰信托、新时代信托、天津信托、国投信托、国元信托、中投信托、建信信托、中粮信托
第五梯队：9家（11%以下）	甘肃信托、重庆信托、陕国投、平安信托、国联信托、吉林信托、山西信托、浙金信托、新盛信托

注：中铁信托年报中披露的资本利润率2012年64.26%、2011年48.16%，经测算应分别为33.61%和33.28%，本文均使用了修正后数据。

六、业务杠杆有多高？加杠杆VS去杠杆

（一）自有业务杠杆近几年平均值相对稳定

我们用自营业务总资产/净资产衡量自有业务杠杆，行业加权平均杠杆为1.13倍，较2011年的1.12倍略有增加，但整体来看，除了2008年略高外，2009年以来四年间均趋于稳定（见图1-16）。

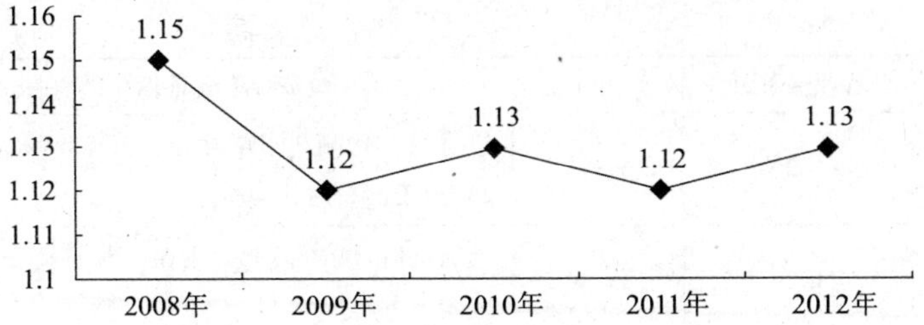

图1－16　2008—2012年自有业务杠杆变化图

根据《信托公司管理办法》之规定，信托公司不得开展除同业拆入业务以外的其他负债业务，且同业拆入余额不得超过其净资产的20%，因此，自有业务负债主要为同业拆入、应付职工薪酬、应缴税金、其他负债等方面。结合信托公司年报可以看到，不同信托公司负债构成也有所差异，如中融信托、长安信托和大业信托主要以年末应付职工薪酬为主，分别高达10亿元、3.4亿元、7926万元，应付职工薪酬占比分别达到73%、53%和50%；安信信托、新华信托应付职工薪酬也比较高，分别达到8727万元和2.3亿元，但占比位居第二位，见表1－12。

表1－12　2012年年末自营业务杠杆率排名前10位的信托公司负债构成

信托公司	自营业务杠杆率	负债规模	负债中占比前两位的科目
安信信托	1.51	32057	其他负债11364万元，占比35%；应付职工薪酬8727万元，占比27%
新华信托	1.46	95210	预收款项37881万元，占比39.8%；应付职工薪酬23005万元，占比24%
华宝信托	1.44	147577	其他应付款72145万元，占比49%；拆入资金49000万元，占比33%
吉林信托	1.41	136107	其他负债75132万元，占比55%；拆入资金34000万元，占比25%
华宸信托	1.40	33769	应付股利22000万元，占比65%；应交税费4692万元，占比14%
中铁信托	1.40	112109	

续表

信托公司	自营业务杠杆率	负债规模	负债中占比前两位的科目
长安信托	1.29	64895	应付职工薪酬 34404 万元，占比 53%；应交税费 26196 万元，占比 40%
方正信托	1.29	43349	其他负债 20910 万元，占比 48%；应交税费 14545 万元，占比 34%
中融信托	1.29	137933	应付职工薪酬 100549 万元，占比 73%；应交税费 31654 万元，占比 23%
大业信托	1.28	16011	应付职工薪酬 7926 万元，占比 50%；应交税费 4879 万元，占比 30%

（二）信托业务杠杆倍数高企

根据66家信托公司年报数据，截至2012年年末，行业净资产合计2030.8亿元，信托资产规模7.47万亿元，行业平均信托业务杠杆为36.77倍（信托业务杠杆 = 信托资产规模/净资产），较2011年的29.63倍有所上涨，不仅如此，从图1－17可以看到，自2006年以来，信托业务杠杆倍数处于持续上升中，这与大力发展信托主业的行业发展导向相符，但需要关注的是，一些信托公司杠杆倍数过高问题。

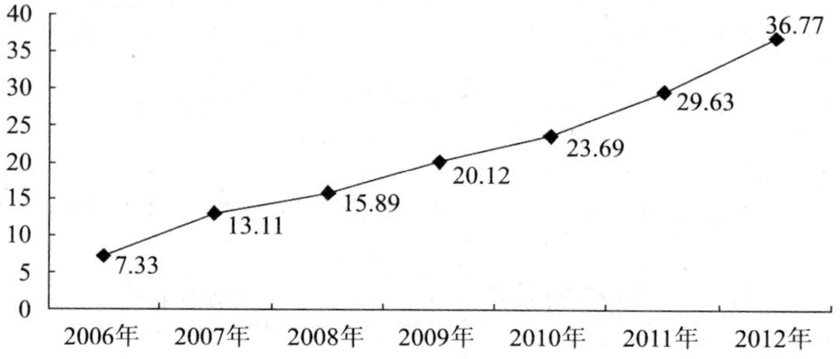

图1－17　2006—2012年信托业务杠杆变化图

经统计，66家信托公司中，信托业务杠杆倍数在70倍以上的信托公司有7家，分别是长安信托、西藏信托、兴业信托、新时代信托、山东信托、安信信托和北方信托。具体见表1－13。

表 1－13　2012 年年末信托业务杠杆倍数在 70 倍以上的信托公司

信托公司	净资产（亿元）	信托资产规模（亿元）	信托业务杠杆倍数
长安信托	22	2187	99
西藏信托	6	585	98
兴业信托	39	3360	86
新时代信托	17	1265	75
山东信托	26	1897	74
安信信托	6	460	73
北方信托	22	1606	72

信托业务杠杆倍数除了在 70 倍以上的 7 家信托公司外，50—70 倍的有 18 家信托公司，30—50 倍的有 18 家信托公司，15—30 倍的有 14 家信托公司，15 倍以下的有 9 家信托公司（见图 1－18）。

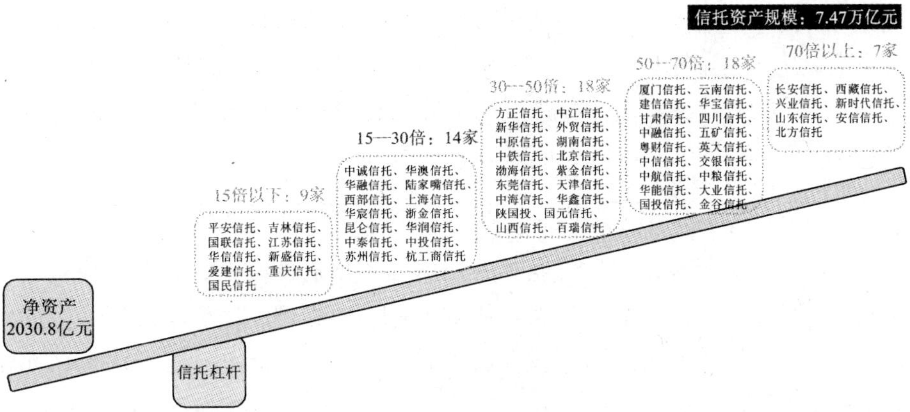

图 1－18　66 家信托公司信托业务杠杆倍数分布情况

信托杠杆倍数越高，反映信托公司净资产不足或者信托业务扩张过快，需要补充资本金，控制业务拓展速度；信托杠杆倍数越低，反映信托公司信托业务开展不足，未来业务发展空间较大。太高则运营风险增大，过低则服务实体经济的作用未得到充分发挥，因此，太高和过低都不是最佳选择，信托公司需要实现净资产与业务规模相匹配的发展，即在有限的净资产规模能够覆盖的风险下，充分发挥金融机构价值，为企业提供投融资支持。

（三）净资本监管指标

66家披露年报的信托公司中，有37家信托公司披露了净资本监管指标情况。从这37家信托公司净资本监管指标看，全部符合相关规定；另外29家未公开披露，无法进行考量。

这37家信托公司净资本合计1145亿元，平均每家信托公司32亿元。37家信托公司中，净资本规模最大的10家信托公司如表1-14所示：

表1-14　　2012年年末净资本规模最大的10家信托公司

信托公司	净资本（亿元）	风险资本（亿元）
平安信托	124.12	47.64
华润信托	85.58	26.60
中诚信托	72.02	34.11
中信信托	62.59	29.72
江苏信托	52.04	19.05
华信信托	49.81	12.35
外贸信托	48.59	26.83
上海信托	45.00	26.70
中融信托	43.41	26.11
建信信托	40.79	21.03

净资本是净资产扣减自营业务占用的净资本后的余额，因此，净资本规模越大，信托业务发展空间越大。从表1-14中看到，净资本规模最大的信托公司是平安信托124亿元，其次是华润信托85亿元，中诚信托72亿元排第三位。

从净资本/各项业务风险资本之和指标看，绝大多数信托公司净资本额度仍较为宽松，如新盛信托高达997%、国民信托605%，但也有个别信托公司额度比较紧张，如华能信托仅103%、中航信托113%。分布情况见表1-15。

表1-15　　信托公司净资本/各项业务风险资本之和分布情况表

净资本/各项业务风险资本之和	300%以上	250%—300%	200%—250%	150%—200%	130%—150%	100%—130%
信托公司数量	6	4	7	9	7	3

信托杠杆倍数最高的7家信托公司仅有2家（长安信托、兴业信托）在年报中披露了净资本情况，另外5家未做披露。长安信托和兴业信托的净资本/各项业务风险资本之和指标分别为124%和132%，业务开展仍有一定空间。

综上，尽管部分信托公司信托业务杠杆倍数较大，但从净资本监管的各项指标来看，风险尚处于资本能够覆盖范围。由于四成多的信托公司未在年报中披露净资本指标，因此，此项分析数据覆盖面有限，难以反映行业全貌，仅作为参考。

七、信托公司风险处置机制亟待完善

（一）关注自营资产不良率

披露年报的66家信托公司中，有48家信托公司披露了自营资产不良率，其中最高的是中泰信托80.29%，随后是西部信托20.55%、中信信托7.77%、华能信托7.37%；21家信托公司自营资产不良率为0。除了自营业务自身产生的不良外，也有相当一部分是信托业务出现风险后自有资金垫付而形成的不良资产。

随着矿产信托、艺术品信托、房地产信托违约事件的发生，预计信托公司的不良资产规模仍将出现增长，因此在强调事前、事中风控的同时，风险事件发生后的处置问题也应受到关注。

（二）风险处置机制待完善

2012年信托公司的一项重要工作便是保兑付。在目前刚性兑付的行业导向下，信托项目除了风险之后，为了保证投资人信托利益的如期兑付，信托公司采取措施通常有以下几种：（1）自有资金接盘；（2）协调第三方（资产管理公司或其他机构）资金接盘；（3）在项目运营过程中发行风险时，提早进入诉讼程序，争取追回资金或实现资产保全；（4）处置/拍卖抵质押物；（5）发新还旧。

上述措施中，（1）和（5）能够解决迫切的到期兑付问题，但是风险并未化解依然存在；而第（2）中资产管理公司接盘难度较大，其他第三方通常是与信托公司有着密切关系的机构，与自有资金接盘雷同；（3）和（4）尽管能够使信托公司化解风险，但也存在处置周期长、声誉降低等问题，尤其是目前媒体的高度监督下，信托公司对于信托项目诉讼仍持审慎态度。

就目前各家信托公司来看，风险控制已经提到了相当高的高度，但是对于已经出现风险的项目，风险处置机制方面仍很薄弱。信托公司内部管理架构上，绝大多数信托公司未设立专门负责风险项目处置的部门，项目发现风险后，一般是由业务部门、合规法律部门负责追偿，但这样做势必会影响到新业务的开展，并且追偿效率未必能尽如人意。在信托资产规模不大时，这个问题并不是很突出，但是随着行业信托资产规模的快速增长，在一定概率下，风险项目的数量和规模也在快速增加，假定2013年年末行业信托资产规模达到10万亿元，信托项目不良率即便只有1%，那么不良资产规模也将达1000亿元，平均每家信托公司15亿元，自有资金垫付已不太可能，我们认为借鉴银行的经验，通过专门的部门、专业的队伍负责风险项目的处置既不影响新业务的拓展，而且通过专业化还能够提升追偿效率，这也是信托公司完善风险处置机制首当其冲的一步。

（三）风险处置案例

2012年，经媒体公开报道的风险项目包括：中诚信托的“诚至金开1号集合信托计划”（30亿元）；中信信托的“中信制造·三峡全通贷款集合资金信托计划”（13.33亿元）、“舒斯贝尔特定资产收益权投资集合信托计划”（优先级5亿元）；中融信托的“青岛凯悦信托计划”（3.85亿元）；安信信托“昆山·联邦国际资产收益财产权信托”（纯高案，2.15亿元）；新华信托“东启·幻境旅游度假酒店项目股权投资集合资金信托计划”（2.4亿元）……

这些风险项目的处置措施通常是信托到期时信托公司先行垫付资金向投资人进行分配，随后信托公司再通过诉讼、处置/拍卖抵质押物等方式向债务人进行追偿。中信信托的“中信制造·三峡全通贷款集合资金信托计划”则是项目到期前，当债务人出现实质违约便宣布贷款提前到期，进入拍卖程序，并主动召开媒体见面会，宣布不存在“刚性兑付”，不会为三峡全通项目出资兜底，这种主动公开信息、强硬宣布不存在刚性兑付的做法在信托行业尚不多见，因此我们对此案例的风险处置措施进行分析。

过程回顾：

2011年12月28日，“中信制造·三峡全通贷款集合资金信托计划”成立，规模13.33亿元，全部用于向三峡全通公司发放流动资金贷款。担保物为宜昌市夷陵国有资产经营有限公司位于湖北省宜昌市伍家岗区龙盘湖的两宗总面积约187.33万平方米（2810亩）地块的国有土地使用权。

1月14日，三峡全通公司未能依据贷款合同的约定偿还贷款本息1.17亿元；2013年1月16日未能依据贷款合同的约定偿还贷款本息4.73亿元。

1月22日下午，中信信托在北京召开媒体见面会宣布，三峡全通信托计划不存在“刚性兑付”，中信信托不会为三峡全通项目出资兜底。

1月28日，因三峡全通公司未能依据贷款合同的约定于抵押人宜昌市夷陵国有资产经营有限公司、保证人梁士臣亦未主动履行担保义务，中信信托宣布全部贷款提前到期。期间，中信信托一方面与宜昌市政府、夷陵国资公司、三峡全通公司及相关当事方协商解决方案；另一方面向法院申请强制执行债务人、担保人财产。

4月10日，天问拍卖公司发布公告，受债权人中信信托有限责任公司委托，天问国际拍卖有限公司将于2013年4月28日下午15点在北京国际会议中心公开拍卖债务人为宜昌三峡全通涂锌板有限公司的不良信托贷款债权。

4月28日，中信信托发布公告：由于已有债权受让人与受托人（中信信托）签署债权转让协议，原定于当天在北京举行的宜昌三峡全通涂锌板有限公司的不良信托贷款债权拍卖会被中止。

5月10日，中信信托再次发布公告，截至2013年5月9日，受托人已经收到债权受让人支付的转让价款共计8.28亿元，信托计划优先级受益权圆满终止。

历时4个月，中信信托通过协商、司法等多途径解决了“中信制造·三峡全通贷款集合资金信托计划”的债务偿还问题。在此过程中，中信信托的做法有几点值得借鉴：

1. 中信信托信托项目中90%以上都设定了强制执行公证，信托兑付逾期3个月之后，就可以启动相应的司法程序，保证了届时抵押物拍卖处置的效力和效率。

2. 出现风险后，主动进行信息披露、召开媒体见面会申明立场，向相关方施压。

3. 多方协商与申请强制执行两不误，采取了申请强制执行、转让债权等积极主动的处置措施，切实履行了受托人职责。

八、核心竞争力：人才队伍建设

记得刚步入信托业的时候，HR告诉我，我们信托公司就是一张牌照加上一群专业团队，所以对于信托公司而言最为重要的就是员工。尽管已经将近10年之久，但犹如在耳边回荡。纵观信托行业60多家信托公司近几年的发展，很大程度上得以证实，因此，我们将人才队伍建设作为信托公司的核心竞争力。

（一）信托公司之间员工人数差距逐渐拉大

截至2012年年末，66家信托公司员工数量达11546人，较2011年年末的9440人增加2106人，增幅22.3%（如图1－19所示）。平均每家信托公司员工数量175人，有18家信托公司位于平均数之上，剩余48家信托公司在平均数以下。

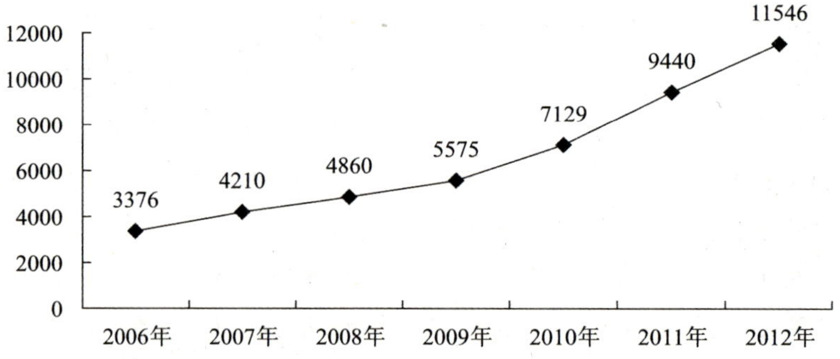

图1－19　2006—2012年信托行业人员总数趋势图

员工人数最多的信托公司是中融信托1227人，其次是平安信托838人、新华信托578人、中信信托436人、四川信托333人，排名前10位的还有长安信托320人、华润信托282人、华宝信托236人、兴业信托235人、外贸信托235人。

员工人数最少的信托公司是新盛信托20人，其次是西藏信托31人，随后依次是国联信托59人、浙金信托69人、江苏信托71人、大业信托76人、苏州信托78人、国民信托79人、云南信托82人、重庆信托83人。

通过对员工人数最多和最少信托公司的对比，信托公司员工人数差距显著。结合财务指标来看，员工人数最多的前10家信托公司业务发展速度在行业中处于领先地位，而员工人数最少的10家信托公司业务发展尤其是信托业务发展在一定程度上受到制约。

动态来看，有3家信托公司员工数量较上年度小幅减少，60家信托公司有着不同程度的增加，英大信托人数变化。其中，14家信托公司员工人数增加在50人以上，增加百人以上的信托公司有两家，分别是新华信托和四川信托，长安信托和平安信托也增加了近百人，人数增加50人以上的信托公司如表1－16所示。

表1－16　2012年员工数量增加50人以上的信托公司

信托公司	2012年年末人数	2011年年末人数	增加人数
新华信托	578	357	221
四川信托	333	228	105
长安信托	320	221	99
平安信托	838	740	98
华润信托	282	204	78
中融信托	1227	1156	71
中信信托	436	368	68
新时代信托	204	139	65
五矿信托	208	144	64
吉林信托	189	127	62
兴业信托	235	175	60
外贸信托	235	183	52
中航信托	186	135	51
陆家嘴信托	104	53	51

（二）员工人数与其他指标的关联度

对比2012年年末各家信托公司的员工数量和各项财务指标，与员工人数相关性最为显著的是集合信托规模，其次是总收入，第三是净利润。相较而言，与资本利润率的相关系数较低。详见表1－17。

表1－17　员工数量与财务指标的相关系数

数组1	数组2	相关系数
2012年年末员工人数	总收入	0.7742
	净利润	0.5853
	信托规模	0.4917
	集合信托规模	0.7886
	信托业务收入	0.4555
	资本利润率	0.2774

我们由此认为，员工人数的增加对总收入、集合信托规模两项指标的推动意义更大，而这两项指标对于信托公司发展有着重要意义。但是人数增加带来工资成本的增长，所以与净利润的相关性弱于总收入，但是相关系数仍有0.5853，即贡献远大于消耗，处于良性循环。相关性最低的是资本利润率指标，表明人员增加对于资本利润率增长的贡献较小，但依然为正相关。以上指标间的相关系数均为正值，说明行业对人才的需求尚未达到饱和，边际人员的增加对行业发展仍然为正贡献。

（三）从年末应付职工薪酬看信托公司绩效激励

根据信托公司年报财务报表数据，截至2012年年末，66家信托公司应付职工薪酬合计68.84亿元，平均每家信托公司1.04亿元。从总量上看，应付职工薪酬最高的是中融信托10.05亿元，其次是中诚信托7.44亿元，中信信托6.62亿元排第三位。排名前10位的信托公司如表1－18所示：

表1－18　　年末应付职工薪酬排名前10位的信托公司

信托公司	年末应付职工薪酬（万元）
中融信托	100549
中诚信托	74419
中信信托	66178
长安信托	34404
华润信托	30419
新华信托	23005
华能信托	22264
平安信托	21769
北方信托	14688
华宝信托	14496

结合信托公司年末员工数量，我们计算出人均应付薪酬，最高的是中诚信托418万元，其次是中信信托152万元，华能信托149万元、重庆信托132万元、北方信托132万元分别排第三、第四和第五位。排名前10位的信托公司如表1－19所示：

表1-19　　人均应付职工薪酬排名前10位的信托公司

信托公司	应付职工薪酬（万元）	人员总数	人均应付薪酬（万元）
中诚信托	74419	178	418
中信信托	66179	436	152
华能信托	22265	149	149
重庆信托	10996	83	132
北方信托	14689	111	132
华润信托	30420	282	108
长安信托	34405	320	108
大业信托	7927	76	104
金谷信托	11689	133	88
安信信托	8727	101	86

但是，并不是所有信托公司都有如此高的人均应付薪酬，排名表的末端，人均应付薪酬10万元以下的信托公司有7家，如表1-20所示：

表1-20　　人均应付职工薪酬排名末10位的信托公司

信托公司	应付职工薪酬（万元）	人员总数	人均应付薪酬（万元）
山东信托	1268	142	8.9
江苏信托	534	71	7.5
英大信托	491	118	4.2
百瑞信托	447	152	2.9
甘肃信托	226	90	2.5
昆仑信托	200	216	0.9
华鑫信托	97	118	0.8

年末应付薪酬通常为薪酬中的绩效激励部分，从上述数据可以看到，中诚信托、中信信托、华能信托、重庆信托、北方信托等信托公司对员工的绩效激励措施更加激进，而英大信托、百瑞信托、甘肃信托、昆仑信托、华鑫信托等信托公司偏向保守，其中英大信托、百瑞信托、华鑫信托、昆仑信托均为央企系信托公司。

从关联度上看，年末应付职工薪酬与总收入、净利润、人均利润相关性分析如表1－21所示。从表中数据可以看到，应付职工薪酬与总收入、净利润的相关性较为显著，而人均净利润与两者的相关性均不显著，相较而言，与人均应付薪酬相关系数更大一些。

表1－21　应付职工薪酬与总收入、净利润、人均利润的相关性

数组1	数组2	相关系数
总收入	应付职工薪酬	0.801218
	人均应付薪酬	0.416199
净利润	应付职工薪酬	0.715241
	人均应付薪酬	0.440665
人均净利润	应付职工薪酬	0.127464
	人均应付薪酬	0.330373

九、2012年信托公司业绩综合对比

（一）从信托业务与自营业务发展程度及均衡度看资产管理能力

信托公司的业务类型主要包括信托业务和自营业务，因此我们用信托业务收入和自营业务收入的高低来反映信托公司的资产管理能力。按照自有业务收入作为横轴，信托业务收入作为纵轴，在二维平面上对信托公司进行分类展现。由于信托公司指标集中度比较高，直接按照绝对值计算，散点图容易在某一区域集中，为了增加区分度，坐标按照相对排名数据计算。根据66家信托公司年报数据，按照 $x=33$ 和 $y=33$ 两条线将信托公司分为四类，见图1－20。

第一类：自有业务收入和信托业务收入双高，在图1－20中展现为右上角第一象限区域，主要以中信信托、平安信托、中诚信托、华润信托、外贸信托、中融信托、上海信托为代表。这个区域内的信托公司自营业务和信托业务均衡发展。

第二类：自有业务收入高、信托业务收入低，在图1－20中展现为右下角第二象限区域，主要以重庆信托、江苏信托、国民信托为代表。这个区域内的信托公司自营业务收入颇丰，但信托业务发展不佳。

第三类：自有业务收入低、信托业务收入高，在图1－20中展现为左上角第四象限区域，以中江信托、长安信托、新华信托为代表。这个区域内的

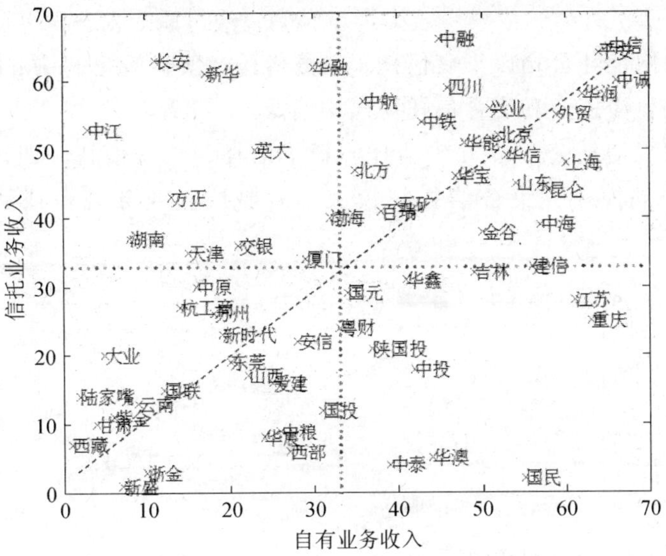

图1－20　2012年信托业务与自有业务收入散点图

信托公司更加注重信托业务发展，自营业务创造收入较低。

第四类：自有业务收入和信托业务收入双低，在图1－20中展现为左下角第三象限区域，以西藏信托、甘肃信托、紫金信托、云南信托、陆家嘴信托、国联信托为代表。这个区域内的信托公司信托业务和自营业务均发展不足。

整体来看，第一类即第一象限信托公司信托业务和自有业务均获得了较好的发展，两者较为均衡，我们认为第一象限信托公司综合资产管理能力较强。我们以45°线为参考标准，则偏离45°线越远的信托公司发展越不均衡，离45°线越近的信托公司发展则更均衡，沿着45°线右上角的信托公司综合资产管理能力最强。

（二）从净资产和集合信托规模看风险承受能力与业务拓展的匹配度

我们继续按照上述分析方式，对净资产和集合信托规模两项指标进行分析，从图1－21中可以看到：

第一象限信托公司以平安信托、中信信托、华润信托、中融信托、外贸信托、中诚信托为代表，净资产规模大且集合信托规模大。

第二象限信托公司以江苏信托、英大信托、渤海信托为代表，净资产规模较大但集合信托规模小，净资产的价值未得到合理运用，仍有很大的业务空间。

第三象限信托公司以华宸信托、西藏信托、紫金信托、甘肃信托、华澳信托为代表，净资产和集合信托规模均偏低。

第四象限信托公司以五矿信托、新华信托、长安信托、四川信托为代表，净资产规模小，集合信托规模大，需要控制业务规模或适度补充净资产。

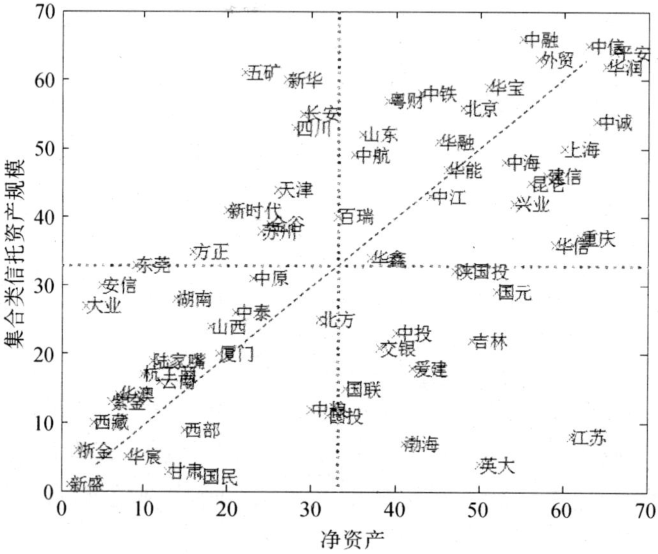

图1－21　2012年年末集合信托规模与净资产散点图

整体来看，在45°线以上的信托公司集合信托规模排名优于净资产排名，应关注净资产的充足性，通过控制增速、调整业务结构或补充净资产来进行改善；45°线以下的信托公司则是净资产排名优于集合信托规模，净资产较为充足。

从发展阶段来看，位于第一象限的信托公司净资产规模和集合信托规模均保持在高位，既有着较强的抗风险能力，业务也获得了较为充分的发展，两者能够相互匹配。第三象限的信托公司业务发展与净资产规模也较为匹配，但是两者都处于较低水平，不能作为行业发展的导向。

（三）从净利润与费用支出看当前盈利和长期发展

净利润指标反映信托公司当期的盈利水平，而成本则更多是在人力、研发、IT等方面的投入，虽然降低了当期利润，但对信托公司长期发展有着重要意义。人力、研发、IT等支出在信托公司报表中主要反映在利润表费用支出里的业务及管理费科目中，因此，我们用净利润和业务及管理费支出两项指标来衡量信托公司当前盈利和长期发展的一致性。

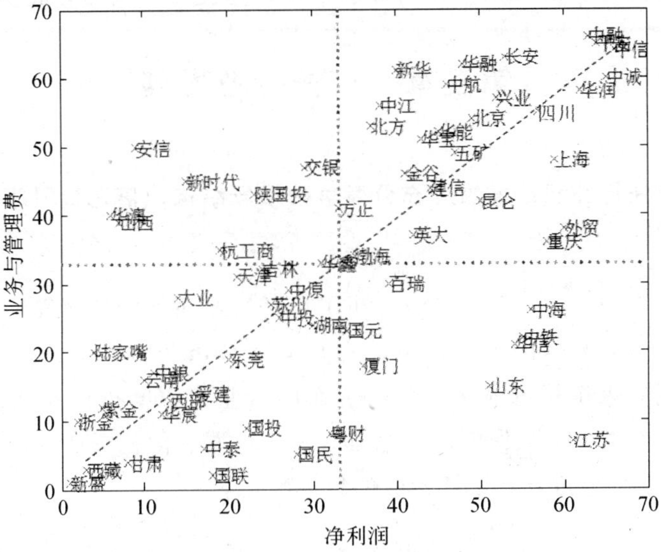

图 1－22　2012年业务及管理费与净利润散点图

从图1－22可以看出，信托公司主要还是集中在第一象限和第三象限，第二象限、第四象限的信托公司数量较少，反映了大部分信托公司的当前盈利和长期发展具有一致性，而45°线附近的信托公司一致性更强。

第一象限的信托公司以中融信托、中信信托、平安信托、中诚信托为代表，既当前有着很强的盈利能力，而且在成本投入方面也处于较高水平，有益于未来长期可持续发展模式的建立。

第二象限的信托公司以江苏信托、山东信托为代表，当前盈利能力较强，但成本投入较少，不利于长期发展，应注重人力、研发、IT等方面的投入。

第三象限的信托公司以西藏信托、甘肃信托、华宸信托为代表，当前盈利能力和成本投入都比较少。

第四象限的信托公司以安信信托、华澳信托、新时代信托为代表，尽管当前净利润较低，但成本投入较高，有利于吸引和储备人才，有益于未来发展。

我们认为从长期发展来看，第一象限和第四象限的信托公司更有优势，一旦条件成熟，很可能出现业绩的迅速上升。而第二象限和第三象限的信托公司应注重人力、研发、IT等方面的投入，建立可持续的发展模式。

第三章　信托行业发展

一、信托行业已经发展为充分竞争型市场结构，信托公司应寻求差异化定位

在本文第一章中，我们充分分析了信托行业面临的外部发展环境，而在行业内部也面临激烈的市场竞争。我们采用CRn（前n家公司占行业整体规模的比例）来衡量行业集中度，进而用行业集中度指标反映行业竞争的激烈程度。表1-22从净资产、总收入、净利润、信托资产规模、员工数量5个方面列示了最近几年信托行业的集中度。

表1-22　　信托行业集中度指标

年份		2008	2009	2010	2011	2012
净资产	CR_4	30.9	27.7	29.3	24.1	22.3
（%）	CR_8	44.6	44.1	44.3	37.8	34.9
总收入	CR_4	32.6	30.2	28.6	27.0	22.7
（%）	CR_8	51.0	44.5	43.4	39.6	33.8
净利润	CR_4	34.2	30.2	28.2	23.5	21.2
（%）	CR_8	55.1	45.5	44.6	38.4	34.0
信托规模	CR_4	35.3	30.5	27.8	21.6	21.1
（%）	CR_8	54.8	47.8	44.0	37.1	33.4
员工人数	CR_4	19.3	22.2	31.9	27.8	22.7
（%）	CR_8	31.3	33.0	40.8	36.9	36.8

从表1-22数据可以看到，2008—2012年五年间，净资产、总收入、净利润、信托规模集中度持续处于下降态势，表明行业竞争逐渐加剧。而员

工人数集中度即人才的聚集程度则是先升后降，最近几年，信托公司对于人才的重视程度开始增强。

表1－23　　美国贝恩对市场结构进行的分类

集中度 / 市场结构	CR_4 值（%）	CR_8 值（%）
寡占Ⅰ型	$CR_4 \geq 85$	
寡占Ⅱ型	$75 \leq CR_4 < 85$	$CR_8 \geq 85$
寡占Ⅲ型	$50 \leq CR_4 < 75$	$75 \leq CR_8 < 85$
寡占Ⅳ型	$35 \leq CR_4 < 50$	$45 \leq CR_8 < 75$
寡占Ⅴ型	$30 \leq CR_4 < 35$	$40 \leq CR_8 < 45$
竞争型	$CR_4 < 30$	$CR_8 < 40$

将信托行业集中度数据与美国贝恩的市场结构分类表（表1－23）进行对比，可以看出，信托行业市场结构已从寡占Ⅴ型发展为竞争型。从目前信托业发展情况来看，由于信托产品的可复制性强，除了少数需要申请业务资格的创新业务外，不同信托公司之间的信托产品类型基本雷同，产品同质化程度较高，加剧了行业内部竞争。信托公司若想取得竞争优势，还需实施差异化战略，在某一领域（包括业务、营销、客户服务、全方位财富管理等）进行深耕，从而获取竞争优势。

二、股东背景对信托公司的影响

信托公司第一大股东主要包括民营企业、地方国企、金融机构、实业央企四类，我们根据股东背景的差异对信托公司进行如下分类：

第一类9家（民营企业背景）：爱建信托、安信信托、国民信托、华信信托、四川信托、新华信托、新时代信托、中融信托、云南信托。

第二类31家（地方国企背景）：北方信托、北京信托、渤海信托、重庆信托、东莞信托、方正信托、甘肃信托、国联信托、国元信托、杭工商信托、湖南信托、华澳信托、华宸信托、吉林信托、江苏信托、中江信托、厦门信托、山东信托、山西信托、陕国投、上海信托、苏州信托、天津信托、长安信托、西部信托、粤财信托、中原信托、紫金信托、西藏信托、浙金信托、陆家嘴信托。

第三类13家（金融机构背景）：建信信托、兴业信托、交银信托、中泰信托、中诚信托、平安信托、金谷信托、长城新盛、华融信托、大业信托、中投信托、中信信托、国投信托。

第四类13家（实业央企）：中粮信托、五矿信托、华鑫信托、华能信托、中铁信托、中海信托、英大信托、中航信托、外贸信托、昆仑信托、华润信托、百瑞信托、华宝信托。

（一）绝对量指标上金融机构背景的信托公司占据优势

根据各类股东背景的信托公司名单，我们分类统计并计算出4类信托公司净资产、总收入、净利润、信托规模、集合信托规模、员工人数6项绝对量指标的平均值，见表1-24：

表1-24　　4类信托公司绝对量指标均值对比表

	净资产（亿元）	总收入（亿元）	净利润（亿元）	信托规模（亿元）	集合信托规模（亿元）	员工人数（人）
第一类	24.8	11.5	5.2	963	345	318
第二类	23.4	6.9	3.8	782	195	122
第三类	45.9	14.2	7.4	1784	347	205
第四类	37.3	11.2	6.7	1429	392	171

从表1-24中数据可以看到，金融机构系信托公司在净资产、总收入、净利润、信托规模4项财务指标中均排第1位；集合信托规模则是实业央企背景信托公司最高；平均员工人数最多的是民营企业系信托公司。地方国企系信托公司上述6项指标均处于末位。

由此看出，金融机构系信托公司资本实力最强，开展信托业务的资源也较多；实业央企系信托公司在集合信托业务方面更有优势；民营系信托公司更加倾向于通过人海战术实现业务的快速扩张；地方国企系信托公司在绝对量指标上与其他3类信托公司相比均有差距。

（二）相对量指标上民营背景和地方国企背景信托公司排名靠前

为了考察各类信托公司的发展速度和效率，我们用信托杠杆倍数、总收入增长率、净利润增长率、信托规模增长率、集合信托规模增长率和资本利润率6项指标进行分类统计和均值计算，见表1-25：

表1－25　　4类信托公司绝对量指标均值对比表

	信托杠杆倍数	总收入增长率（%）	净利润增长率（%）	信托规模增长率（%）	集合信托规模增长率（%）	资本利润率（%）
第一类	45	61	61	172	112	24.4
第二类	39	142	132	67	63	19.3
第三类	44	60	71	67	87	18.5
第四类	43	57	65	61	77	24.0

从各类信托公司的均值看，地方国企系信托公司总收入增长率和净利润增长率均远超其他类型信托公司；而民营企业系信托公司信托规模增长率、集合信托规模增长率远高于其他类型信托公司，并由此造成了较高的信托杠杆倍数；股东回报率最高的是民营企业系信托公司，其次是实业央企系信托公司，而金融机构系信托公司股东回报率最低。

尽管在绝对量指标上，地方国企系信托公司均处于末位，但从总收入和净利润增速是其他类型信托公司的2倍，发展势头强劲。受股东充分放权和激励机制灵活等因素影响，民营企业系信托公司也迎来了快速发展，在信托业务领域迅速抢占市场份额，同时也为股东创造了较高的回报，但部分信托公司信托杠杆倍数高企，应关注资本金对风险的覆盖程度。金融机构系信托公司尽管在绝对量指标上占据优势，但增速指标表现一般，股东回报率不佳。实业央企系信托公司股东回报率较高，仅次于民营企业背景的信托公司，但其他增量指标表现平平。

（三）各类股东与信托公司发展的协同与影响

股东除了向信托公司提供资本金外，还将为信托公司带来一些业务资源，差异化的股东背景带来不同的管控方式，从而对信托公司日常经营和发展模式产生重要影响。

一般来看，民营企业类股东对信托公司充分放权，或者鼓励信托公司通过实施有效地激励机制使员工发挥最大潜力，快速占领市场，股东非常重视经营业绩的提升和业务拓展，因此，这一类信托公司业务扩张迅速，业绩提升快，如中融信托在短短的四五年间便从一家不知名的地方性公司，发展成为行业龙头。但这类信托公司必须要关注风控能力的加强，即风控能力必须与业务发展速度向匹配，否则将成为脱了线的风筝。

对于地方国企背景的信托公司，股东能够提供的业务资源十分有限，并且信托公司大多留有相当的国企文化，缺乏强烈的市场竞争意识，但在所在区域深耕细作，有着一定的影响力，因此尽管业绩平平但在当地市场的份额相当稳定，且因为总量指标较小，稍加努力便可取得较快的增速。

金融企业背景的信托公司往往被其他信托公司所羡慕，不仅资本实力最强，而且股东能提供相当多的业务支持，并且包括在专业人才、风险控制、品牌等方面的支持，薪酬较高且稳定，经营风格稳健且不失进取。这类信托公司与股东做好协同，就可获得源源不断的业务，由此保证业绩的同时，可在某一领域进行深入拓展，关注自身竞争优势的打造。

实业央企背景的信托公司一般有着相当的资本金规模，股东也能够提供一些业务资源，但业务协同难度较大，且信托公司与股东的文化存在明显差异，因此这类信托公司的绝对量指标和增量指标在行业内都不是很突出。

三、互联网与信托

近两年来，互联网金融成为各方热议的焦点，支付宝、余额宝等词语充斥着人们的生活，马云说："如果银行不改变，我们改变银行"，并且很快变成了现实，当阿里推出小贷和余额宝开始挑战银行固有领域时，同样作为金融机构的信托业也在思考，有什么是我们可以改变的，因为我们都不想被改变。

（一）互联网推动的金融创新正在改变着我们生活的方方面面

随着互联网消费的兴起，上到爷爷奶奶下到小学生纷纷成为网购达人，网购正在逐渐成为一种习惯，网购商品从各类图书、生活用品延伸至电器、理财产品等领域，我们再也不用为没有时间逛街买东西而发愁，更不用再彻夜排队去买一张火车票，互联网所来开的便利性让所有人为之着迷。

潜移默化中，金融领域也正在经历一场变革，银行、证券、保险、基金分别加入变革大军，越来越多的金融机构开始重视为客户体验，运用互联网开发更多的功能为客户提供更加便捷的服务，网上银行、手机银行、手机证券、网销保险、网销基金等众多工具使得金融产品和其他消费品一样可以方便获得；品牌推广和信息传播上，微信、微博更是成为金融机构的必备武器，微营销时代正式开启。我们深刻感受到的是，一场基于互联网的金融技术革命已经到来，并正在推动全方位、多领域的金融创新。

（二）信托与互联网的未来

在理财领域，由于互联网为客户支付提供了极大的便利性，因此投资者可以在网上购买保险、基金、人民币理财、办理银证转账等，但相对而言，信托公司对于互联网的运用还非常少，信托公司网站更多成为发布信息与公告的平台，尚未实现网上签约和支付，因此，从便利性上而言，信托公司并未对客户购买信托计划提供便利。

相对而言，受信托公司客户群体的特定化和小众化以及投资额度高等特性影响，互联网对信托的影响比其他金融子行业要小，但是从品牌推广和客户体验角度，信托公司仍应投入人力物力借助互联网平台进行一场营销与服务创新，主要可从以下几个方面着手：

1. 开通网上签约和支付功能，提供便捷服务。

（1）客户在信托公司注册开立信托账户，登记相关信息并预留身份证复印件，设置网上交易的账户名称和密码，信托公司根据相关监管规定完成客户识别与信息登记。

（2）建立理财师与客户的网上互动平台：实现理财师对客户投资经验、风险承受能力、风险承受态度的分析，界定客户是否为合格投资者，从而为客户推荐适合的信托产品，并向客户揭示可能发生的风险及采取的风险防范措施。

（3）链接银行在线支付平台，实现网上签约与支付：客户确定投资某信托产品后，在个人信托账户下进行签约，签约完成后，通过银行的在线支付平台完成支付；

（4）个人账户信托产品查询与交易：客户登录个人信托账户，查询个人持有的信托产品情况，含电子合同、收益分配明细、信息披露等，并可以申请赎回（对于开放式信托产品）或转让信托受益权。

2. 加强品牌建设与推广。从2002年《中华人民共和国信托法》颁布实施以来，信托行业成为金融业中的新秀，不仅自身取得了持续快速发展，而且为实体经济发展提供了大量的融资支持。尽管如此，信托行业乃至信托公司仍然仅为少数群体所认知。

根据招行与贝恩联合发布的《2013中国私人财富报告》，2012年中国个人总体可投资资产规模达到80万亿元人民币，相较2010年年均复合增长率达到14%。2012年中国的高净值人群（可投资资产超过1000万元的个人）规模超过70万人，相较2010年增长了约20万人，年均复合增长率达到18%。2012年年末，中国私人财富市场的个人持有可投资资产总量和高净值人群规模相较2008年年底已经翻番。

面对中国巨大的财富管理需求，信托公司应加强品牌建设与推广，充分运用互联网的传播特性，让更多的潜在客户了解信托业、了解信托公司，除了公司网站外，微信、微博更适合成为品牌推广的重要渠道。

2012年信托公司年报分析之二：信托业务篇

百瑞观点：

- 信托资产规模突破7万亿元大关，超越保险资产规模
- 新增信托业务中主动管理型超过六成，但自主投资能力有待提升
- 已清算集合类信托的客户收益率止跌回升，单一类信托的客户收益率再创新高
- 信托业务收入同比增长逾四成，基本形成信托业务收入为主的发展模式
- 信托报酬率基本维持在较低水平
- 信托行业顺应国家经济结构调整的大方向，工商实业领域成为信托资产行业投向的第一大领域
- 信托公司主动收缩房地产信托业务，维持基础产业信托业务，开始重视证券市场信托业务
- 关联交易总量再创新高，信托与关联方交易仍是主流，信托财产与信托财产关联交易有所下降

2012年是信托行业突飞猛进大发展的一年，全行业信托资产规模突破7

万亿元大关，信托业务收入大幅上升，信托公司和信托行业的整体实力大幅提升。信托公司加大了资产管理和财富管理的转型力度，新增信托业务中主动管理型超过六成，但自主投资能力还有待进一步提升。信托行业积极顺应了国家经济结构调整的大方向，主动收缩了房地产信托业务，加大了服务实体经济的力度，维持了具有传统优势的基础产业信托业务，并且开始重视证券市场领域的信托业务发展。在行业快速发展的过程中，部分信托公司依托自身的资源禀赋和发展理念逐渐形成了自己的发展道路和发展定位。

一、信托资产规模突破7万亿元大关，超越保险资产规模

2012年，信托业在争议与忧虑中再度成为金融界的黑马，截至2012年年底，66家信托公司的信托资产规模总计7.47万亿元，已超过同期资产规模总计7.35万亿元的保险业，位居我国金融细分行业资产管理规模的第二名，仅次于银行业。

（一）信托资产规模实现跨越式增长

2007—2012年，中国信托业经历了一个高速发展的过程，信托资产规模快速增加，2007年信托行业管理的信托资产规模还不足1万亿元，而随后的2008年、2009年、2010年和2011年，信托资产规模先后超过了1万亿元、2万亿元、3万亿元、4万亿元，在2012年更是达到了创纪录的7.47万亿元，如图2－1所示，信托行业已经逐步成为中国金融体系的重要力量之一。

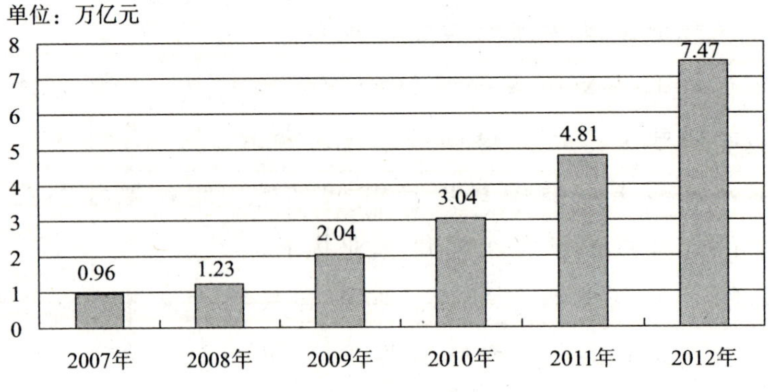

图2－1　信托行业资产规模历年对比图

（二）信托业务规模排名具有较高的稳定性

2012年年底，中信信托的信托业务规模突破5000亿元大关，有3家信托公司的信托业务规模在3000亿元以上，有10家信托公司的信托业务规模在2000亿元以上，而2011年只有3家信托公司的信托业务规模在2000亿元以上（见表2－1）。比较2011年和2012年两年的信托业务规模前10名情况，第一名都是中信信托，而且有9家信托公司同时出现在两年的前十名，高度重合，说明信托公司业务规模排名具有较高的稳定性。但是从集中度来看，2012年排名前10的信托公司合计信托资产规模2.9万亿元，占全行业信托资产规模总量的38.95%，与2011年的43.83%相比，集中度下降4.88%。

2012年，排名靠前信托公司的信托资产规模快速发展，信托业务规模排名具有较高的稳定性，但行业竞争开始加剧，排名前10的信托公司的信托资产规模的集中度有所下降。

表2－1　2011—2012年信托业务规模前10名情况对比

排名	信托公司	2012年年末信托资产规模（亿元）	排名	信托公司	2011年年末信托资产规模（亿元）
1	中信信托	5913.49	1	中信信托	3999.69
2	建信信托	3507.77	2	外贸信托	2387.75
3	兴业信托	3360.49	3	中诚信托	2038.16
4	中融信托	2994.86	4	平安信托	1962.17
5	中诚信托	2713.67	5	英大信托	1912.17
6	长安信托	2186.82	6	建信信托	1907.26
7	外贸信托	2151.86	7	华宝信托	1846.43
8	华宝信托	2125.32	8	粤财信托	1776.14
9	平安信托	2120.25	9	中融信托	1741.69
10	英大信托	2022.85	10	兴业信托	1507.77
小计		29097.38	小计		21079.24
CR10		38.95%	CR10		43.83%

二、新增信托业务

2012年，全行业新增信托规模53990亿元，比2011年增长了13987亿元，增长率为35%。

（一）新增存量比大幅下降

如图2－2所示，2008年和2009年的全行业新增信托业务规模一直大于存量信托业务规模，说明信托清算规模非常大，当年清算信托业务规模甚至大于年初存量信托业务规模，反映出此期间信托项目的平均期限较短。但从2010年开始，年底存量信托业务规模开始大于当年新增信托业务规模，表明当年清算业务规模开始小于年初信托业务规模，信托计划的平均期限得到显著拉长，信托资产的可持续性明显增强。纵观2008—2012年全行业新增信托规模与年底存量信托规模的比值，新增存量比一直处于下降过程中，2008年这一数值是126.5%，而到了2012年这一数值已经降为72.3%，并且比2011年的83.2%显著下降11个百分点，表明未清算的信托规模越来越大，信托项目的期限普遍开始加长，信托项目期限的加长，能够相应减少信托频繁成立和清算带来的压力，并且有利于信托业向资产管理和财富管理的业务模式进行转换。

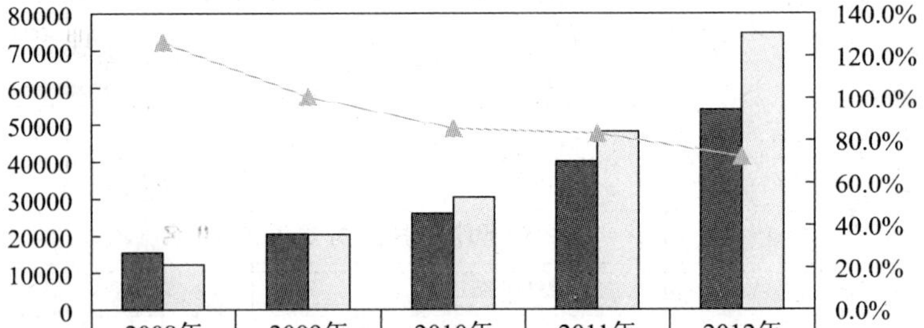

	2008年	2009年	2010年	2011年	2012年
新增信托规模	15545	20534	26026	40003	53990
年底信托规模	12284	20417	30405	48061	74678
新增存量比	126.5%	100.6%	85.6%	83.2%	72.3%

图2－2　2008—2012年信托规模增量存量对比图

（二）新增信托业务中主动管理型超过六成

2009年，监管层提出主动管理理念以来，该观点日益深入人心；2011年，监管层又提出信托业要向资产管理和财富管理转型，现在信托公司越来越重视提升主动管理能力，相应的，主动管理类信托业务也得到了大力拓展。

2012年，全行业实现信托业务新增规模53990亿元，其中，新增主动管理型信托业务规模为 33015 亿元，新增被动管理型信托业务规模为 20975 亿元。在全部新增信托业务规模中，主动管理型信托业务达到 61.15%，超过六成。

（三）新增信托业务规模排名情况

2012 年，中粮信托以 2888 亿元的规模位居新增信托资产规模榜首，新增信托资产规模超过 2000 亿元的信托公司有 7 家，而 2011 年仅有 3 家信托公司的新增信托资产规模超过 2000 亿元，表明越来越多的信托公司正在新增信托业务规模的道路上努力前行（见表 2－2）。

2012 年，外贸信托和中诚信托以超过 1000 亿元的规模名列新增集合类信托规模的前两名，2011 年也是中诚信托和外贸信托位列前两名，并且规模均超 1000 亿元，表明外贸信托和中诚信托确实在集合类信托业务方面有着超越其他信托公司的绝对优势（见表 2－2）。

2012 年，中融信托成为首个新增主动管理型信托规模超过 2000 亿元的信托公司，此外还有 10 家信托公司的新增主动管理型信托规模超过 1000 亿元，而 2011 年仅有中融信托和兴业信托的新增主动管理型信托规模超过 1000 亿元，表明越来越多的信托公司正在响应监管层的号召，大力拓展主动管理类信托业务（见表 2－2）。

表 2－2　　2012 年新增信托业务规模前 10 名

排名	信托公司	2012 年新增信托资产规模（亿元）	信托公司	2012 年新增集合类信托规模（亿元）	信托公司	2012 年新增主动管理型信托规模（亿元）
1	中粮信托	2888.44	外贸信托	1209.68	中融信托	2016.43
2	兴业信托	2852.70	中诚信托	1082.69	兴业信托	1868.60
3	粤财信托	2825.11	中融信托	735.16	长安信托	1797.60
4	中信信托	2326.28	平安信托	611.25	华能信托	1795.59
5	山东信托	2113.46	五矿信托	473.26	外贸信托	1522.05
6	外贸信托	2077.24	华能信托	450.88	平安信托	1442.20
7	中融信托	2045.76	中信信托	441.05	华润信托	1266.54
8	长安信托	1978.45	长安信托	413.51	粤财信托	1136.71
9	华能信托	1795.59	粤财信托	413.09	国投信托	1066.78
10	北方信托	1774.66	上海信托	373.63	五矿信托	1054.23

三、已清算信托项目的客户收益率创历史新高

2012年，66家信托公司合计清算11987个信托项目，比2011年增长近70%，已清算的实收信托合计金额为26810亿元，比2011年增长近37%，已清算项目加权平均实际年化收益率为7.05%，比2011年大幅提高1.39个百分点，为3年来的最高水平。整体来看，2012年信托公司实现了清算信托规模和客户收益的双提升（见表2－3，图2－3）。

（一）已清算信托项目的规模和客户收益率实现双提升

2012年，66家信托公司中除了新成立的新盛信托无清算信托项目外，其他65家信托公司均或多或少清算了信托项目。把清算信托项目按集合类、单一类、财产管理类分类统计的话，清算规模最大的仍然是单一类信托，2012年66家信托公司共清算6409款单一类产品，规模高达18066亿元，占全部清算规模的比重为67.39%；其次为集合类信托，清算5376款，清算金额8116亿元，占比为30.27%；清算财产管理类信托202款，金额628亿元，占比为2.34%（见表2－3）。

表2－3　　2010—2012年已清算信托项目数据对比表

已清算信托项目		集合类	单一类	财产管理类	行业小计
2012年	个数（个）	5376	6409	202	11987
	实收信托金额（亿元）	8116	18066	628	26810
	加权年化收益率（%）	7.34	6.97	5.68	7.05
2011年	个数（个）	2055	4860	151	7066
	实收信托金额（亿元）	3260	15843	527	19630
	加权年化收益率（%）	6.82	5.35	7.07	5.66
2010年	个数（个）	728	4828	1442	6998
	实收信托金额（亿元）	998	13506	847	15351
	加权年化收益率（%）	8.75	4.17	5.23	4.53

从不同类型信托的实际收益率来看，已清算集合类信托的客户收益率止跌回升，相比2011年上升0.52个百分点，重新成为已清算信托中年化收益率最高的信托类别。已清算单一类信托的收益率近三年实现了大幅增长，从2010年的4.17%上升到2011年的5.35%、再到2012年的6.97%，实现了

年化收益率的“三级跳”，其与已清算集合类信托的收益率仅相差0.37个百分点，大有赶超集合类信托收益率的趋势。已清算财产管理类信托的年化收益率出现了大幅下降，从2011年的7.07%下降到了5.68%，基本回到了2010年的收益率水平，已清算财产管理类的收益率大幅波动，主要是因为其数量和规模均较小，容易受到影响（见图2－3）。

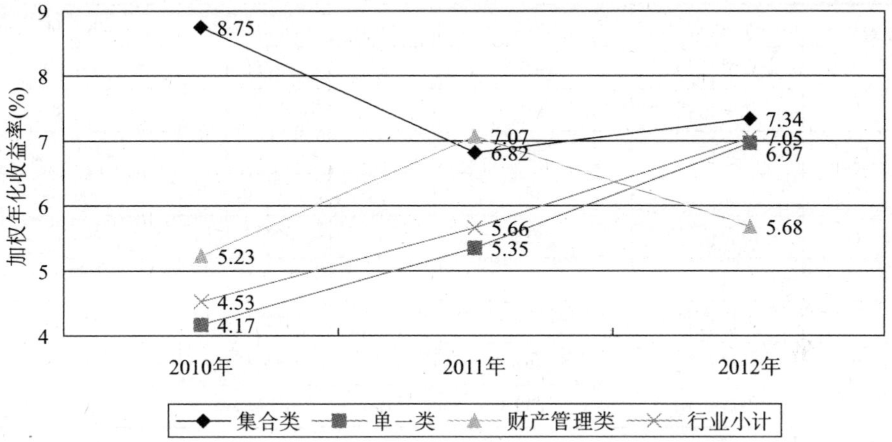

图2－3　2010—2012年已清算信托客户收益率对比图

具体来看，2012年外贸信托的已清算信托项目总数最多，达到了1981个，排名第二的粤财信托已清算信托项目总数为1054个，排名第三的长安信托已清算信托项目总数为482个，可见外贸信托的已清算信托项目总数远高于行业平均水平。与大多数央企系信托公司依托集团背景不同，外贸信托大量发行主动管理类的信托产品，近两年一直是集合信托市场上最重要的参与者之一。外贸信托不仅已清算信托项目总数最多，其已清算的集合类信托项目数量也是行业中最多的，据其年报显示，2012年外贸信托清算集合类信托1815个。

从已清算的实收信托合计金额来看，排名第一的是中信信托，其已清算的实收信托合计金额为2005.06亿元，排名第二的是外贸信托，其已清算的实收信托合计金额为1861.94亿元，66家信托公司中有5家信托公司的已清算实收信托合计金额超过1000亿元。因为中信信托的单一类信托项目较多，如果单看已清算的集合类信托项目金额，则外贸信托以1501亿元排名第一，中信信托和中融信托分别以641亿元和524亿元排名第二和第三，因此，2012年外贸信托已清算的集合类信托金额遥遥领先于其他信托公司（见表2－4）。

表2－4　　2012年已清算信托项目总数和规模前10名

排名	信托公司	已清算信托项目总数	排名	信托公司	已清算的实收信托合计金额（亿元）
1	外贸信托	1981	1	中信信托	2005.06
2	粤财信托	1054	2	外贸信托	1861.94
3	长安信托	482	3	粤财信托	1399.82
4	山东信托	417	4	平安信托	1196.77
5	兴业信托	381	5	华能信托	1000.53
6	国元信托	373	6	兴业信托	993.82
7	中融信托	361	7	长安信托	977.23
8	中信信托	308	8	中诚信托	946.17
9	甘肃信托	267	9	山东信托	819.58
10	中海信托	249	10	中融信托	817.34

具体来看，部分信托公司的清算信托项目为客户创造了非常高的收益。从表2－5可以看到，杭工商信托2012年清算13支集合类信托项目，信托本金合计33.03亿元，客户实际加权年化收益率达到了12.30%；另外，还有华能信托、华宸信托和爱建信托等3家信托集合类信托项目的实际加权年化收益率也达到或超过了10%。大业信托2012年清算68支单一类信托项目，信托本金合计62.50亿元，客户实际加权年化收益率为12.10%，另外还有国联信托单一类信托项目的实际加权年化收益率也超过了10%。湖南信托2012年清算4支财产管理类信托项目，信托本金合计5174万元，客户实际加权年化收益率高达18.09%；另外还有方正信托、金谷信托、中融信托和中原信托等4家信托公司的财产类信托项目的实际加权年化收益率超过10%，值得一提的是有6家信托公司披露的年报中显示其财产管理类信托项目实际收益率为0，上海信托的财产管理类信托项目的实际加权年化收益率为－1%。

表 2-5　　2012 年已清算信托收益率超 10%的信托公司

排名	集合类			排名	财产管理类		
	信托公司	年化收益率（%）	金额（万元）		信托公司	年化收益率（%）	金额（万元）
1	杭工商信托	12.30	330250	1	湖南信托	18.09	5174
2	华能信托	11.00	4095562	2	方正信托	15.02	111910
3	华宸信托	10.16	179811	3	金谷信托	14.94	46400
4	爱建信托	10.00	191000	4	中融信托	10.67	353703
	单一类			5	中原信托	10.45	26700
排名	信托公司	年化收益率（%）	金额（万元）				
1	大业信托	12.10	625043				
2	国联信托	11.25	845118				

（二）融资类信托业务依然是信托公司的主要业务

如果将已清算的信托项目按主动管理和被动管理来区分，并且按证券投资、股权投资、融资以及事务管理等四类进一步划分比较。2012 年，无论是主动管理还是被动管理，融资类的信托项目个数最多，实收信托金额最大，并且远超其他几类信托业务类型，表明现阶段信托公司仍然以融资类项目作为其主要业务，其中，主动管理型融资类项目无论在数量上还是规模上都超过被动管理型融资类项目的一倍以上，表明信托公司在主动管理型融资类信托项目上具有较强实力（见表 2-5）。

如果从清算收益率来看，无论是主动管理还是被动管理，证券投资类的收益率都是最低的，其中主动管理的证券投资类信托项目的清算收益率为负，造成上述结果的原因，一方面是因为 2011 年和 2012 年股票市场基本属于震荡下跌行情，具有一定的客观因素；另一方面也体现出信托公司在证券投资类信托业务上主动管理的能力相对薄弱，与专业的证券投资管理机构相比还有较大差距。总体来看，信托公司的融资类信托业务的清算收益率较高。

因此，无论是从已清算信托项目的资产规模，还是从清算收益率来看，信托公司在融资类业务上的管理能力比在投资类和事务管理类业务上更具优势（见表 2－6）。

表 2－6　　2012 年已清算信托业务的分类情况

分类	个数	实收信托金额（亿元）	清算收益率（%）
主动—证券投资类	574	1369	-0.23
主动—股权投资类	715	1841	7.16
主动—融资类	6460	12131	7.74
主动—事务管理类	113	578	8.03
被动—证券投资类	87	364	4.77
被动—股权投资类	211	649	6.02
被动—融资类	2272	5851	6.78
被动—事务管理类	517	2119	6.34

四、信托业务收入再创新高

（一）信托行业基本形成了以信托业务为主的稳定发展模式

2012 年，66 家信托公司实现信托业务收入 436 亿元，同比增长 43%，总收入 649 亿元，同比增长 46%，两者均再创历史新高，信托业务收入占总收入的比重为 67%，与 2011 年基本持平，表明全行业已经基本形成了以信托业务收入为主的发展模式（见图 2－4）。

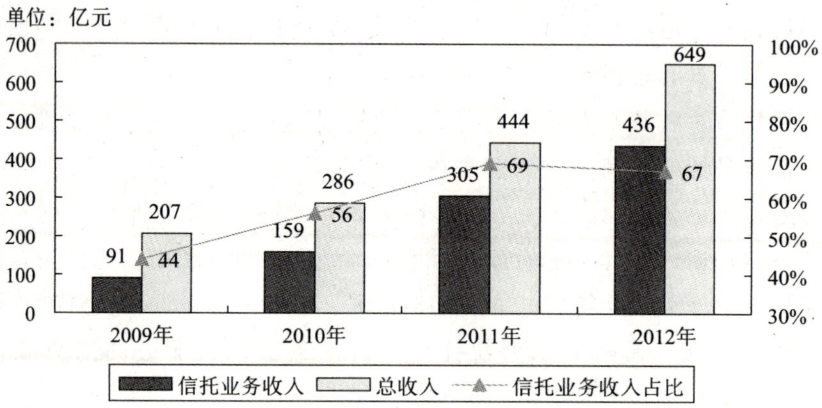

图 2－4　2009—2012 年行业信托业务收入及其占比趋势

从具体公司来看（见表2－7），信托业务收入占比前十名的公司该项指标均在86%以上，其中中江信托（原江西信托）、长安信托、湖南信托、新华信托、甘肃信托、中融信托、方正信托等7家信托公司的信托收入占比连续两年排名前10名，信托业务成为稳定发展的推动力量。其中，中融信托、长安信托、新华信托不但信托业务收入占比高，其绝对数也高，2012年三者的信托业务收入分别达到了35.34亿元、17.32亿元和13.46亿元，均位于信托业务收入的前十名。

表2－7　　2011—2012年信托业务收入占比前10名

排名	信托公司	2012年信托业务收入占比（%）	排名	信托公司	2011年信托业务收入占比（%）
1	中江信托	98.48	1	甘肃信托	217.10
2	长安信托	96.09	2	西藏信托	121.12
3	陆家嘴信托	94.68	3	新时代信托	119.89
4	湖南信托	93.72	4	方正信托	102.23
5	新华信托	93.39	5	安信信托	102.05
6	甘肃信托	92.77	6	中融信托	98.47
7	中融信托	92.48	7	新华信托	97.37
8	华融信托	90.09	8	江西信托	96.62
9	方正信托	89.50	9	湖南信托	93.78
10	紫金信托	86.96	10	长安信托	92.72

（二）信托业务收入排名具有较高的稳定性

根据近三年信托业务收入排名前10位的信托公司情况来看（见表2－8），行业前三名非常稳定，分别是中融信托、中信信托和平安信托，连续3年进入信托业务收入排名前十的信托公司还有华融信托、新华信托、中诚信托等3家信托公司，表明信托业务收入排名具有较高的稳定性。此外，中融信托和中信信托作为行业的领军者，其信托业务收入近三年实现了“三级跳”——由2010年的十几亿增长到2011年的二十几亿，再到2012年的三十几亿，遥遥领先于其他信托公司。值得一提的是，2012年长安信托的信托业务发展迅猛，2011年其信托业务收入才6.51亿元，到2012年则快速增长到了17.32亿元，增长率为166%。

表2-8　　2010—2012年信托业务收入前10名

排名	信托公司	2012年信托业务收入（万元）	信托公司	2011年信托业务收入（万元）	信托公司	2010年信托业务收入（万元）
1	中融信托	353381	中融信托	288201	中融信托	161619
2	中信信托	314073	中信信托	244683	中信信托	132253
3	平安信托	275544	平安信托	180169	平安信托	90307
4	长安信托	173181	新华信托	132571	中诚信托	82152
5	华融信托	151251	华融信托	119611	新华信托	73397
6	新华信托	134583	中诚信托	104866	中海信托	62230
7	中诚信托	127595	中海信托	76463	华融信托	53527
8	四川信托	125536	中铁信托	75389	中铁信托	46228
9	华润信托	116624	外贸信托	71730	昆仑信托	43468
10	中航信托	109813	华润信托	70031	华信信托	43064

（三）信托报酬率基本维持在较低水平

在年报统计分析的66家信托公司中，有14家没有公布信托报酬率具体数据，本文采取当年信托业务收入与平均信托资产规模（即年初和年末信托资产余额的简单平均）的比率来代替。

2012年，信托行业平均信托报酬率为0.75%，与2011年的0.76%基本持平，信托报酬率自2009年大幅下降以来，基本维持在较低水平。如图2-5所示，2009年信托报酬率出现了大幅下降，这主要是由当年信贷资产转让类银信合作业务占比较高和信托公司之间的费率恶性竞争引起的。2011年是《净资本管理办法》实施元年，当年信托报酬率小幅走高，2012年是《净资本管理办法》实施的第二年，信托报酬率与2011年基本持平。一方面，因为《净资本管理办法》出台使得信托公司的信托规模受到限制，信托公司会在同等规模下追求更高的报酬率，这也使得信托公司逐渐走出了费率恶意竞争的时代，加速了信托公司从融资平台向资产管理平台的转型，股权投资、股权和债权相结合的一体化投融资模式在净资本约束下得到了信托公司的充分重视和灵活运用，信托公司也开始重视向交易对手提供投行、咨询、管理等具有一定附加值的服务，而这些转变都将提升信托公司的信托报酬率。但另一方面，由于券商、基金公司均加入到了资产管理行业，信托公司面临的不仅是行业内的竞争，还面临来自行业以外金融机构的强大竞争，这也必然会拉低信托公司的信托报酬率。综合来看，外部激烈的竞争环境不支持信托公司维持较高的信托报酬率，从长期来看，信托公司的报酬率将维持在一个能充分反映竞争和信托公司盈利能力的水平区间。

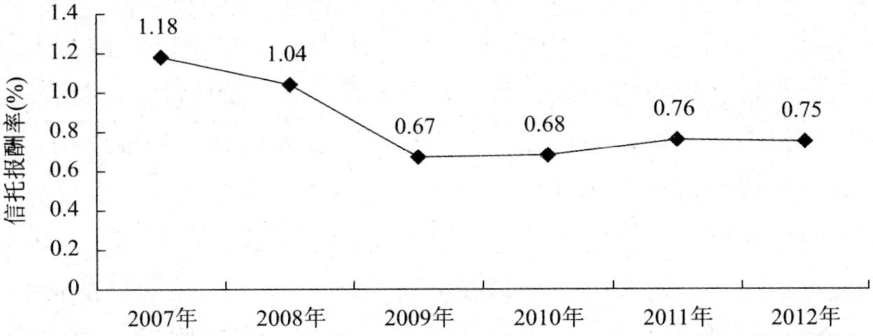

图2－5　2007—2012年行业信托报酬率趋势

对比2011年和2012年最近两个年度信托报酬率排名前10名的信托公司，可以发现：第一，杭工商信托、华融信托、爱建信托、苏州信托、东莞信托等5家信托公司均位于前十名，具有一定的稳定性；第二，2012年信托公司的信托报酬率差距缩小，2011年信托报酬率排名第一名和排名第十名的信托公司相差2.49%，而2012年排名第一和排名第十的信托公司相差仅为1.05%；第三，信托报酬率排名靠前的多是一些信托资产规模相对适中，同时注重收入质量的信托公司（见表2－9）。

表2－9　　2011—2012年信托报酬率前10名

排名	信托公司	2012年信托报酬率（%）	信托公司	2011年信托报酬率（%）
1	杭工商信托	2.65	爱建信托	4.10
2	华融信托	2.54	云南信托	3.00
3	爱建信托	2.24	西部信托	2.95
4	新华信托	2.00	杭工商信托	2.52
5	华信信托	1.88	华融信托	2.35
6	苏州信托	1.75	中铁信托	1.77
7	东莞信托	1.68	安信信托	1.72
8	中融信托	1.63	东莞信托	1.65
9	浙金信托	1.63	苏州信托	1.62
10	大业信托	1.60	四川信托	1.61

（四）信托业务收入和信托资产规模散点图

信托是基于管理信托资产收费的行业，信托业务收入可以看做是信托资产规模的函数，两者之间的关系可近似认为是信托报酬率。

从图2-6可以看出，多数信托公司的信托资产规模在2000亿元以内，信托业务收入则更多的处在10亿元以内。图中的实线可以看做是平均的信托业务收入与信托规模比率线，代表信托报酬率。有的信托公司信托报酬率较高，在实线之上，如中融信托、平安信托、长安信托、华融信托、新华信托等，如果将行业报酬率作为参照基准，这些公司的信托业务发展属于报酬率驱动型的信托公司；有的信托公司信托报酬率较低，在实线之下，如兴业信托和建信信托等，这些公司的信托业务发展属于规模驱动型的信托公司；还有一些信托公司的报酬率接近行业平均水平，在实线附近，如中信信托、华润信托、中诚信托、外贸信托等，这些公司的信托业务发展属于平衡驱动型的信托公司。从图2-6中可以直观地看到，中信信托以近6000亿元信托资产规模遥遥领先，而中融信托以较高的报酬率收获信托业务收入35.34亿元，高居榜首；华融信托以710亿元的信托资产规模创造了15.13亿元的信托业务收入，是真正“小而强”的信托公司。

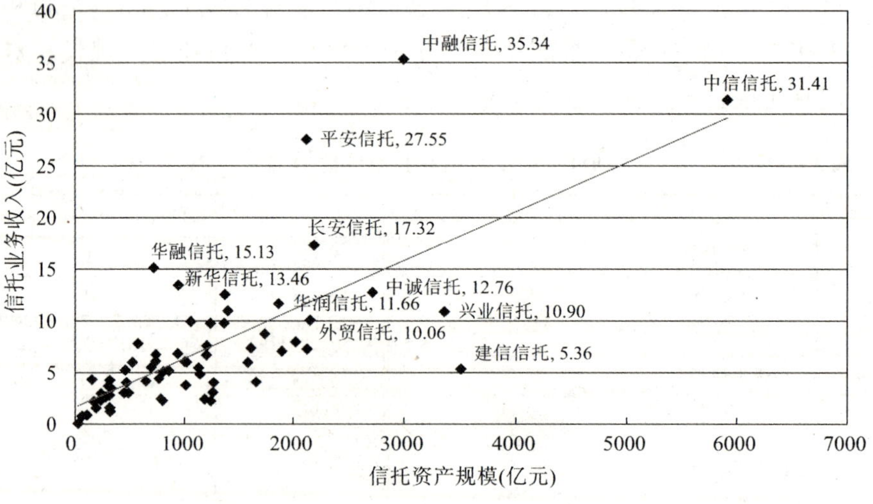

图2-6　2012年信托业务收入和信托规模散点图

五、信托资产分布状况分析

（一）行业信托资产分布顺应经济结构调整

2012年行业66家信托公司年报数据统计表明，以行业整体而言，信托资产运用方式排在首位的依然是贷款及应收款，占比为42.42%，在其他几种运用方式中，占比分布基本均匀，表明信托公司目前仍然以融资类业务为主（见表2－10，图2－7）。

表2－10　　2012年行业信托资产运用及投向分布

信托资产运用	金额（亿元）	占比（%）	信托资产分布	金额（亿元）	占比（%）
货币资产	7078	9.48	基础产业	18964	25.39
贷款及应收款	31682	42.42	房地产业	7147	9.57
交易性金融资产	6463	8.65	证券市场	8592	11.51
买入返售金融资产	682	0.91	实业	19957	26.72
可供出售金融资产	6028	8.07	金融机构	7446	9.97
持有至到期投资	7477	10.01	其他信托资产分布	12571	16.83
长期股权投资	7233	9.69			
其他信托资产运用	8035	10.76			
信托资产总计	74678	100.00	信托资产总计	74678	100.00

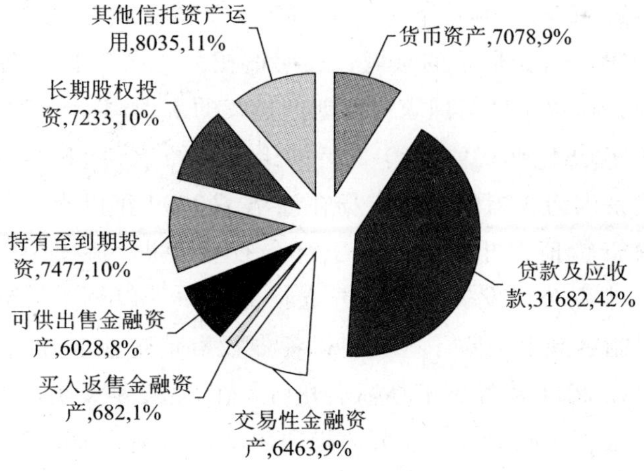

图2－7　2012年行业信托资产运用分布图

从信托资产行业投向领域分布来看，排在首位的是工商实业2万亿元，占比26.72%，其次是基础产业1.9万亿元，占比25.39%，排在最后的是房地产业7147亿元，占比仅为9.57%。表明信托行业顺应了国家经济结构调整的要求，加大服务实体经济力度，支持基础设施建设，收缩房地产业务（见表2-10，图2-8）。

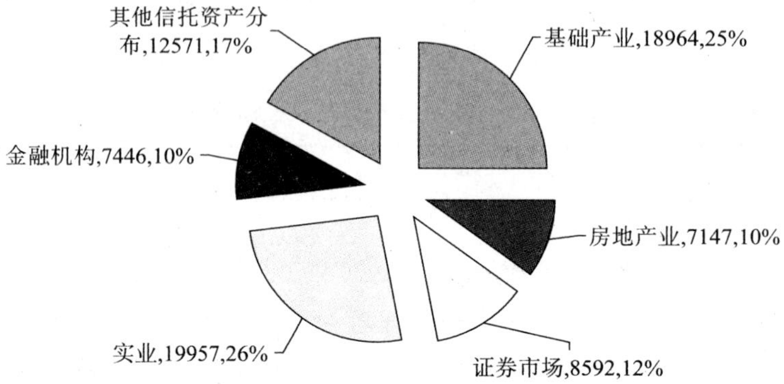

图2-8　2012年行业信托资产投向领域分布图

从2010—2012年信托资产行业投向领域的趋势来看（见表2-11），基础产业领域占比在2011年经过短暂的快速下降后，2012年又显著上升，毕竟我国的基础产业还不完善，各级地方政府对基础产业还相当重视，短时间来看，基础产业还将继续是信托资产投向的重要领域。房地产业领域占比由前两年占比接近15%直接下降到了9.57%，下降幅度超过5%，并且直接成为信托资产投向占比最小的领域，表明信托公司在2012年主动收缩了房地产信托业务，这也正好与国家对房地产持续的宏观调控相适应。证券市场领域占比前两年均不到10%，2012年该比例已经达到11.51%，有了明显上升，这可能是因为我国的股票市场在经历了2009年以来的熊市后，部分股票出现了投资价值，开始逐渐吸引部分投资者进入到股票市场，此外，2012年8月，中登公司发文对信托开立证券账户予以解禁，资金信托配置证券资产的限制客观上消除，这也使得证券投资信托业务开始恢复性增长。实业领域占比在2011年经历了小幅上升后，在2012年又实现大幅上升，一举超越基础产业领域成为占比最大的投向领域，达到了26.72%。金融机构在2011年受到信托资金的热烈追捧后，2012年开始明显降温，其占比降幅为2.14%。

表2-11　　2010—2012年信托资产投向领域的趋势变化情况

信托资产投向领域	2010年	2011年	2012年
基础产业（%）	34.04	20.38	25.39
房地产业（%）	14.71	14.65	9.57
证券市场（%）	9.79	9.29	11.51
实业（%）	18.61	19.62	26.72
金融机构（%）	5.21	12.11	9.97
其他信托资产分布（%）	17.65	23.95	16.83

总体来看，近几年国家的经济结构调整趋势是：大力支持实体经济发展，持续调控房地产，控制地方政府投融资平台的无限扩张。根据信托资产投向领域的趋势变化，我们发现，信托行业确实顺应了国家经济结构调整的大方向，主动收缩了房地产信托业务，加大了服务实体经济的力度，维持了具有传统优势的基础产业信托业务，并且开始重视证券市场领域的信托业务发展。

（二）基础产业投资为主的信托公司

在信托资产分布中，基础产业一直是信托公司的传统优势领域，2012年，信托资产投向基础产业规模达到1.90万亿元，占比25.39%。中信信托、英大信托和兴业信托的基础产业信托资产规模突破"千亿元"大关，尤其是中信信托异军突起，由2011年的725亿元直接增长到了2012年的1981亿元，增长了1256亿元，增幅为173%，其资产规模和增长速度令人惊叹。英大信托依旧依托股东背景优势，是典型的以基础产业投资为主的信托公司，金额达到1667亿元，排名第二，占比82.40%，排名第一；类似的还有中海信托，其基础产业信托资产规模和占比均排在前十名；2012年只有英大信托、陆家嘴信托和苏州信托的基础产业投资占比在50%以上，成为信托资产的主要投向领域；2012年只有新成立的新盛信托没有基础产业领域的信托投资，其他信托公司均有涉及，这也从侧面证明了基础产业是信托公司的传统优势业务（见表2-12）。

表2－12　　2012年基础产业信托资产及其占比前10名

排名	信托公司	基础产业信托资产（万元）	信托公司	占比（%）
1	中信信托	19805978.95	英大信托	82.40
2	英大信托	16669011.66	陆家嘴信托	69.31
3	兴业信托	10883661.38	苏州信托	51.39
4	中融信托	8888135.07	百瑞信托	45.10
5	华能信托	5920913.00	甘肃信托	42.87
6	中海信托	5186940.00	湖南信托	42.80
7	中诚信托	5037571.13	中海信托	41.22
8	中江信托	4813452.10	金谷信托	40.87
9	平安信托	4764212.88	紫金信托	39.56
10	山东信托	4686851.00	新华信托	36.58

（三）房地产投资为主的信托公司

房地产业以往是信托资产的一个重要投向领域，主要是因为该行业利润高，能为信托公司贡献相当的利润。2012年从投资房地产类信托规模来看，中信信托、平安信托、华润信托、中融信托和兴业信托的房地产类信托资产排名前五名，均超过了300亿元（见表2－13）。此外，平安信托、华润信托和昆仑信托的房地产领域投资规模和占比均排在前十名；2012年杭工商信托和新盛信托的房地产投资占比在50%以上，其中，杭工商信托连续三年的房地产投资占比超过70%，是名符其实的“房地产信托公司”，而新成立的新盛信托则选择了以房地产信托为突破口扩展公司业务。值得注意的是，2012年，绝大多数领域排名第一的信托资产规模都是大幅增加，唯独房地产领域排名第一的信托资产规模在下降：2011年，中信信托在房地产领域的投资规模最大，其金额为731亿元，2012年依然是中信信托在房地产领域的投资规模最大，但其金额已经降为633亿元，下降幅度达13.4%，这表明房地产信托领域的“领头羊”也在收缩规模。

（四）证券投资为主的信托公司

在证券投资信托中，建信信托、中诚信托和外贸信托无论是绝对规模还是业务占比均位居行业前三，这3家信托公司的证券投资信托业务在2011

表2－13　　2012年房地产信托资产及其占比前10名

排名	信托公司	房地产信托资产（万元）	信托公司	占比（%）
1	中信信托	6332874.71	杭工商信托	70.92
2	平安信托	5360873.90	新盛信托	56.03
3	华润信托	3469641.85	爱建信托	34.82
4	中融信托	3385210.33	大业信托	28.76
5	兴业信托	3171130.24	平安信托	25.28
6	中诚信托	2507079.50	国民信托	21.49
7	北京信托	2132667.59	昆仑信托	20.05
8	昆仑信托	1880642.00	江苏信托	19.66
9	厦门信托	1857833.00	华宸信托	19.11
10	新华信托	1738208.06	华润信托	18.60

年也是绝对规模和业务占比均位居行业前三，表明这3家信托公司在证券投资领域确实具有绝对强的实力，尤其是建信信托的证券市场信托资产规模已经率先突破“千亿元”大关，达到了1475亿元，遥遥领先于其他信托公司。证券投资信托产品主要分为两种：一是针对追求稳定收益的投资者，信托公司将信托资金投向债券、股票一级市场，包括新股申购、定向增发、拟上市公司股权投资等；二是针对追求高风险、高收益的投资者，信托公司通过与具有较高市场运作能力的私募基金或资产管理公司合作，将信托资金投向于股票二级市场，在直接投资股票市场的同时，有的证券投资信托通过投资期货市场进行了套保/套利操作，有的证券投资信托计划进行了结构化设计，将公众投资者作为优先受益人，而合作方作为劣后受益人，保障了优先级投资人的稳定收益。从信托投向的比例来看，虽然没有一家信托公司的证券投资信托占比超过50%，但外贸信托的证券类投资信托业务已经成为其主导业务（见表2－14）。

（五）工商实业投资为主的信托公司

最近三年来，信托资产投向工商实业领域呈现出稳定的上升趋势，尤其是2012年工商实业信托资产占比一举超越基础产业领域成为占比最大的信托资产投向领域，显示了信托行业顺应经济结构调整，加大了对实体经济的支持力度。根据表2－15数据显示，2012年，从投资规模来看，兴业信托和新时代信托显著领先其他信托公司，其规模也率先突破了“千亿元”大

表2－14　　2012年证券市场信托资产及其占比前10名

排名	信托公司	证券市场信托资产（万元）	信托公司	占比（%）
1	建信信托	14754405.76	外贸信托	42.76
2	中诚信托	9466115.91	建信信托	42.06
3	外贸信托	9200293.34	中诚信托	34.88
4	中信信托	5752801.58	中海信托	26.75
5	华宝信托	3726020.50	浙金信托	26.19
6	华润信托	3677771.54	北京信托	24.44
7	中融信托	3491213.01	陕国投	23.92
8	中海信托	3366629.00	北方信托	19.84
9	长安信托	3300273.84	上海信托	19.79
10	北方信托	3186993.00	华润信托	19.72

关；从投资占比来看，新时代信托、渤海信托、中原信托、四川信托、西部信托、国元信托、山东信托等7家信托公司的工商实业领域投资占比超过50%，形成了以实业领域投资为主的信托业务模式，与2011年家数持平，但2012年有4家信托公司在实业领域的投资占比超过了60%，而2011年仅有新时代信托一家公司在实业领域的投资占比超过60%，这表明已有部分信托公司开始更加专注于实业领域的信托业务。

表2－15　　2012年工商实业信托资产及其占比前10名

排名	信托公司	工商实业信托资产（万元）	信托公司	占比（%）
1	兴业信托	10902857.86	新时代信托	84.54
2	新时代信托	10697086.66	渤海信托	64.77
3	山东信托	9776811.00	中原信托	63.46
4	长安信托	8786093.18	四川信托	62.16
5	中融信托	8649588.74	西部信托	58.71
6	四川信托	8502302.67	国元信托	51.78
7	渤海信托	6500517.00	山东信托	51.54
8	国元信托	5907471.76	华澳信托	49.23
9	平安信托	5772622.83	厦门信托	48.74
10	中江信托	5549250.68	山西信托	47.90

（六）金融机构投资为主的信托公司

2012年，投向金融机构的信托产品相对2011年有所降温，其占比从2011年的12.11%下降到了2012年的9.97%。投向金融机构领域的信托业务其中很大一部分是与银行理财产品对接，投资于信贷资产、银行票据、基础设施建设项目等回报稳健的资产。根据表2－16数据显示，2012年，从投资规模来看，建信信托和华宝信托遥遥领先于其他信托公司，其金融机构信托资产规模均超过“千亿元”；从投资占比来看，中粮信托成为唯一一家金融机构投资占比超过50%的信托公司。值得一提的是，2011年华宝信托投资于金融机构的规模和占比均为行业第一，并且其占比达到了64.16%，而2012年华宝信托的该类业务占比下降到了49.93%，投向金融机构的信托资产规模也略有下降，表明华宝信托正在收缩其在金融机构领域的信托业务。而与此同时，建信信托投向金融机构的信托资产却在大幅上升，2012年到达了1629亿元，约为其2011年该类信托业务规模的一倍，成为行业中该领域投资规模最大的信托公司；中粮信托更是从2011年不到7亿元的金融机构信托资产规模飞速发展到了2012年的648亿元，并且该领域信托资产规模占其信托业务总规模的比例也超过了50%，形成了以金融机构为主要投向的信托业务模式。信托公司在金融机构信托业务的发展方向上，真可以用“有人辞官归故里，有人星夜赶科场”来形容。

表2－16　2012年金融机构信托资产及其占比前10名

排名	信托公司	金融机构信托资产（万元）	信托公司	占比（%）
1	建信信托	16289536.07	中粮信托	52.27
2	华宝信托	10611032.63	华宝信托	49.93
3	中粮信托	6481862.76	建信信托	46.44
4	粤财信托	5300396.61	江苏信托	38.73
5	陕国投	3458491.69	陕国投	34.20
6	中诚信托	3427038.54	粤财信托	32.03
7	江苏信托	2949749.75	新盛信托	30.51
8	中融信托	2916862.34	甘肃信托	16.97
9	平安信托	2503863.53	中诚信托	12.63
10	兴业信托	2158166.20	平安信托	11.81

（七）其他领域投资为主的信托公司

2012年，投向其他领域的信托资产占比已经由2011年的23.95%下降到了16.83%，也由信托资产分布的第一大领域下降为了第三大领域。根据表2－17数据显示，2012年，从投资规模来看，中信信托依旧以超千亿的规模位居榜首，遥遥领先于其他信托公司，并且成为唯一一家其他投向信托资产规模超千亿的信托公司，而2011年其他投向信托资产规模超千亿的公司还有外贸信托和粤财信托。从投资占比来看，2012年没有一家信托公司的其他投向信托资产占比超过50%，占比最高的是中投信托（49.02%），而2011年占比超过50%的信托公司有6家，其中紫金信托以72.52%的占比位居2011年榜首，但2012年紫金信托投资于该领域的占比已经下降到了32.72%。这些数据表明很多信托公司正在从其他领域转向信托资产分布的主流领域。

表2－17　　2012年其他投向信托资产及其占比前10名

排名	信托公司	其他投向信托资产（万元）	信托公司	占比（%）
1	中信信托	20961406.15	中投信托	49.02
2	华能信托	6496604.30	国民信托	42.31
3	交银信托	5507936.80	中铁信托	38.66
4	北方信托	5472345.56	华能信托	37.42
5	长安信托	4696031.47	中信信托	35.45
6	兴业信托	4255712.13	交银信托	34.87
7	中铁信托	4083892.00	北方信托	34.07
8	上海信托	3540614.75	东莞信托	33.07
9	华润信托	3442833.44	中泰信托	32.98
10	英大信托	3356448.84	紫金信托	32.72

六、信托公司关联交易

信托公司年报披露中，关联交易分为四种类型，分别是固有与关联方交易、信托与关联方交易、固有财产与信托财产交易、信托财产与信托财产交易。前两种关联交易有本期发生额的借方和贷方之分，后两种关联交易汇总披露本期发生额，本文在分析中按照借方发生额或发生额来计算信托公司的关联交易金额。

（一）关联交易总量再创新高

按照借方发生额计算，2012年66家信托公司中有56家至少发生一种关联交易，金额总计6801亿元，比2011年50家信托公司的4916亿元增加1885亿元，增幅38.34%，从图2-9来看，近几年来信托行业关联交易发生额屡创新高。从平均数来看，2012年信托公司平均关联交易发生额为121亿元，相比2011年信托公司平均关联交易发生额98亿元增长23.47%。

从过去5年的情况来看，信托行业关联交易总量呈现出持续上升的态势，并且在近两年呈现出爆发式的增长，2012年更是创造了历史新高的6801亿元。

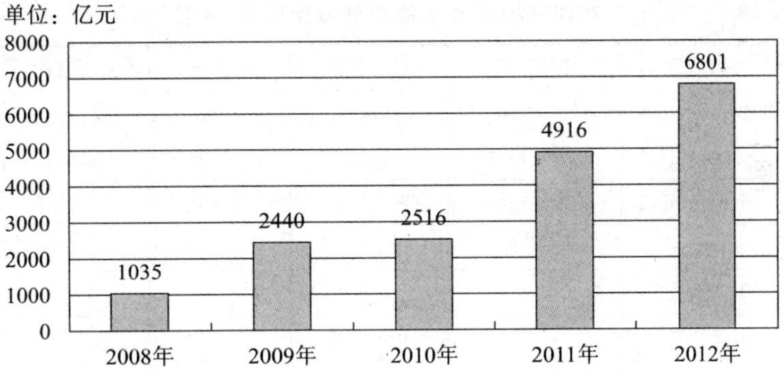

图2-9　2008—2012年信托行业关联交易发生额对比图

（二）关联交易集中度有所下降

2012年，关联交易发生额前十家信托公司合计6177亿元，占全行业关联交易发生额的90.82%，与2011年的92.12%相比，集中度下降1.3%（见表2-18）。2012年关联交易发生额最大的公司是银行系的建信信托，达到了2304亿元，比2011年自己的行业最高值1213亿元增长近一倍，连续3年蝉联关联交易发生额头把交椅，并且与关联交易发生额排名第二名的信托公司差距越来越大，2010年建信信托超过第二名的中信信托222亿元，2011年建信信托超过第二名的中信信托315亿元，2012年建信信托超过第二名的英大信托948亿元。

2012年，关联交易发生额超过千亿的信托公司有3家，相比2011年唯一一家建信信托，增加了英大信托和中信信托。建信信托、英大信托和中信信托连续三年占据关联交易发生额的前三名，平安信托和中海信托也连续三年进入前十名。

从股东背景来看，建信信托、中信信托、平安信托、兴业信托和中诚信托都是金融集团所属的信托公司，在信贷资产转让等领域具有先天优势；英大信托、华宝信托、华润信托、上海信托和中海信托都是央企控制企业，代表着产业资本对于金融平台的建设。

2012年，共有10家信托公司没有发生关联交易借方发生额，分别是安信信托、甘肃信托、华宸信托、华信信托、四川信托、新时代信托、中融信托、西藏信托、大业信托、新盛信托。

表2-18　　2010—2012年关联交易发生额前10名　　单位：亿元

排名	公司名称	2012年	公司名称	2011年	公司名称	2010年
1	建信信托	2304	建信信托	1213	建信信托	735
2	英大信托	1356	中信信托	898	中信信托	513
3	中信信托	1280	英大信托	808	英大信托	343
4	华宝信托	259	平安信托	696	平安信托	168
5	中诚信托	244	兴业信托	295	昆仑信托	121
6	平安信托	209	中诚信托	159	华宝信托	86
7	兴业信托	191	中海信托	134	中海信托	76
8	华润信托	117	渤海信托	115	渤海信托	62
9	上海信托	109	昆仑信托	108	北方信托	54
10	中海信托	107	大业信托	103	国投信托	52
	小计	6177	小计	4529	小计	2210
	CR10	90.82%	CR10	92.12%	CR10	87.84%

（三）信托与关联方交易仍是主流，信托财产与信托财产关联交易有所下降

从2012年关联交易的构成来看，固有与关联方交易发生额为1249亿元，信托与关联方交易发生额为4756亿元，固有财产与信托财产关联交易发生额为188亿元，信托财产与信托财产关联交易发生额为608亿元（见图2-10）。

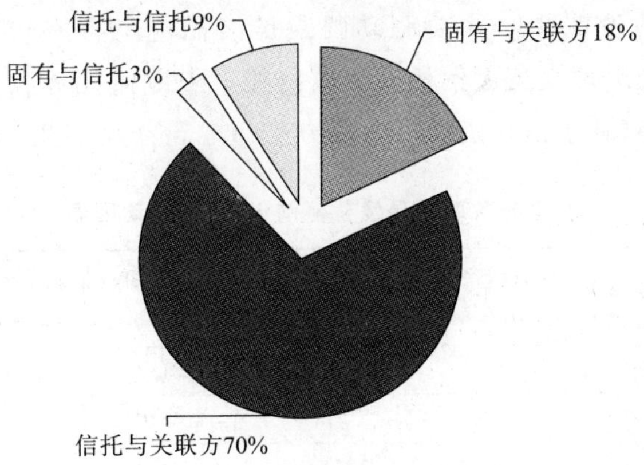

图 2－10　2012 年关联交易构成情况示意图

从 2010—2012 年关联交易的构成变化情况来看（见图 2－11），信托与关联方交易大幅飙升，固有与关联方交易、固有财产与信托财产交易的发生额有所上升，而信托财产与信托财产交易的发生额却有所下降。在这四类关联交易中，信托与关联方的交易发生额一直位居主导地位，占比一直较高，固有财产与信托财产交易的发生额占比一直最低。

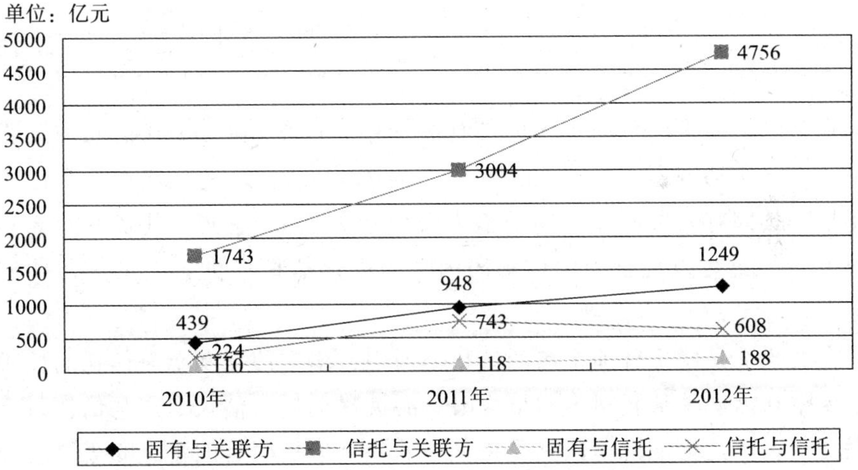

图 2－11　2010—2012 年关联交易构成趋势图

（四）信托公司关联交易驱动因素分析

从 2012 年关联交易发生额前十名信托公司的驱动因素来看。建信信托

2304 亿元的关联交易中，主要驱动因素是信托资产与关联方交易 2282 亿元，类似情况也出现在英大信托、中诚信托、中海信托等其他信托公司中，前 10 名中有 7 家属于信托资产与关联方交易主导（见表 2－19）。

表 2－19　2012 年关联交易发生额前 10 名的驱动因素　单位：亿元

序号	公司简称	关联交易发生额	固有与关联方	信托与关联方	固有与信托财产	信托财产与信托财产
1	建信信托	2304.1	0.2	2281.5	－0.3	22.7
2	英大信托	1356.0	0.0	1356.0	0.0	0.0
3	中信信托	1279.6	1211.2	71.6	1.1	－4.2
4	华宝信托	259.3	0.0	4.9	35.8	218.7
5	中诚信托	243.6	0.1	217.4	13.7	12.4
6	平安信托	209.4	1.1	135.4	6.0	67.0
7	兴业信托	191.5	9.8	146.3	14.6	20.7
8	华润信托	117.4	0.0	80.9	－0.2	36.7
9	上海信托	109.4	2.2	0.0	40.8	66.4
10	中海信托	106.9	0.0	157.6	－3.4	－47.4
合计		6177	1224.6	4451.6	108.1	393.1
占行业比例（%）		90.82	98.05	93.60	57.50	64.65

在关联交易发生额前十名的信托公司中，中信信托 1280 亿元的关联交易中，主要驱动因素是固有与关联方交易 1211 亿元，进一步查看中信信托的年报，其固有与关联方交易的借方发生额为 1211 亿元，其贷方发生额为 1214 亿元，这可以理解为中信集团内部为中信信托提供了大量的短期流动性资金。

在关联交易发生额前十名的信托公司中，华宝信托和上海信托的关联交易主要驱动因素是信托财产与信托财产的关联交易。信托财产与信托财产的关联交易主要是指该公司以其受托管理的一个信托项目的资金购买自己管理的另一个信托项目的受益权或信托项下资产，比如华宝信托具有代表性的“时节·好雨”系列产品就是一个标准的结构化 TOT 资金池产品。

值得注意的是，上海信托、华宝信托和中诚信托的固有与信托财产关联交易较多。固有与信托财产之间的交易主要是指以固有资金投资公司自己管理的信托项目收益权，或购买自己管理的信托项目的信托资产。一般而言，固有与信托财产关联交易主要是由于以下两个原因：第一，信托公司初期未能募得足够资金，自掏腰包购买部分受益权，随后逐步转给客户；第二，自有业务信托化运营，通过投资本公司信托计划实现自有资金的保值增值。然而具体结构是什么，在年报披露中，信托公司极少公告“固有财产与信托财产互相交易”详情。

七、总结

2012年是信托行业大发展的一年，信托业在争议与忧虑中再度成为金融界的黑马，资产管理规模已超越保险业，成为仅次于银行业的第二大金融行业。其中，中信信托的信托资产规模突破5000亿元，有10家信托公司的信托业务规模在2000亿元以上。整体来看，信托公司的信托规模、信托业务收入和总收入均创近几年新高。

根据信托资产投向领域的趋势变化，信托行业确实顺应了国家经济结构调整的大方向，主动收缩了房地产信托业务，加大了服务实体经济的力度，维持了具有传统优势的基础产业信托业务，并且开始重视证券市场领域的信托业务发展。但我们也应看到，目前信托公司虽然业务涉及市场领域极为广泛，在某些市场领域也具备了一定的资产配置能力，积累了一些投资经验，但自主进行投资管理的能力普遍不强，无论从信托资产管理规模还是信托收益率来看，信托公司的主要业务及收入来源还主要偏重于融资类业务，但随着信托业规模的快速发展，信托公司未来发展必须回归信托本源，实现从主要从事信托贷款和债权融资业务的机构，向主要依托信托制度，面向高净值客户，向各类资金提供专业投资管理服务的财富管理和资产管理机构转型。

从发达国家的经济金融发展趋势来看，我们有理由相信中国的信托行业和信托公司发展空间依旧是广阔的，尽管要经历转型期可能带来的阵痛，以及承受来自其他金融机构的竞争压力，但就信托公司自身实现转型发展的路径而言，各家信托公司应该根据自身的资源禀赋和发展理念选择适合自己的发展道路，而不应是相同的发展模式。从目前信托公司的发展来看，已有部分信托公司实现了自己的发展定位，归纳起来大致有以下几种发展定位：

1. 专业私人财富管理信托公司。该类信托公司通过向高净值客户提供信托理财产品，已经储备了相当数量的客户资源。以平安信托为例，截至

2012 年年底，其拥有的高净值客户数量已超过 18000 人，随着客户信任度和黏性的增加，平安信托通过进一步完善客户服务体系，加强对各类投资产品的研究，组建更加专业化的金融、投资、法律、财务、税务等专业团队，提升全市场资产配置能力和全生命周期的财富管理能力，已经发展成为专门的私人财富管理机构。

2. 以投资管理为主的专业信托公司。这类信托公司自己发起设立投资性信托产品，自主进行投资管理，并接受其他资金的委托，提供各类市场的投资管理服务，如金融市场、房地产、非上市公司股权、艺术品等另类投资管理等。以外贸信托为例，经过几年在股票市场、债券市场、期货市场的精耕细作，形成了完善的投资、管理、风控、营销团队，目前，外贸信托已经形成了以证券投资作为其主要信托业务领域的发展模式。

3. 专业的金融信托服务机构。这类信托公司以受托人身份，为各类金融投资产品的运作提供资产托管为主的信托服务。作为低风险的金融服务，这类业务在发达的金融体系中规模巨大。以建信信托和兴业信托为代表，依靠股东强大的金融背景，通过大量的通道类业务，信托资产规模飞速增长，短短几年时间就已跻身信托资产规模的“前三甲”。

4. 综合性的信托公司。这类信托公司同时关注上述多个业务领域，全面开展财富管理、投资管理和金融信托服务的综合性业务。这类公司的代表是中信信托，中信信托在资本实力、专业团队建设、营销能力、资源整合方面均拥有突出的综合能力，全面布局信托业务发展的各个方向和领域，已经连续多年成为信托行业当之无愧的“龙头老大”。

2012年信托公司年报分析之三：

自营业务篇

百瑞观点：

- 行业自营净资产突破2000亿元，内部积累贡献大，其他综合收益引关注
- 行业自营负债维持低位，同业拆入值得重视
- 自营业务收入增加三成，占比下滑突出信托主业
- 自营收入结构中，利息、投资收益增长难掩占比下滑，其他投资收益悄然崛起
- 行业自营业务收益率反弹，自营好公司多样化展业
- 股东背景影响费用水平，民营信托公司最不差钱
- 自营资产配置中，可供出售金融资产摘冠，货币资产居高不下，投向最爱金融机构
- 参股银行投资收益最高，证券、基金收益持续下滑

一、自营净资产分析

（一）自营净资产突破2000亿元

根据公开披露年报的66家信托公司数据统计，截至2012年年末，信托行业自营净资产规模合计2030.82亿元，较2011年年末的1630.6亿元增加

400亿元，增幅26%（2006—2012年信托行业自营净资产趋势见图3-1所示）。

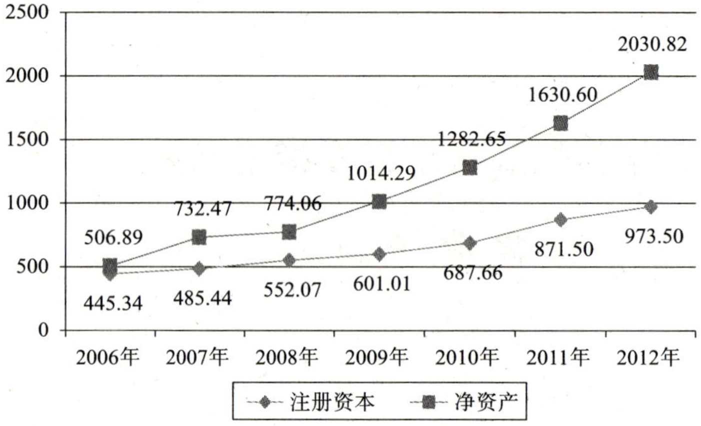

图3-1　2006—2012年信托行业自营净资产规模趋势

从2007—2012年信托行业自营净资产增长趋势图3-2可以看到，信托行业自营净资产规模持续攀升，最近连续四年均以超过25%的增幅快速上升。

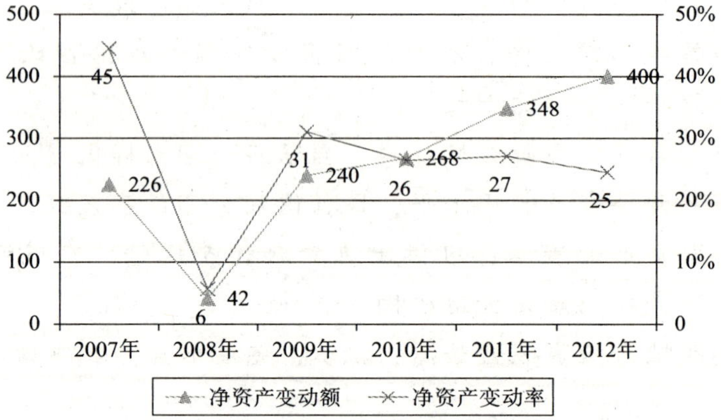

图3-2　2007—2012年信托行业自营净资产增长趋势

从具体信托公司来看，2012年年末，平安信托凭借强大的注册资本，自营净资产规模最大，高达151.47亿元，华润信托、中诚信托2家公司净资产规模也突破百亿。自营资产（包括总资产）超过50亿元的有12家信托公司。长城新盛信托2011年年底新开业，自营净资产规模最小仅3.12亿元（见表3-1）。

表3-1　　2012年自营净资产较大的信托公司　　单位：亿元

序号	信托公司	净资产	注册资本	总资产
1	平安信托	151.47	69.88	160.72
2	华润信托	101.55	26.30	119.30
3	中诚信托	100.46	24.57	116.01
4	中信信托	99.37	12.00	118.21
5	重庆信托	81.18	24.39	97.09
6	江苏信托	61.93	24.84	64.58
7	上海信托	58.25	25.00	63.15
8	华信信托	54.74	30.00	56.90
9	建信信托	52.90	15.27	54.89
10	外贸信托	51.56	22.00	54.68
11	昆仑信托	50.61	30.00	52.56
12	中融信托	48.29	14.75	62.09

（二）内部积累贡献大于外部增资

从信托行业净资产规模增长来源上看，注册资本增长与净资产增长并不同步，注册资本增长在2011年达到峰值的27%之后迅速变缓，源于外部增资的资本投入虽然增长，而来自于信托公司的内部积累更快（见图3-3）。

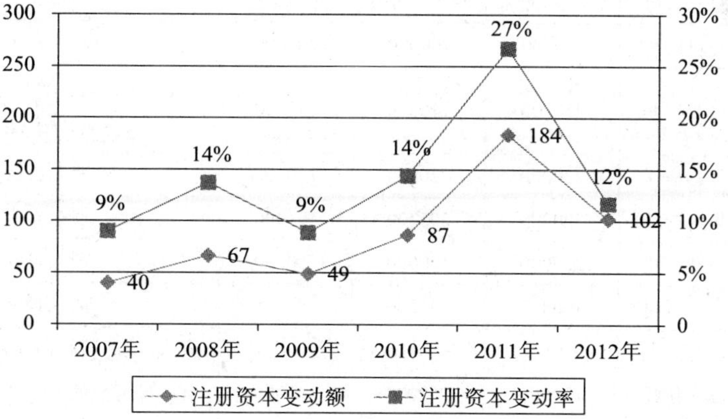

图3-3　2007—2012年信托行业注册资本增长趋势

在2012年信托行业新增的400亿元自营净资产中，源自企业经营业绩贡献绝大部分，净利润金额高达347.12亿元，占比86.73%，即使调整对股东利润分配74.65亿元的影响后，留存收益仍可以解释68.08%。股东投入资本105.76亿元，占比26.43%。其他综合收益22.92亿元，占比5.73%（见图3-4）。

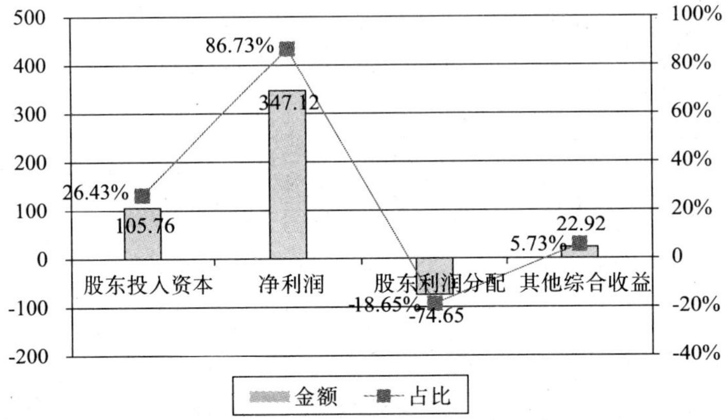

图3-4　2012年信托行业新增净资产来源分布

2012年进行增资扩股的信托公司如表3-2所示，在15家注册资本金增加的信托公司中，除了资本公积、留存收益转增资本之外，12家外部增资共计68.38亿元，在2012年增加的净资产规模400亿元中占比17.09%。

表3-2　2012年注册资本变动的信托公司　单位：万元

序号	信托公司	2012年年末	2011年年末	变动金额	备注
1	爱建信托	300000	100000	200000	股东投入
2	兴业信托	257600	120000	137600	留存利润转增0.88亿元，资本公积转增12.88亿元
3	华鑫信托	220000	120000	100000	股东投入
4	华信信托	300000	205700	94300	股东投入
5	中铁信托	200000	120000	80000	股东投入
6	陆家嘴信托	106835	31500	75335	股东投入
7	苏州信托	120000	59000	61000	资本公积转增0.66亿元，未分配利润转增3.14亿元，股东现金投入2.3亿元

续表

序号	信托公司	2012 年年末	2011 年年末	变动金额	备注
8	新华信托	120000	62112	57888	未分配利润转增
9	新时代信托	80000	30000	50000	利润转增 3 亿元
10	方正信托	100000	60000	40000	股东投入
11	英大信托	182175	150000	32175	股东投入
12	中粮信托	149981	120000	29981	股东投入
13	中原信托	150000	120200	29800	未分配利润转增
14	陕国投	57841	35841	22000	非公开发行，实际募资 21.05 亿元
15	西藏信托	40000	30000	10000	股东投入

（三）直接进入资产负债表，其他综合收益引关注

在 2012 年信托行业新增的 400 亿元自营净资产中，其他综合收益贡献 22.92 亿元，占比 5.73%，应该适当关注。其他综合收益是指企业根据会计准则规定未在损益中确认的各项利得和损失扣除所得税影响后的净额，实质上也属于报告期间内浮盈或浮亏的经营成果，但由于不满足收入确认条件没有计入利润表，直接计入了资产负债表，并在所有者权益变动表中进行了详细揭示，主要有可供出售金融资产公允价值变动净额、权益法下被投资单位其他所有者权益变动的影响。2012 年其他综合收益较大的信托公司如表3－3 所示，吉林信托该项金额最大，高达 5.76 亿元，是可供出售金融资产公允价值变动净额所致。苏州信托、华信信托、外贸信托 3 家该项金额过亿。

表 3－3　　2012 年其他综合收益前 10 名信托公司　　单位：万元

序号	信托公司	其他综合收益	备　注
1	吉林信托	57643.70	可供出售金融资产公允价值变动净额
2	苏州信托	37790.15	
3	华信信托	26175.41	
4	外贸信托	13840.60	
5	华宝信托	9812.17	
6	国联信托	8825.00	可供出售金融资产公允价值变动净额
7	天津信托	8625.22	可供出售金融资产变动 11101.44 万元
8	中信信托	7995.99	
9	陕国投	7821.06	可供出售金融资产公允价值变动增加
10	山东信托	7820.60	

二、自营负债分析

（一）行业自营负债维持低位

根据2007年信托公司管理办法规定，“信托公司不得开展除同业拆入业务以外的其他负债业务”。由2011—2012年自营总资产构成情况图3－5可见，近两年行业自营负债确实较低，2012年负债金额262.66亿元，资产负债率11.45%，较2011年10.95%增幅不超过1个百分点。

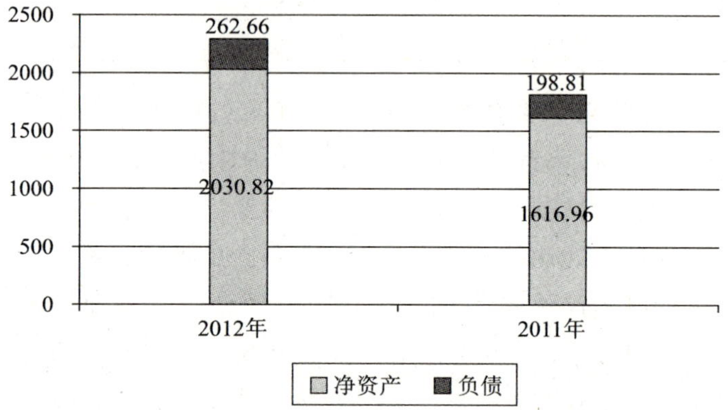

图3－5　2011—2012年自营总资产构成情况

2012年行业自营业务杠杆率中位数1.1，平均值1.14，平均值大于中位数，说明一半以上的信托公司自有业务财务杠杆低于平均值，少数公司的杠杆较高。安信信托的自有业务财务杠杆倍数1.51遥遥领先，最低的是爱建信托和国联信托的1.02。这里的自有业务杠杆率是指公司总资产与净资产的比例，该值越大说明财务杠杆越高。

（二）同业拆入值得重视

从自营负债项目构成表3－4来看2012年行业无借款，说明信托公司根据监管要求未通过银行业金融机构使用除同业拆入业务以外的其他有息负债方式筹措自有资金。数一数二的应交税费、应付职工薪酬以及应付利息、应付股利、递延所得税负债，属于有关法律法规或结算程序等原因而自然形成的。

不过，有一些负债项目虽然金额不大，只是散落在个别公司，也应该引起充分关注，比如根据规定，信托公司可以开展的同业拆入业务，且同业拆入余额不得超过其净资产的20%。2012年同业拆入资金16.46亿元，占总负债的比例是6.26%，较2011年增加6.4亿元，其中，华宝信托4.9亿元，华润信托8.1亿元，吉林信托3.4亿元，中投信托550万元。同业拆入业务对于信托公司自有业务保持一定的流动性支持至关重要，按照20%的上限进行测算，2012年年末行业净资产2030.82亿元，自营最多可以拆入资金406.16亿元，每家公司可拆入资金平均6.15亿元，2012年与2011年相比拆入资金虽然有所增长，但与所能利用的空间相比明显单薄，未来应该得到行业的充分重视。

2012年行业预收账款17.23亿元，占比6.56%，较2011年有明显增加。其他负债和其他应付款金额分别为36.56亿元和35.37亿元，占比13.92%和13.47%，规模和占比仍然较高。

表3-4　　2011—2012年自营负债项目金额及其占比

负债项目	2012年		2011年	
	金额（亿元）	占比（%）	金额（亿元）	占比（%）
向中央银行借款	0.40	0.15	0.40	0.20
代理业务	0.16	0.06	0.00	0.00
同业存放款项	0.00	0.00	8.00	4.02
拆入资金	16.46	6.26	10.06	5.06
交易性金融负债	0.00	0.00	0.00	0.00
卖出回购金融资产款	0.00	0.00	3.10	1.56
短期借款	0.00	0.00	0.00	0.00
预收账款	17.23	6.56	8.83	4.44
应付职工薪酬	68.05	25.91	42.32	21.28
应交税费	68.34	26.02	53.84	27.08
应付利息	0.00	0.00	0.14	0.07
应付股利	3.44	1.31	2.72	1.37
其他应付款	35.37	13.47	39.19	19.71
预计负债	0.76	0.29	0.00	0.00
应付账款	0.03	0.01	0.03	0.02
递延所得税负债	15.94	6.07	9.24	4.65
其他负债	36.56	13.92	20.94	10.53

具体到各家信托公司而言，从2012年自营业务杠杆率排名前10名的非自然负债主要项目表3-5可见，自有业务财务杠杆率最高的安信信托其他负债1.14亿元，排名第二位的新华信托预收账款3.79亿元、其他应付款1.9亿元，第三位的华宝信托其他应付款7.21亿元。

吉林信托、中铁信托和方正信托的其他负债金额也足够大，分别为7.51亿元、1.24亿元和2.09亿元。中铁信托的预收账款金额高达5.93亿元。

表3-5　2012年自营业务杠杆率排名前10名的非自然负债主要项目

序号	信托公司	杠杆倍数	负债	预收账款	其他应付款	其他负债
1	安信信托	1.51	32056.91			11364.02
2	新华信托	1.46	95209.60	37881.00	19300.81	
3	华宝信托	1.44	147577.24		72145.29	
4	吉林信托	1.41	136107.19			75132.42
5	华宸信托	1.40	33769.08		3041.32	842.83
6	中铁信托	1.40	112109.31	59259.62		12357.61
7	长安信托	1.29	64895.08		3316.69	
8	方正信托	1.29	43349.21			20910.72
9	中融信托	1.29	137933.07	2974.53		2754.86
10	大业信托	1.28	16010.54	1826.96	1377.91	

三、自营收益分析

（一）自营业务收入增加三成，占比下滑突出信托主业

2012年，信托行业自营业务收入继续保持良好的增长态势，66家信托公司共实现自营业务收入184.57亿元，较2011年的139.62亿元增加44.95亿元，增幅32.19%（见表3-6）。

表3-6　2007—2012年信托行业自营业务收入及占比情况　单位：亿元

年份	合计金额	合计占比（%）	平均值	中位数
2007	180.34	69.19	3.54	1.67
2008	86	48.95	1.69	0.76
2009	116.11	56.16	2.15	1.32

续表

年份	合计金额	合计占比（%）	平均值	中位数
2010	127.36	44.47	2.32	1.37
2011	139.62	31.41	2.18	1.17
2012	184.57	28.43	2.80	1.78

注：自营业务收入来自报表附注收入结构表，等于收入合计减信托手续费收入、其他业务收入中计入信托业务收入部分之后倒挤出的余额；如果未披露收入结构表，信托手续费收入取值自有利润表中手续费及佣金收入，如大业信托、西藏信托；如果收入结构表中未披露信托手续费收入，或手续费及佣金收入与信托手续费收入金额相差较大，将前者金额视同后者，如新时代信托、华澳信托、中海信托。

信托行业自营业务收入占比继续下滑，2012年占比降至历史低位的28.43%，较2011年的31.41%下降2.98个百分点，行业发展更加突出信托主业（见图3-6、图3-7）。

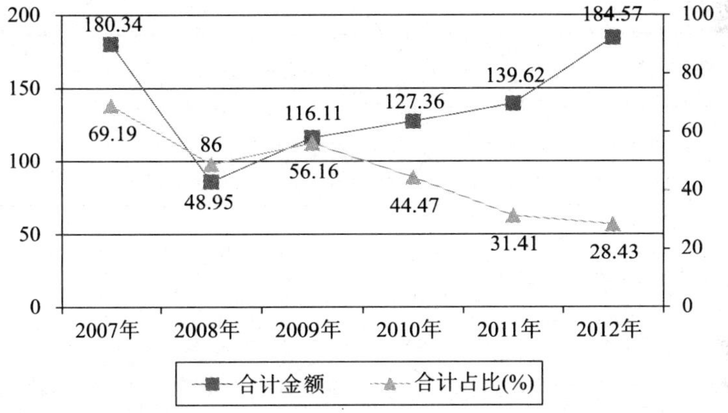

图3-6　2007—2012年信托行业自营业务收入合计及占比趋势

信托行业平均自营业务收入2.8亿元，较2011年的2.18亿元增加0.62亿元。平均值较中位数1.78亿元高出1.02亿元，反映了自营业务收入较强的集中度，少数公司取得了较多的自营业务收入。从图3-8中2007—2012年平均值及中位数趋势可见，信托行业在适应了净资本监管政策之后，自营业务收入在2012年有较大的爆发性增长。

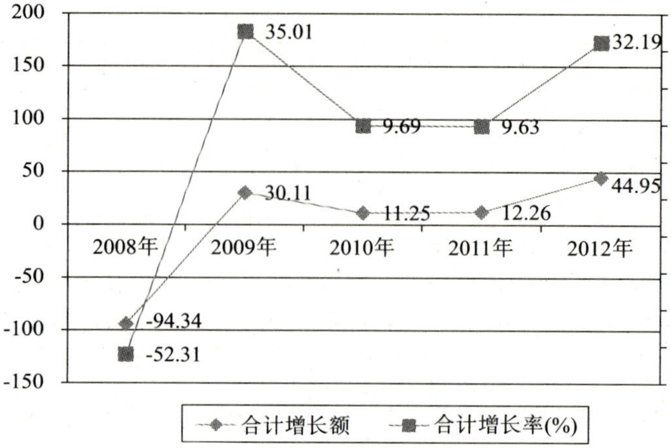

图 3－7　2008—2012 年信托行业自营业务收入合计增长趋势

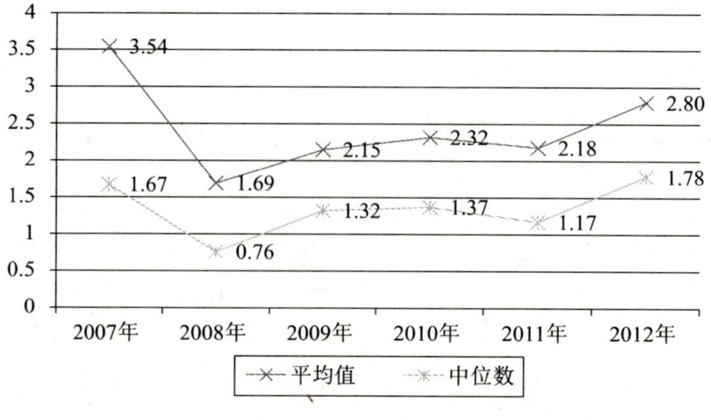

图 3－8　2007—2012 年信托行业自营业务收入平均值及中位数趋势

通过图 3－9 集中度分析可以看到，2012 年信托行业自营业务收入集中度 CR4、CR8、CR10 分别为 25.37%、41.86%、48.03%。通过 2007—2012 年趋势对比可以看到，信托行业自营业务收入集中度长期呈现出逐渐下降态势，2012 年下降最明显。

从表 3－7 具体信托公司看，2012 年自营业务收入最高的是中诚信托 14.43 亿元，中信信托 13.34 亿元次之。长城新盛信托新近开业，自营业务收入占比最高 86.65%。

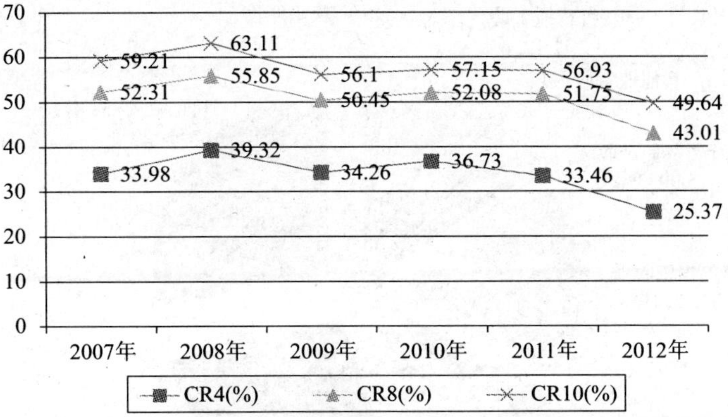

图 3－9　2007—2012 年信托行业自营业务收入集中度趋势

表 3－7　　2012 年自营业务收入及占比前 10 名　　单位：万元

序号	信托公司	金额	占比（%）	序号	信托公司	金额	占比（%）
1	中诚信托	144259.04	53.06	1	新盛信托	3605.26	86.65
2	中信信托	133378.69	29.81	2	国民信托	45158.74	85.37
3	平安信托	97445.28	26.13	3	重庆信托	91031.82	68.55
4	重庆信托	91031.82	68.55	4	江苏信托	82931.56	65.24
5	华润信托	90718.16	43.75	5	中泰信托	20859.05	63.06
6	江苏信托	82931.56	65.24	6	中诚信托	144259.04	53.06
7	上海信托	64923.77	46.04	7	建信信托	51983.79	49.24
8	外贸信托	64262.12	38.97	8	中海信托	55805.67	48.06
9	昆仑信托	57667.86	45.70	9	西部信托	14597.22	48.01
10	中海信托	55805.67	48.06	10	上海信托	64923.77	46.04

（二）利息、投资收益增长难掩占比下滑，其他投资收益悄然崛起

根据图 3－10 所示信托行业自营业务收入结构，2012 年，利息收入和股权投资收益是信托公司最为重要的两项收入来源。信托行业实现的 184.57 亿元自营业务收入中，29% 来自于利息收入，26% 来自于股权投资收益，19% 为其他投资收益，6% 为证券投资收益，5% 为公允价值变动收益。

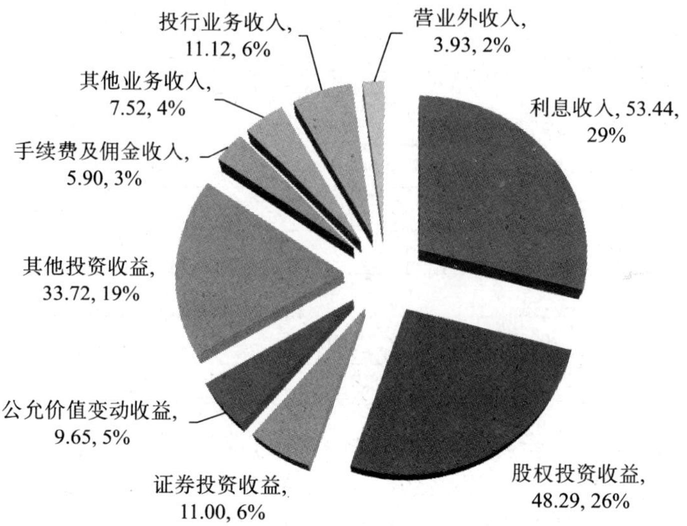

图3-10　2012年信托行业自营业务收入结构

从表3-8中近两年信托行业自营业务收入结构对比可见，2012年利息收入较2011年增加8.38亿元，占比却减少3.32个百分点；股权投资收益增加10.66亿元，占比降低了0.79个百分点；由于公允价值变动损益为证券投资所致，可将两者进行合并分析，合并后2012年证券投资收益为20.65亿元，较2011年的4.7亿元大幅增加15.95亿元，占比也由3.37%增至11.19%，增加7.82个百分点；其他投资收益增加12.87亿元，占比增加3.34个百分点。

表3-8　　2011—2012年信托行业自营业务收入结构　　单位：亿元

收入类型	2011年		2012年		2012年变动	
	金额	占比（%）	金额	占比（%）	金额	占比（%）
利息收入	45.06	32.27	53.44	28.95	8.38	-3.32
股权投资收益	37.63	26.95	48.29	26.17	10.66	-0.79
证券投资收益	11.32	8.11	11.00	5.96	-0.32	-2.15
公允价值变动收益	-6.62	-4.74	9.65	5.23	16.27	9.97
其他投资收益	20.85	14.93	33.72	18.27	12.87	3.34
手续费及佣金收入	5.77	4.13	5.90	3.19	0.13	-0.94
其他业务收入	7.7	5.51	7.52	4.07	-0.18	-1.44
投行业务收入	13.77	9.86	11.12	6.02	-2.65	-3.84
营业外收入	4.14	2.97	3.93	2.13	-0.21	-0.83
合计	139.62	100	184.57	100	44.95	

时间适当拉长，从2009—2012年信托行业自营业务收入主要类别及其占比趋势图3－11、图3－12可见，利息收入和股权投资收益连续4年一直是信托行业两项最为重要的收入来源，虽然利息收入和股权投资收益金额分别有所上升，但是占比趋势与金额趋势却并不一致，利息收入占比长期看是上升态势，股权投资收益占比却一直逐步下滑，利息收入占比在近两年超过了股权投资收益占比。

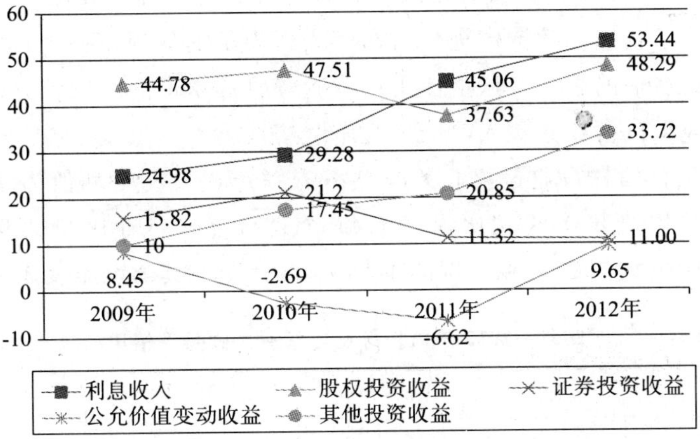

图3－11　2009—2012年信托行业自营业务收入主要类别趋势

2012年证券市场出现了一波行情，证券投资中的公允价值变动收益出现了反弹，金额和占比走出了2010—2011年过去两年的浮亏低迷，达到了2009年的收益水平。

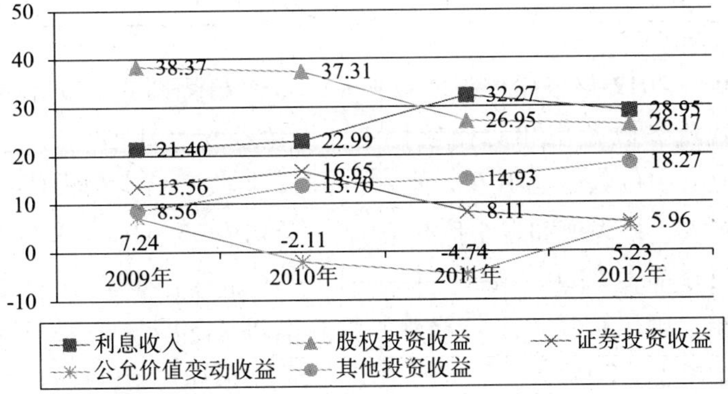

图3－12　2009—2012年信托行业自营业务收入主要类别占比趋势

除利息收入和股权投资收益之外，其他投资收益连续四年无论金额还是占比持续增长，最近的2011—2012年一直稳居自营业务的第三收入来源，预计未来仍有较大上升空间。2012年，其他投资收益33.72亿元，占比18.27%。比如，长安信托2012年的其他投资收益1741.28万元为信托投资收益，中粮信托、四川信托是可供出售金融资产收益5402.93万元、2465.21万元。

（三）行业自营业务收益率反弹，自营好公司多样化展业

自营业务收入与净资产规模密切相关，为了消除规模大小对信托公司自营业务盈利水平的影响，这里使用自营业务收益率进一步比较分析。自营业务收益率等于自营业务收入除以平均净资产。

2012年，信托行业自营业务收益率有一定提升，平均值为9.64%，与2011年的平均值8.03%相比提高1.61个百分点；行业中位数9.27%，较2011年的中位数7.96%相比提高1.31个百分点，具体可见表3－9。

表3－9　2007—2012年信托行业自营业务收益率情况　　单位：%

年度	最大值	平均值	中位数	最小值
2007	76.67	29.83	23.73	0.75
2008	36.90	10.70	9.83	－5.91
2009	38.96	12.83	9.76	－3.62
2010	21.75	11.03	9.46	0.66
2011	26.89	8.03	7.96	－6.99
2012	33.63	9.64	9.27	0.57

从2007—2012年信托行业自营业务收益率趋势图3－13来看，信托公司平均自营业务收益率相对比较稳定，大致稳定在10%左右。从“最大值—平均值—中位数—最小值”曲线在2010年收窄后，最大值与最小值的差距开始拉大。最大值和最小值在2012年分别为33.63%、0.57%。

从区间分布表3－10、表3－11、图3－14来看，2012年66家信托公司呈正态分布，国民信托1家自营业务收益率超过30%，主要是该公司重仓持有金融资产等，2012年17亿元自有总资产布局中有11.41亿元金融资产、2.62亿元可供出售金融资产，实现公允价值变动收益4.05亿元；安信

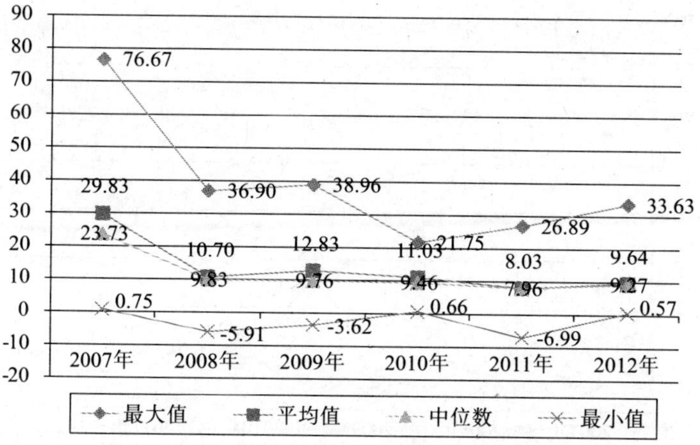

图3－13　2007—2012年信托行业自营业务收益率趋势

信托1家超过20%，1.5亿元自营业务收入中股权投资收益8237.47万元，为转让下属子公司收益，该公司2012年将所持有的银晨网讯科技有限公司74.0488%的股权及上海凯盟投资发展有限公司100%的股权出售给控股股东上海国之杰投资发展有限公司，本次出售股权总交易金额为3.38亿元，处置日归属于母公司所有者的净资产3.03亿元；15%至20%区间的有金谷信托、山东信托、中信信托、四川信托、中诚信托5家，大部分信托公司自营业务收益率处于10%—15%和5%—10%两个区间，分别达到20家和29家，5%以下的有10家，无信托公司自营业务亏损。

表3－10　　2007—2012年信托行业自营业务收益率区间分布

年度	30%以上	20%—30%	15%—20%	10%—15%	5%—10%	0—5%	0以下
2007	18	8	8	5	8	2	0
2008	2	4	7	10	15	9	4
2009	3	6	5	13	19	7	1
2010	0	2	5	17	26	5	0
2011	0	3	2	14	26	14	5
2012	1	1	5	20	29	10	0

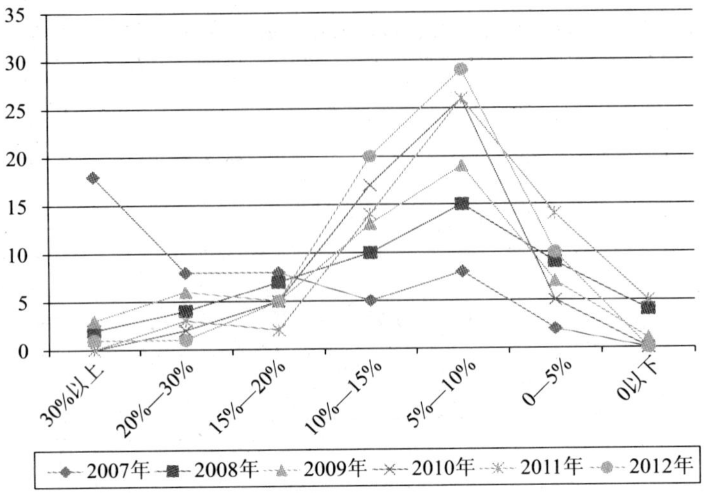

图3-14　2007—2012年信托行业自营业务收益率区间分布

表3-11　2012年信托行业自营业务收益率前10名

序号	信托公司	自营业务收益率（%）
1	国民信托	33.63
2	安信信托	26.56
3	金谷信托	19.51
4	山东信托	18.12
5	中信信托	15.62
6	四川信托	15.34
7	中诚信托	15.32
8	江苏信托	14.67
9	外贸信托	14.10
10	中海信托	13.81

信托公司更好地开展自营业务要满足两个条件：盈利水平相对较高，盈利能力保持稳定。根据这两个条件进行筛选，2010—2012年，连续3年自营业务收益率均超过10%的信托公司有8家，分别是金谷信托、中信信托、中诚信托、江苏信托、北京信托、中泰信托、上海信托、东莞信托。其中，中信信托1家自营业务收益率连续3年稳定在15%以上，中诚信托、江苏信托2家自营业务收益率连续3年稳定在14%以上，见表3-12。

表3-12　2010—2012年信托行业自营业务收益率超10%的信托公司　单位：%

序号	信托公司	2010年	2011年	2012年
1	金谷信托	13.13	19.37	19.51
2	中信信托	21.75	20.51	15.62
3	中诚信托	14.29	16.92	15.32
4	江苏信托	14.07	14.91	14.67
5	北京信托	14.26	13.57	12.76
6	中泰信托	12.48	13.26	11.76
7	上海信托	13.74	11.01	11.75
8	东莞信托	13.10	11.40	11.01

从信托行业自营业务最好的8家信托公司2012年收入来源分布图3-15、表3-13可见，金谷信托、中信信托、中诚信托、北京信托、东莞信托5家以利息收入为自营第一收入来源，江苏信托、中泰信托、上海信托3家以股权投资收益为最重要的自营收入来源。

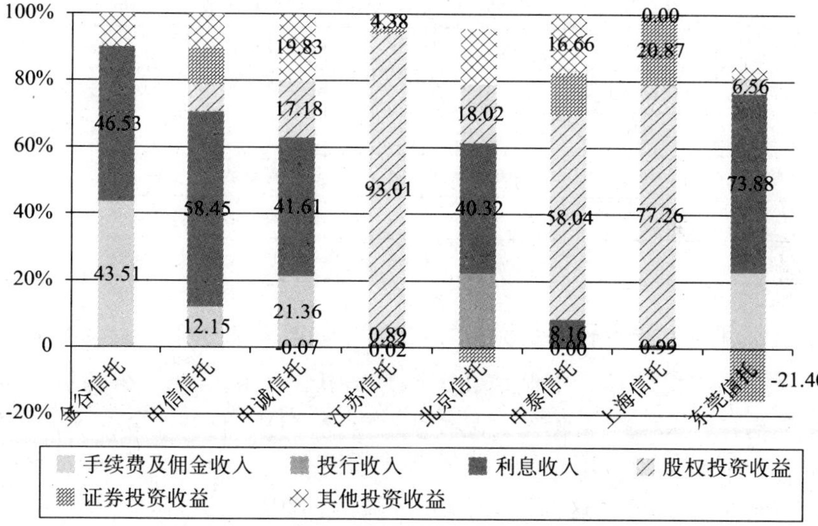

图3-15　信托行业自营业务最好的8家信托公司2012年收入来源分布

中信信托自营业务收入来源最多样化，除了利息收入占比58.45%外，手续费及佣金收入占比12.15%，证券投资收益10.89%，其他投资收益10.3%，股权投资收益8.21%。中诚信托、北京信托、中泰信托、金谷信托4家自营业务收入来源比较多样化，有3—4项主要收入来源。中诚信托除了利息收入占比41.61%之外，还有手续费及佣金收入、其他投资收益、股权投资收益三项各约占比20%。北京信托除了利息收入占比40.32%之外，一直倚重的投行收入占比22.92%，还有股权投资收益、其他投资收益两项分别占比18.02%、17.13%。中泰信托除了股权投资收益占比58.04%之外，其他投资收益占比16.66%，证券投资收益、利息收入两项各约10%。金谷信托主要是利息收入和手续费及佣金收入双轮驱动，分别占比46.53%、43.51%，其他投资收益占比9.89%。江苏信托、上海信托、东莞信托3家自营业务收入比较单一，江苏信托、上海信托2家来源于股权投资收益占比分别高达93.01%、77.26%，东莞信托利息收入占比73.88%。

表3-13　信托行业自营业务最好的8家信托公司2012年主要收入来源

序号	信托公司	第一主要收入来源	收入（万元）	占比（%）	第二主要收入来源	收入（万元）	占比（%）
1	金谷信托	利息收入	15986	46.53	手续费及佣金收入	14951	43.51
2	中信信托	利息收入	77955	58.45	手续费及佣金收入	16205	12.15
3	中诚信托	利息收入	60022	41.61	手续费及佣金收入	30813	21.36
4	江苏信托	股权投资收益	77133	93.01	其他投资收益	3631	4.38
5	北京信托	利息收入	15558	40.32	投行收入	8844	22.92
6	中泰信托	股权投资收益	12106	58.04	其他投资收益	3475	16.66
7	上海信托	股权投资收益	50159	77.26	证券投资收益	13548	20.87
8	东莞信托	利息收入	7875	73.88	手续费及佣金收入	3352	31.45

如果将时间继续拉长，2008—2012年连续5年自营业务收益率超10%的信托公司有中信信托、中诚信托、北京信托、中泰信托、东莞信托5家，除了东莞信托，其他4家收入来源较多，由此可见，自营业务开展好的信托公司，收入来源较多样化。

四、自营费用分析

（一）业务及管理费持续走高

信托公司自营承担的营业成本有营业税金及附加、业务及管理费、资产减值损失和其他业务成本。需要说明的是，这里分析的自营费用摘于自有报表，但业务活动除了涉及自营业务，还有可能是开展信托业务所发生的费用，比如，信托业务人员一些日常办公支出，由于数据受限不再明确区分。在营业成本中，业务及管理费弹性最大，可控性强，最能反映一家信托公司的经营管理水平，因此自营费用的分析主要使用业务及管理费来进行替代分析。业务及管理费核算信托公司在业务经营和管理过程中所发生的各项费用，相当于非金融企业的销售费用和管理费用，主要包括折旧费、业务宣传费、职工工资、业务招待会议差旅费、聘请中介机构费、公杂费等。为了削减信托公司规模对业务及管理费的影响，在分析中还使用了业务及管理费除以营业收入后得到的收入费用比指标。

由表3－14、表3－15、图3－16可见，2012年信托行业业务及管理费合计金额144.81亿元，较2011年增长41.9亿元，从2010—2012年三年趋势来看每年增加约40亿元；平均值和中位数分别是2.19亿元、1.47亿元，较2011年约增加0.6亿元。中融信托的业务及管理费最大，为15.32亿元，收入费用比为40.8%，排名第六名。

表3－14　　2010—2012年信托行业业务及管理费情况　　单位：亿元

年度	合计金额	最大值	平均值	中位数
2010	64.74	7.03	1.01	0.72
2011	102.91	13.42	1.61	0.98
2012	144.81	15.32	2.19	1.47

表3－15　　2012年信托行业业务及管理费及其占比前10名　　单位：万元

序号	信托公司	业务与管理费	信托公司	收入费用比（%）
1	中融信托	153219.04	浙金信托	67.00
2	平安信托	95250.94	新盛信托	53.01
3	中信信托	67098.37	安信信托	49.65
4	长安信托	66090.99	华澳信托	48.18
5	华融信托	65389.55	山西信托	40.89
6	新华信托	54380.25	中融信托	40.80
7	中诚信托	44722.36	新时代信托	40.22
8	中航信托	37861.09	华融信托	38.96
9	华润信托	37122.15	新华信托	37.74
10	兴业信托	32468.06	长安信托	36.68

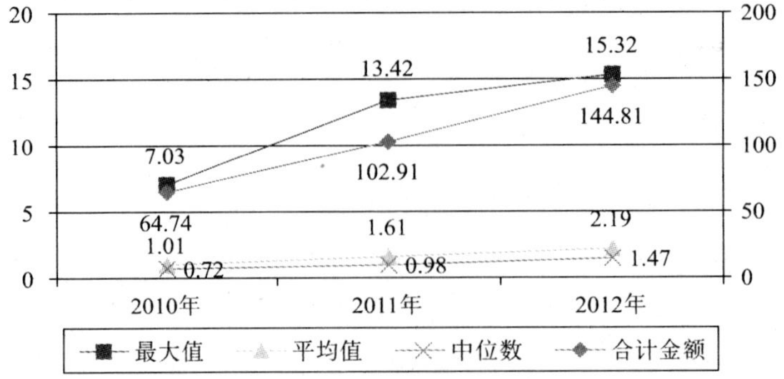

图3-16 2010—2012年信托行业业务及管理费趋势

（二）股东背景影响费用水平，民营信托公司最不差钱

根据2012年信托行业业务及管理费及其占比前10名表3-15发现，中融信托、长安信托、华融信托、新华信托无论金额还是占比均排在前10名，除了华融信托之外其他3家都是民营企业实质控制，这说明民营信托公司在业务拓展上的费用支出是不遗余力。

表3-16　　2012年信托行业业务及管理费占比后10名　　单位：万元

序号	信托公司	收入费用比（%）	业务与管理费	营业收入
1	江苏信托	5.24	6658.23	127117.43
2	山东信托	7.51	8343.08	111132.39
3	华信信托	8.49	10019.33	117947.29
4	中铁信托	8.59	10437.33	121571.86
5	国联信托	9.68	3448.00	35621.00
6	国民信托	9.81	5188.50	52886.79
7	外贸信托	10.03	16540.13	164868.83
8	中海信托	11.20	12416.01	110849.16
9	重庆信托	11.83	14909.22	126010.32
10	粤财信托	12.41	7273.62	58614.92

收入费用率指标从效率上看，并非越高越好，该指标越高说明获得同样的营业收入支出了更多的费用，因此在一定程度收入费用率越低越好。从2012年信托行业业务及管理费占比后10名表3-16看，地方政府控股的江苏信托、山东信托2家收入费用率控制得最好，收入费用率分别仅5.24%、7.51%，还有国联信托、重庆信托、粤财信托3家地方政府控股的信托公司

也位居前十；央企控股的中铁信托、外贸信托、中海信托3家费用控制的也不错；民营控制的华信信托、国民信托2家该指标均未超过10%。

五、自营资产配置

（一）可供出售金融资产摘冠，货币资产居高不下

根据2012年信托行业自营资产配置情况见表3－17、图3－17，2012年年末信托行业自营资产运用方式中，可供出售金融资产543.21亿元排名第一，占比23.68%；长期股权投资489.87亿元次之，占比21.35%；货币资产474.75亿元排名第三，占比20.69%；第四是贷款及应收账款399.22亿元，占比17.4%。

表3－17　　2012年信托行业自营资产配置情况

资产运用	金额（亿元）	占比（%）	投向分布	金额（亿元）	占比（%）
货币资产	474.75	20.69	基础产业	70.17	3.19
贷款及应收款	399.22	17.40	房地产业	168.14	7.63
交易性金融资产	106.99	4.66	证券市场	365.54	16.60
可供出售金融资产	543.21	23.68	实业	170.33	7.73
持有至到期投资	101.35	4.42	金融机构	815.22	37.01
长期股权投资	489.87	21.35			
其他资产运用	178.84	7.80	其他资产分布	613.06	27.84
自营资产总计	2294.23	100.00	自营资产总计	2202.47	100.00

注：安信信托、吉林信托、陕国投三家信托公司未披露自营资产投向分布表，因此，投向分布中资产总计低于资产运用资产总计。

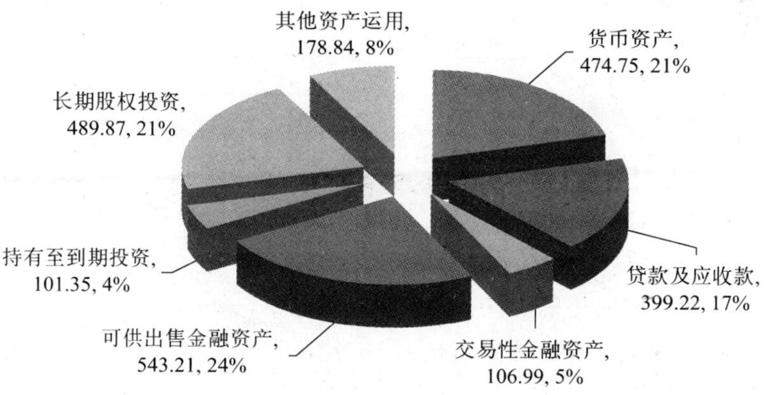

图3－17　2012年信托行业自营资产运用方式情况

观察2010—2012年近三年信托行业自营资产运用方式情况（见表3-18、图3-18），由于长期股权投资占比持续下滑，使得占比一直很稳定的可供出售金融资产跃居首位。贷款及应收款占比增幅较小。由于2011年信托行业实施净资本管理办法，货币资产在2011年猛增了172.49亿元，增幅6.36个百分点，占比一举超过贷款及应收款，2012年虽然占比下滑0.93%，但金额新增80.21亿元。

表3-18　2010—2012年信托行业自营资产运用方式情况

资产运用	2010年		2011年		2012年	
	金额（亿元）	占比（%）	金额（亿元）	占比（%）	金额（亿元）	占比（%）
货币资产	222.05	15.26	394.54	21.62	474.75	20.69
贷款及应收款	243.86	16.76	306.69	16.80	399.22	17.40
交易性金融资产	99.92	6.87	66.71	3.65	106.99	4.66
可供出售金融资产	341.75	23.49	432.50	23.70	543.21	23.68
持有至到期投资	53.97	3.71	65.12	3.57	101.35	4.42
长期股权投资	403.64	27.74	450.32	24.67	489.87	21.35
其他资产运用	89.71	6.17	109.39	5.99	178.84	7.80
自营资产总计	1454.90	100.00	1825.27	100.00	2294.23	100.00

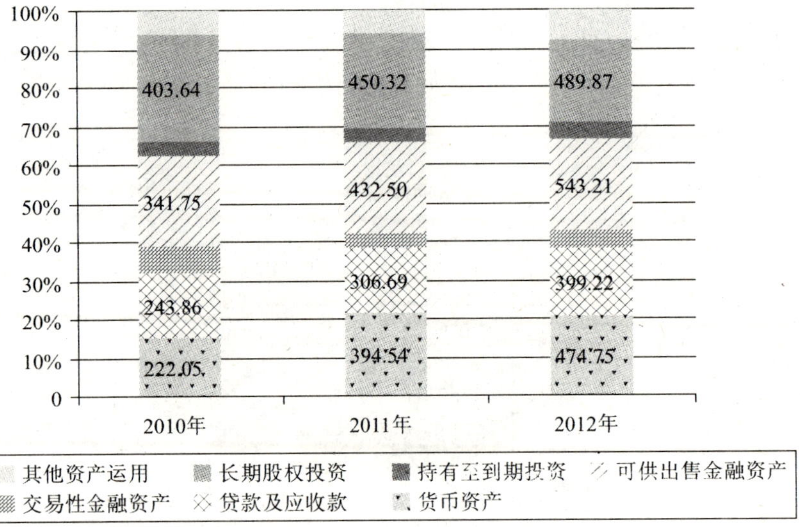

图3-18　2010—2012年信托行业自营资产运用方式趋势

（二）自营资产投向最爱金融机构

2012年年末，信托公司自营资产中最大投向是金融机构，有815.22亿元，占比37.01%；如果不考虑其他资产分布，紧随其后的投向是证券市场365.54亿元，占比16.6%；投向实业170.33亿元，略超房地产的168.14亿元；投向基础产业仅70.17亿元，占比3.19%（见表3-19、图3-19）。

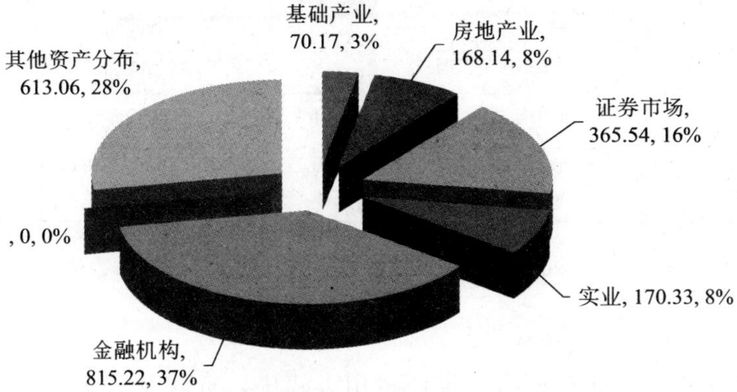

图3-19　2012年信托行业自营资产投向分布情况

根据2010—2012年信托行业自营资产投向分布情况，如表3-19、图3-20所呈现出来的趋势，自营业务最偏爱金融机构，近两年一直稳定在37%的高位；证券市场和房地产领域的自营资产在2011年占比有所下滑之外，2012年开始增加；受自营业务未经批准不得投资工商实业所限，实业和基础产业领域占比一直较小。

表3-19　　2010—2012年信托行业自营资产投向分布情况

投向分布	2010年		2011年		2012年	
	金额（亿元）	占比（%）	金额（亿元）	占比（%）	金额（亿元）	占比（%）
基础产业	50.95	3.50	45.88	2.51	70.17	3.19
房地产业	93.14	6.40	107.91	5.91	168.14	7.63
证券市场	273.72	18.81	253.71	13.90	365.54	16.60
实业	141.34	9.71	142.53	7.81	170.33	7.73
金融机构	528.00	36.29	692.37	37.93	815.22	37.01
其他资产分布	330.00	22.68	495.13	27.13	613.06	27.84
自营资产总计	1417.15	97.41	1737.53	95.19	2202.47	100.00

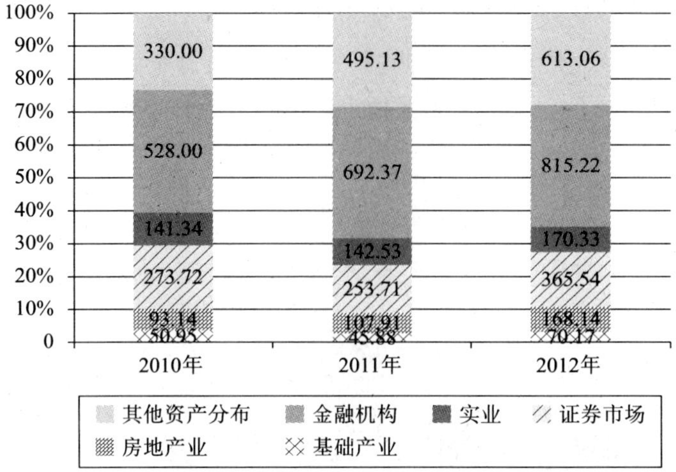

图3－20　2010—2012年信托行业自营资产投向分布趋势

（三）自营贷款、股权为主，业务相对发展较好

2012年年末信托行业自营资产运用方式中，贷款及应收款、长期股权投资及证券市场投资占比超40%的信托公司如表3－20所示。对比表3－20与表3－12（2010—2012年信托行业自营业务收益率超10%的信托公司）发现，自营业务以贷款为主的中诚信托、东莞信托，以长期股权投资为主的江苏信托，自营业务发展较好，而主要分布在证券市场投资没有一家连续3年信托行业自营业务收益率超10%。

表3－20　2012年信托行业自营资产运用方式占比超40%的信托公司 单位：万元

序号	信托公司	贷款及应收款	占比（%）	信托公司	长期股权投资	占比（%）	信托公司	证券市场投资	占比（%）
1	北方信托	154018	60.67	江苏信托	475593	73.65	陆家嘴信托	94399	76.41
2	爱建信托	155141	53.38	国元信托	276795	72.14	中江信托	218868	62.58
3	中投信托	159835	53.24	中江信托	218878	62.58	华信信托	345698	60.76
4	中诚信托	616442	53.14	国联信托	141727	58.16	华宝信托	273373	56.20
5	百瑞信托	121877	44.52	华润信托	588045	49.29	外贸信托	284876	52.10
6	东莞信托	46150	42.52	粤财信托	115404	41.57	浙金信托	28528	47.49
7							华鑫信托	137933	47.04
8							山东信托	116392	42.09
9							华融信托	124487	40.25

（四）参股银行投资收益最高，证券、基金收益持续下滑

根据图3－20中信托公司2012年报披露的前三名或前五名长期股权投资及收益情况可以看到，信托行业股权投资收益主要来源中，参股银行投资收益最高，合计13.44亿元，占比27%；不考虑其他分布情况，其次是参股基金公司投资收益8.65亿元，占比18%；参股证券公司投资收益8.46亿元，占比17%，排名第三位。参股创投公司和信托公司投资收益也不错，金额分别是4.74亿元、2.6亿元，占比依次是10%、5%。参股期货公司、财务公司、保险公司投资收益占比最高仅1%，仍未成为主要收益来源。

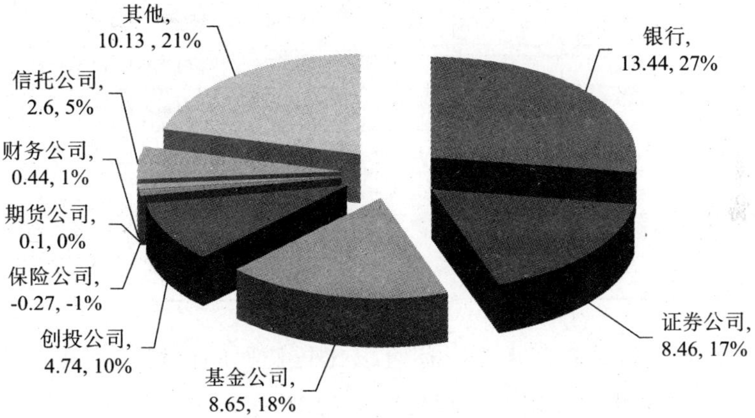

图3－21　2012年自营长期股权投资收益分布及其占比

注：各类股权投资收益来源数据取自前三名或前五名长期股权投资收益情况，其占比是除以信托公司收入结构表中股权投资收益合计，其他包括但不限于前三、前五名中非金融股权投资收益和未披露的其他股权投资收益。

从表3－21中2008—2012年信托行业自营长期股权投资分布及其收益情况所呈现的趋势看，参股银行、证券公司、基金公司一直是自营投资收益的三大主要来源，2008—2010年参股证券公司投资收益最高，2011年参股基金公司投资收益最多，但近三年证券公司和基金公司收益持续下滑，由于连续5年参股银行数量的持续增加，使得2012年银行股权投资收益一举增至13.44亿元排名第一位。

表3-21　2008—2012年信托行业自营长期股权投资分布及其收益情况

年度	参股情况	银行	证券公司	基金公司	创投公司	保险公司	期货公司
2012	信托公司数量	23	24	23	17	13	7
	参股数量	39	24	24	30	15	7
	投资收益（万元）	13.44	8.46	8.65	4.74	-0.27	0.1
2011	信托公司数量	22	27	20	15	12	7
	参股数量	34	26	22	23	13	7
	投资收益（万元）	9.91	9.63	10.37	0.62	0.01	0.09
2010	信托公司数量	21	26	17	11	11	8
	参股数量	29	24	16	15	10	8
	投资收益（万元）	6.55	17.58	11.99	0.251	0.9	0.1
2009	信托公司数量	19	31	18	11	7	6
	参股数量	25	32	17	14	7	6
	投资收益（万元）	4.93	19.63	11.19	2.37	0.225	0.094
2008	信托公司数量	16	31	19	10	2	6
	参股数量	20	32	20	12	2	6
	投资收益（万元）	3.76	17.65	13.3	0.868	0	0.026

具体到各家信托公司而言，还可以比较长期股权投资收益及其主要来源，2012年股权投资收益率在15%以上的16家信托公司如表3-22所示。对比16家信托公司的主要股权投资收益来源可以发现，绝大部分来自于银行、基金公司和证券公司等金融股权。例如，上海信托、外贸信托同时持有银行、基金两类金融股权，中诚信托股权投资也涉及证券和基金两类股权，但是大规模股权投资于大成基金的中泰信托、重点投资易方达基金的粤财信托，集中投向于江苏银行的江苏信托，参股重庆三峡银行34.79%股权的重庆信托，同样获取了不菲收益。

表3-22　2012年长期股权投资收益率10%以上的16家信托公司情况　单位：万元

序号	信托公司	长期股权投资		投资收益		主要来源
		期末余额	期初余额	金额	比率（%）	
1	华融信托	236.96	236.96	195.02	82.30	国泰君安证券股份有限公司0.04%股权，收益195.02万元

续表

序号	信托公司	长期股权投资		投资收益		主要来源
		期末余额	期初余额	金额	比率（%）	
2	安信信托	0.00	26046.82	8237.47	63.25	银晨网讯科技有限公司74.0488%股权及上海凯盟投资发展有限公司100%股权出售给控股股东上海国之杰
3	中泰信托	21306.14	21306.14	12106.41	56.82	大成基金管理有限公司，48%股权，收益11424.00万元
4	山东信托	51206.00	118289.42	39017.83	46.04	富国基金管理公司，16.68%股权，收益3152.00万元
5	中海信托	91515.94	73849.52	26934.09	32.58	中海基金管理有限公司，41.591%股权，收益909.06万元；四川信托有限公司，30%股权，收益26025.03万元
6	西部信托	32754.00	32423.00	8727.79	26.78	西部证券股份有限公司，12.5%股权，收益6750.00万元；长安银行股份有限公司，4.38%股权，收益1052.08万元
7	北京信托	31501.00	33610.00	6954.00	21.36	国都证券有限责任公司，9.9%股权，收益4415.00万元；长江证券有限责任公司，0.33%股权，收益663.00万元
8	上海信托	242299.08	242284.49	50158.94	20.70	上海浦东发展银行股份有限公司，5.23%股权，收益29277.71万元；香港申联投资发展有限公司，16.5%股权，收益2542.17万元；上投摩根基金管理有限公司，51%股权，收益9282.00万元
9	外贸信托	49510.09	47262.64	9456.39	19.54	冠通期货经纪有限公司，48.72%股权，收益583.29万元；诺安基金管理公司，40%股权，收益8407.37万元；宝盈基金管理公司，25%股权，收益438.73万元；天津银行股份有限公司，0.14%股权，收益27.00万元

续表

序号	信托公司	长期股权投资		投资收益		主要来源
		期末余额	期初余额	金额	比率（%）	
10	江苏信托	475592.53	402810.68	77132.70	17.56	江苏银行股份有限公司，10%股权，收益70357.51万元；江苏省国信集团财务有限公司，20%股权，收益2150.95万元；江苏国投衡盈创业投资中心（有限合伙），20%股权，收益462.16万元；江苏民丰农村商业银行股份有限公司，6%股权，收益450.00万元
11	长安信托	6355.34	3577.74	813.84	16.39	
12	国投信托	58460.09	58460.09	7085.52	12.12	国投财务有限公司，16.67%股权，收益1967.72万元；国投瑞银基金管理有限公司，51%股权，收益5117.81万元
13	重庆信托	263322.13	141184.25	22109.80	10.93	重庆三峡银行股份有限公司，34.79%股权，收益14469.70万元
14	粤财信托	115404.20	94484.28	11406.44	10.87	易方达基金管理有限公司，25%股权，收益14182.29万元
15	中诚信托	246617.95	227474.07	24781.39	10.45	国都证券有限责任公司，15.35%股权，收益2101.47万元；嘉实基金管理有限公司，40%股权，收益22410.59万元
16	吉林信托	91756.64	122685.74	10913.41	10.18	九台农村商业银行，15.59%股权，收益575.00万元；吉林银行股份有限公司，1.42%股权，收益600.00万元

注：股权投资收益率＝股权投资收益/年初与年末长期股权投资平均值；股权投资收益有现金股利、红利和权益法下按持股比例计提的收益。后者比如，江苏银行2012年实现净利润703575万元，以现金股利分配2011年度股利共计72800万元（支付比例为8%，即每股分配现金股利0.08元），江苏信托持有江苏银行9.1亿股，作为第一大股东持股10%，根据被投资单位江苏银行实现的净利润按权益法核算确认收益70357.51万元。

附表　2012年年末信托行业自营资产金融长期股权投资及收益情况

（根据前三名或前五名长期股权投资明细整理列示）

一、信托公司参股银行				
信托公司	参股银行情况	持股比例（%）	投资收益（万元）	备注
（一）全国性股份制商业银行				
东莞信托	广发银行股份有限公司	0.0625		
上海信托	上海浦东发展银行股份有限公司	5.23	29277.71	
中原信托	光大银行股份有限公司	0.01	64.77	
（二）城市商业银行				
百瑞信托	郑州银行股份有限公司	3.62		
甘肃信托	兰州银行股份有限公司	2.7		
湖南信托	华融湘江银行	3.04	810.00	
华宸信托	内蒙古银行	0.035		
华信信托	丹东银行股份有限公司	15.69	7004.16	
	大连银行股份有限公司	4.88		
吉林信托	吉林银行股份有限公司	1.42	600.00	
建信信托	徽商银行股份有限公司	2.76	2255.48	
江苏信托	江苏银行股份有限公司	10	70357.51	
平安信托	台州市商业银行股份有限公司	5.33		
山东信托	德州市商业银行	5		新增
山西信托	长治市商业银行股份有限公司	9.97		新增
陕国投	长安银行股份有限公司	0.06	14.46	
苏州信托	江苏银行股份有限公司	0.5	361.00	新增
外贸信托	天津银行股份有限公司	0.14	27.00	
西部信托	长安银行股份有限公司	4.38	1052.08	
中航信托	景德市商业银行股份有限公司	9.52	458.90	
中原信托	焦作市商业银行股份有限公司	9.99	600.00	
	郑州银行股份有限公司	5.2		
重庆信托	重庆三峡银行股份有限公司	34.79	14469.70	

续表

信托公司	参股银行情况	持股比例（%）	投资收益（万元）	备注
（三）农村银行、村镇银行				
百瑞信托	兰考县农村信用合作联社	9.9		
	开封市市区农村信用联社	8		新增
北方信托	天津滨海农村商业银行股份有限公司	3.7		
	天津津南村镇银行有限责任公司	20		
国联信托	无锡农村商业银行股份有限公司	10	1567.00	
国元信托	池州九华农村商业银行	19.92	1080.00	
	淮南通商农村合作银行	16.28	961.08	
	安徽桐城农村合作银行	14.93	636.66	
吉林信托	九台农村商业银行	15.59	575.00	
江苏信托	江苏民丰农村商业银行股份有限公司	6	450.00	
苏州信托	江苏射阳农村商业银行股份有限公司	10	750.00	
	江苏泰州农村商业银行股份有限公司	8.33	520.00	
	江苏姜堰农村商业银行股份有限公司	4.8	312.00	
中航信托	南昌农村商业银行股份有限公司	4.97		新增
	景德镇农村商业银行股份有限公司	9.86		新增
	吉安农村商业银行股份有限公司	4.5	225.00	
重庆信托	合肥科技农村商业银行股份有限公司	24.99		新增
二、信托公司参股证券公司				
信托公司	参股证券公司情况	持股比例（%）	投资收益（万元）	备注
北京信托	国都证券有限责任公司	9.9	4415.00	
	长江证券有限责任公司	0.33	663.00	新增
渤海信托	国都证券有限责任公司	2.95	1317.50	新增
国联信托	国联证券股份有限公司	26.801	2517.00	
国投信托	红塔证券股份有限公司	18.75		
国元信托	国元证券股份有限公司	15.69	6379.94	

续表

信托公司	参股证券公司情况	持股比例（%）	投资收益（万元）	备注
华宝信托	华宝证券有限责任公司	40.5592	1084.15	
华宸信托	恒泰证券有限责任公司	4.47	196.40	
华融信托	国泰君安证券股份有限公司	0.04	195.02	
华润信托	国信证券股份有限公司	30	55449.62	
华信信托	大通证券股份有限公司	28.04	1660.63	
平安信托	平安证券有限责任公司	86.77		
厦门信托	申银万国证券股份有限公司	0.2887		
山东信托	民生证券有限公司	2.903		新增
陕国投	西部证券股份有限公司	0.61	331.58	
上海信托	上海证券有限责任公司	33.33		
	申银万国证券股份有限公司	1.31		
四川信托	宏信证券有限责任公司	57.09		新增
	华西证券有限责任公司	0.81	162.18	
天津信托	渤海证券公司	1.104		
西部信托	西部证券股份有限公司	12.5	6750.00	
新时代信托	新时代证券	12.971		
兴业信托	华福证券有限责任公司	4.3519	1377.00	
英大信托	英大证券有限责任公司	3.78		
中诚信托	国都证券有限责任公司	15.35	2101.47	
中海信托	信达证券股份有限公司	0.6		
中江信托	国盛证券有限责任公司	53.36		
中融信托	江海证券经纪有限公司	2.1		

续表

三、信托公司参股基金公司				
信托公司	参股基金公司情况	持股比例（%）	投资收益（万元）	备注
北方信托	长城基金管理有限公司	17.65	1764.70	
渤海信托	东方基金管理有限责任公司	18		新增
国投信托	国投瑞银基金管理有限公司	51	5117.80	
华宝信托	华宝兴业基金管理有限公司	51	4526.06	
华宸信托	华宸未来基金管理有限公司	40	-943.53	新增
吉林信托	天治基金管理公司	48.75		新增
平安信托	平安大华基金管理有限公司	60.7		
厦门信托	南方基金管理有限公司	15	2700.00	
山东信托	泰信基金管理公司	45	90.00	
	富国基金管理公司	16.68	3152.00	新增
山西信托	汇丰晋信基金管理有限公司	51		
上海信托	上投摩根基金管理有限公司	51	9282.00	
天津信托	天弘基金管理有限公司	48	-1158.13	
外贸信托	诺安基金管理公司	40	8407.37	
	宝盈基金管理公司	25	438.73	
新华信托	新华基金管理有限公司	48	-205.22	
粤财信托	易方达基金管理有限公司	25	14182.29	
长安信托	长安基金管理有限公司	40		
中诚信托	嘉实基金管理有限公司	40	22410.59	
中海信托	中海基金管理有限公司	41.591	909.06	
中泰信托	大成基金管理有限公司	48	11424.00	
中铁信托	宝盈基金管理有限公司	75	164.25	
中信信托	信诚基金管理有限公司	49	2425.61	
中原信托	长城基金管理有限公司	17.65	1764.70	
重庆信托	益民基金管理有限公司	49		

续表

四、信托公司参股期货公司				
信托公司	参股期货公司情况	持股比例（%）	投资收益（万元）	备注
东莞信托	华联期货有限公司	44	489.66	
华信信托	大连良运期货经纪有限公司	19		
吉林信托	天富期货有限公司	55		
厦门信托	象屿期货有限责任公司	46.47	-57.00	
外贸信托	冠通期货经纪有限公司	48.72	583.29	
英大信托	英大期货有限公司	32.86		
粤财信托	河南万达期货	8.46		
五、信托公司参股保险公司				
信托公司	参股保险公司情况	持股比例（%）	投资收益（万元）	备注
爱建信托	天安保险股份有限公司	0.33		
北方信托	渤海财产保险股份有限公司	8		
国民信托	汇丰人寿保险有限公司	50		
	北京新域保险经纪有限公司	35		
华信信托	百年人寿保险股份有限公司	6.02		
吉林信托	中融人寿保险股份有限公司	20		
江苏信托	利安人寿保险股份有限公司	12		
昆仑信托	上海大众保险股份有限公司	0.2		
山东信托	泰山财产保险有限公司	9.85		
陕国投	永安财产保险股份有限公司	2.29		
英大信托	山东英大保险经纪有限公司	12	77.32	
粤财信托	珠江人寿保险股份有限公司	20	-1614.16	新增
	众诚汽车保险股份有限公司	20	-1161.70	
中江信托	天安财产保险股份有限公司	20		
中信信托	泰康人寿保险股份有限公司	8.8		

续表

六、信托公司参股财务公司				
信托公司	参股财务公司情况	持股比例（%）	投资收益（万元）	备注
甘肃信托	金川集团财务有限责任公司	5		
国联信托	国联财务有限责任公司	20	600.00	
国投信托	国投财务有限公司	16.67	1967.72	
湖南信托	湖南高速财务集团财务有限公司	15		
江苏信托	江苏省国信集团财务有限公司	20	2150.95	
交银信托	中国航油集团财务有限公司	10		
	陕西煤业化工集团财务有限公司	10		新增
金谷信托	山东重工集团财务有限公司	5		新增
厦门信托	福建省能源集团财务有限公司	10		
天津信托	中国重型汽车财务有限公司	0.4623	62.73	
兴业信托	紫金矿业集团财务有限公司	5	237.00	
	重庆机电控股集团财务有限公司	19		新增
七、信托公司参股创投公司				
信托公司	参股创投公司情况	持股比例（%）	投资收益（万元）	备注
百瑞信托	百瑞创新资本创业投资有限公司	48		
	上海诚鼎创业投资有限公司	4.179		
北方信托	天津泰达科技风险投资股份有限公司	6.09		
北京信托	中合供销（上海）股权投资基金管理有限公司	40		
东莞信托	国投创新（北京）投资基金有限公司	4.536		
	南方九鼎投资管理有限公司	10	44.47	
湖南信托	湖南财信创业投资有限责任公司	40	71.00	
华润信托	深圳红树林创业投资有限公司	100		
建信信托	北京建信股权投资基金（有限合伙）	45.25	-983.38	
	北京建信财富股权投资基金（有限合伙）	31.17	-106.95	
	北京金石农业投资基金管理中心	33	3.45	新增
	建信（北京）投资基金管理公司	100		
	建信财富(北京)股权投资基金管理公司	80		

续表

信托公司	参股创投公司情况	持股比例（%）	投资收益（万元）	备注
江苏信托	江苏国投衡盈创业投资中心（有限合伙）	20	462.16	
昆仑信托	融源广达（天津）股权投资管理合伙企业（有限合伙）	47.5		
	国联产业投资基金管理公司	49	-2.14	新增
	北京昆仑创元投资管理有限公司	51		新增
平安信托	深圳市平安创新资本投资有限公司	100	40000.00	
上海信托	香港申联投资发展有限公司	16.5	2542.17	
苏州信托	苏州苏信元和股权投资有限公司	42.86		新增
长安信托	鄂尔多斯市民生股权投资管理有限公司	25.5		新增
中诚信托	中诚资本管理（北京）有限公司	100		新增
	北京银汉兴业创业投资中心(有限合伙)	42.55		
中粮信托	中粮农业产业基金管理有限责任公司	50.2		新增
中融信托	深圳铧融股权投资基金管理有限公司	49	147.97	
	上海融领股权投资基金管理企业（有限合伙）	0	2.94	
	新湖财富投资管理有限公司	23.08	-167.22	新增
中信信托	中信聚信（北京）资本管理有限公司	100		新增
	中信锦绣资本管理有限公司	40	1678.82	
	中恒聚信（南京）文化创意投资中心（有限合伙）	99.9	3680.09	新增
八、信托公司参股其他金融公司				
信托公司	参股其他金融公司情况	持股比例（%）	投资收益（万元）	备注
华融信托	新疆金新信托投资股份有限公司	0.9		
中海信托	四川信托有限公司	30	26025.03	
湖南信托	三一汽车金融有限公司	3.75	109.00	
东莞信托	东莞市广汇科技小额贷款股份有限公司	10	150.00	
天津信托	天津信唐货币经纪有限责任公司	19		新增
爱建信托	上海正浩资产管理有限公司	12.75		
杭工商信托	浙江蓝桂资产管理有限公司	100		
华融信托	国泰君安管理股份有限公司			

2012 年信托公司年报分析之四：

人力资源篇

百瑞观点：

- 2012 年信托行业从业人数突破万人
- 信托公司人员数量与总收入相关性较强，与信托规模相关性较弱
- 30 多岁有一定工作经验积累的青壮年成为信托公司的主力
- 大学本科是信托行业主要学历构成，但有被硕士学历赶超的趋势
- 信托公司异地拓展促进了信托业务人员的快速增长，同时也加大了中后台人员的配置
- 信托行业人均管理信托资产规模突破 6 亿元
- 全行业人均总收入 561 万元，突破了信托行业史上 2007 年保持的峰值
- 全行业人均净利润和人均应付薪酬均实现快速增长

金融业竞争的实质是人才的竞争。金融企业的发展，在很大程度上取决企业吸引、发展、留住人才的能力，以及它所拥有的员工素质和人才管理水平。信托业的快速发展更需要大量专业人才的支撑，2012 年各信托公司不断完善优化了薪酬与绩效考核体系，逐步建立了有竞争力的薪酬制度与绩效

考核激励机制，支持信托公司战略经营目标的有效实现。

一、信托从业人员总体情况变化

从已公布的年报来看，66 家信托公司基本形成了完善的公司治理结构。如图 4-1 所示，股东会下设董事会和监事会，董事会下有各职能委员会和高级管理层，共同行使信托公司的日常运营工作。

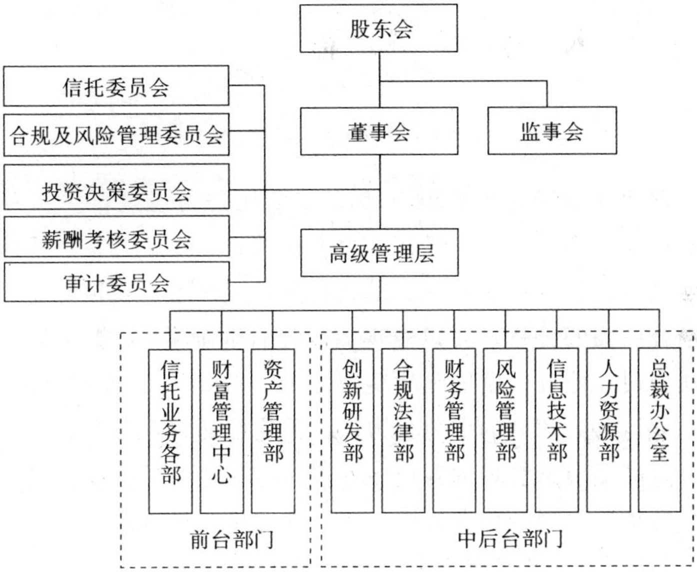

图 4-1　信托公司组织结构图

（一）2012 年信托行业从业人数首次突破万人

2012 年，信托行业从业人员实现了万人的突破，这主要源于信托业资产管理规模的不断上升和信托管理与资产管理团队的不断壮大。如图 4-2 所示，截至 2012 年年底，66 家信托公司从业人数达到 11546 人（在计算行业从业人数时，扣除在信托公司任职的外部董事、监事、独立董事等人员，对于信托公司的人员状况表据此做了调整）。2007—2012 年，信托行业从业人数显著提升，历年增速分别达到 25%、15%、15%、28%、32% 和 22%。从图 4-2 可以发现，2012 年从业人员数量增长的同时，增速有所下降，人员的快速扩张有所缓和。

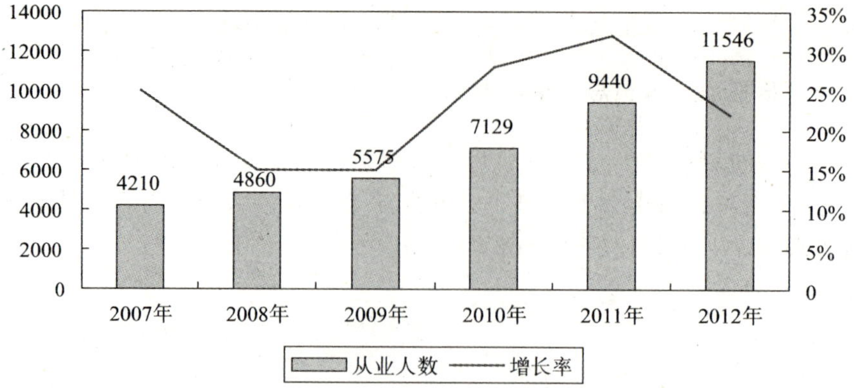

图4－2　信托行业从业人数及其增长图

资产管理业务市场竞争加剧。2012年信托公司通过自主招聘、猎头渠道合作以及员工内部推荐各途径，大力推进招聘工作，并在公司内部挖掘人才进行岗位调整，补充一线力量，满足业务开展所需，积极筹建异地业务团队。如果结合后面的分析，可以发现，信托行业业务/职能人员比例走势在下降，信托公司在业务的发展和战略规划上，开始注重巩固以法律、风控、财务等与企业运营为核心的中后台力量，强化信托管理与资产管理团队，并逐步建立负责高端财富管理的客户服务团队，通过监控进度、提供培训课程和采用优存劣汰、奖罚分明的制度，历练和优化人员素质。

（二）信托公司的人数差距较为悬殊

截至2012年年底，66家信托公司人员平均员工人数为175人。员工最多的信托公司和2011年一样仍是中融信托。中融信托2012年人员的年度增长率6.6%，达到1227人，稳居信托行业唯一一家千人信托公司地位。行业员工第二仍为平安信托，并且人员快速增长，本年员工人数大幅增长了1.04倍，达到838人。第三名新华信托后来居上，员工人数578人，超过了上年的第三位中信信托（如表4－1所示）。2012年，信托行业从业人数的集中度是相当高的，人数最多的中融信托和人数最少的新盛信托有61倍的差距，中融信托和平安信托的员工人数在整个信托业中遥遥领先，员工数占全行业的17.88%。主要是由于这两家公司的业务规模较大，人员的配备使其经营信托业务和自有业务的能力较强，从2012年信托公司总收入的排名上看，前三强依次为中信信托、中融信托和平安信托。

表4－1　　信托公司人员情况表

序号	信托公司	人员总数	序号	信托公司	人员总数
1	中融信托	1227	57	重庆信托	83
2	平安信托	838	58	云南信托	82
3	新华信托	578	59	国民信托	79
4	中信信托	436	60	苏州信托	78
5	四川信托	333	61	大业信托	76
6	长安信托	320	62	江苏信托	71
7	华润信托	282	63	浙金信托	69
8	华宝信托	236	64	国联信托	59
9	兴业信托	235	65	西藏信托	31
10	外贸信托	235	66	新盛信托	20

信托公司的人数差距较为悬殊，从表4－1可见，人数最少的新盛信托仅20人。在员工人数后几位的信托公司中，浙金信托和新盛信托是经过重组正式复牌开业的公司，处于业务开拓和人员储备阶段；而江苏信托和重庆信托人均净利润分别高达1559万元和1027万元，位列信托业第1位和第2位，属于精锐型的信托公司；国联信托、苏州信托、国民信托和云南信托的信托资产规模或总收入都或多或少的受到人员的限制，在整个信托业的排名较为靠后。

（三）人员与总收入、信托规模的相关系数

信托业的收入来源主要有信托业务收入和固有业务收入两方面。信托业务以风险资本使用效率为标准，利用有限的净资本，实现效益的最大化；固有业务的长远性、战略性的投资对公司的长期发展具有重要意义。因此，信托公司提高和培养产品设计能力和账户管理能力，形成了以信托管理费、手续费、财务顾问费、收益分成及资产管理收益为主要利润来源的盈利模式。一般而言，人力资源是金融业重要的资源之一，金融机构的竞争往往表现为人才的竞争，拥有和管理更多高素质的员工，才能获得等多的收益。但是，从人员与总收入、信托规模的相关性来看（如图4－3所示），信托公司人员与总收入的相关性较为紧密，而与信托资产规模的相关性不大。

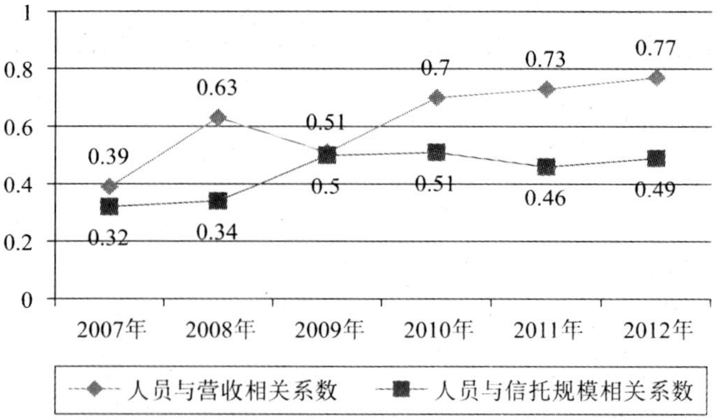

图4-3 人员与总收入和信托规模相关系数图

信托公司托管的信托资产按来源划分可分为集合资金信托、单一资金信托和管理财产信托三类。信托公司托管资金规模快速上升，三类信托的规模也不断上涨，但是单一信托的占比居高不下，基本占2/3强的规模。单一信托业务规模体量大，主要对接银行等机构业务，人员集约化较强，因此，导致信托资产规模和人数相关性较小。

二、年龄结构

2012年报中，55家信托公司公布了员工年龄结构。55家公司共有员工10302人，其中，30岁以下的年轻员工4058人，占比39.39%；30—40岁的成熟员工4017人，占比38.99%；40岁以上的资深员工2227人，占比21.62%。

（一）30多岁有一定工作经验积累的青壮年成为信托公司的主力

近几年来，随着信托资产规模的不断扩大，信托行业从业人员快速增长，信托公司员工年轻化趋势十分明显。

从图4-4中可以看出，信托公司2012年从业人员中“30岁以下”仍然是占比最高的年龄段，为39.39%，和上年占比40%相比，出现了下降的趋势；其次是“30—39岁”的年龄段人员，占比达到38.99%，几乎与“30岁以下”年龄组人数持平，和上年相比也有所上升；占比最低的是“40岁以上”年龄组，从图中可见，这一比值持续下降。说明近两年快速发展的信托公司吸纳了较多的年青人员加盟，30多岁、有一定工作经验积累的青壮年成为信托公司的业务骨干，成为信托公司业务快速发展强有力的人力资源支撑。

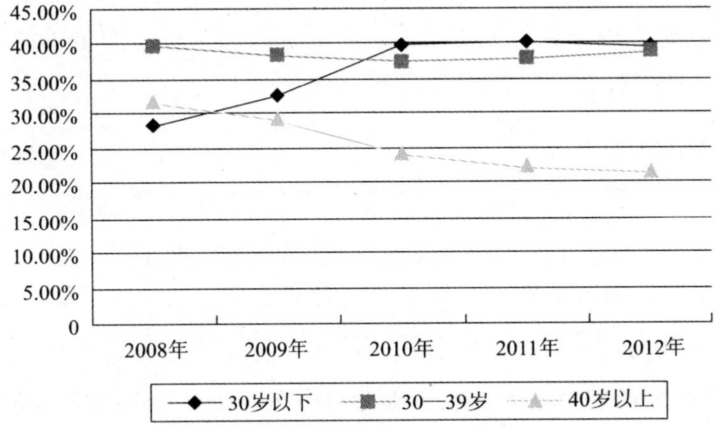

图 4－4　2008—2012 年信托业年龄结构分布表

（二）信托公司年龄结构

具体到各个信托公司，“30 岁以下”员工数超过平均水平 39.39% 的公司有中融信托、五矿信托、外贸信托等 20 家；“30—39 岁”的年龄段人数超过平均水平 38.99% 的公司有新盛信托、华鑫信托、中诚信托等 25 家；“40 岁以上”年龄组人数超过平均水平 21.62% 的公司有山西信托、国元信托、西部信托等 30 家（如表 4－2 所示）。

表 4－2　　信托公司年龄结构表（部分）

序号	信托公司	30 岁以下占比（%）	序号	信托公司	30—39 岁占比（%）	序号	信托公司	40 岁以上占比（%）
1	中融信托	52.7	1	新盛信托	70.0	1	山西信托	60.1
2	五矿信托	49.5	2	华鑫信托	56.8	2	国元信托	55.5
3	外贸信托	49.4	3	中诚信托	54.5	3	西部信托	54.7
4	新时代信托	48.5	4	陆家嘴信托	53.9	4	天津信托	53.2
5	新华信托	46.9	5	平安信托	51.0	5	厦门信托	49.6
6	渤海信托	46.4	6	方正信托	50.5	6	西藏信托	48.4
7	中航信托	46.2	7	华澳信托	50.0	7	中原信托	47.0
8	兴业信托	45.5	8	中海信托	48.7	8	英大信托	45.8
9	华信信托	45.4	9	东莞信托	48.6	9	北方信托	45.1
10	华宝信托	45.3	10	爱建信托	48.5	10	江苏信托	43.7

另一方面，“30岁以下”员工占比最低的是新盛信托和天津信托，占比只有5%和13.7%；“30－39岁”员工占比最低的公司是国元信托和山西信托，占比分别为17.5%、20.2%；而“40岁以上”员工数最少的公司是平安信托和五矿信托，占比分别为7.4%、8.2%。

三、学历结构

2012年，66家信托公司均公布了员工学历结构表。和信托业整体人数的快速上升相对应，各学历人员的数量不断增长。其中，博士人数从2008年的111人增加到287人，在整个信托业人数占比基本稳定在2.5%左右；硕士人数从2008年1432人增加到4865人，在整个信托业人数占比持续上升，由2008年的29.3%一直增长到2012年42.1%；本科人数则从2008年2340人增加到5155人，近三年占比出现了下降的趋势，2012年的占比为44.6%，虽然仍为信托业主要的学历构成部分，但是有被硕士学历赶超的趋势；专科及其他学历也从986人增加到1242人，在整个信托业人数占比持续下降，由2008年的20.3%一路降低到2012年10.7%（如表4－3所示）。

表4－3　　2008—2012年信托行业学历结构表

<table>
<tr><td>年份</td><td>2008</td><td>2009</td><td>2010</td><td>2011</td><td>2012</td></tr>
<tr><td>总人数</td><td>4860</td><td>5575</td><td>7129</td><td>9440</td><td>11546</td></tr>
<tr><td>博士</td><td>111</td><td>123</td><td>164</td><td>237</td><td>287</td></tr>
<tr><td>硕士</td><td>1423</td><td>1847</td><td>2488</td><td>3621</td><td>4865</td></tr>
<tr><td>本科</td><td>2340</td><td>2655</td><td>3432</td><td>4388</td><td>5155</td></tr>
<tr><td>专科</td><td rowspan="2">986</td><td rowspan="2">950</td><td>829</td><td>940</td><td>880</td></tr>
<tr><td>其他</td><td>216</td><td>254</td><td>359</td></tr>
</table>

注：2008—2009年专科及其他学历未做进一步区分。

从2008—2012年信托行业学历百分比堆积图4－5可以更直观地看到，一是硕士学历人员不断上升，逐渐取代本科学历的人数优势，成为信托公司的中坚力量；二是博士学历人数虽然是小众，但是在整体中的占比较为稳定，说明拥有博士学历人数的上升和信托公司整体人数是相匹配的；本科学历虽然是信托公司的主要学历组成，但是有逐渐让位于硕士学历的趋势；专科和其他学历人员在信托公司的构成不断下降。

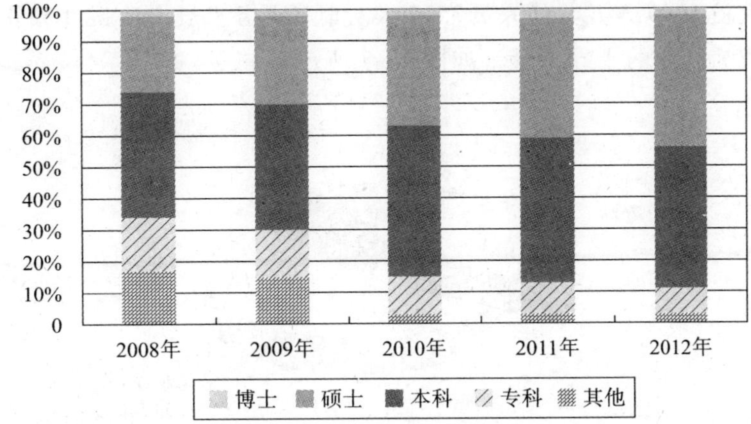

图 4－5　2008—2012 年信托行业学历百分比堆积图

从信托行业硕博人数占比来看（如图 4－6 所示），代表较高学历水平的硕博人数从 2008 年的 1208 人、行业占比 28.7%，达到 2012 年的 5150 人、行业占比 44.6%。说明信托公司作为人力资本密集型的行业对专业知识的要求不断增加。

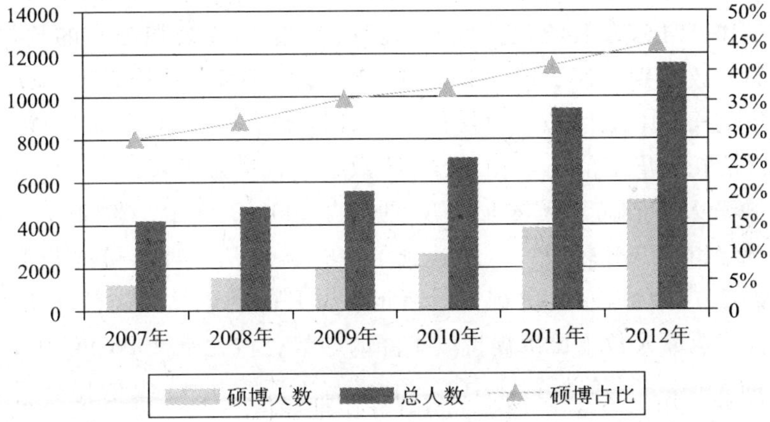

图 4－6　信托行业硕博人数占比

四、岗位结构

2012 年，共有 59 家信托公司公布了员工的岗位结构表。2012 年，59 家公司共有员工 10739 人，其中，董监高 530 人，自营业务人员 590 人，信托业务人员5910人，其他人员3517人。信托业务人员占比超过50%，达到56%，成为行业的主导力量（如图4－7所示）。

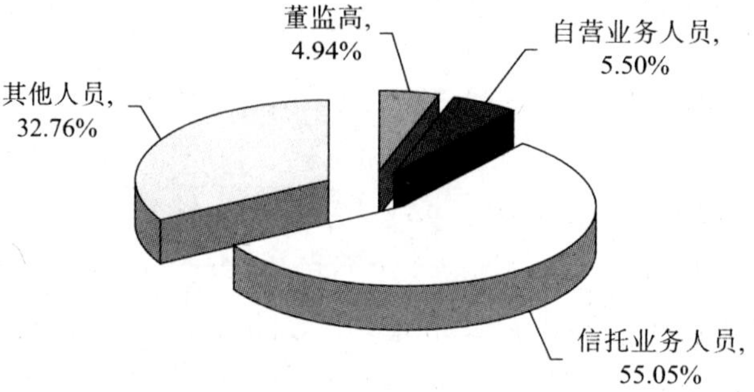

图4－7　2012年信托行业人员分布

1. 董监高的人员情况。从行业发展情况来看（见表4－4），2007年以来，董监高人数一直保持小幅上升趋势，从2007年的314人上升到2012年530人；但从岗位比例图4－8上看，董监高岗位人数占比则出现了持续下降，占比从2007年10.0%降至2012年的5.0%。这一方面说明了董监高人员数量上升符合信托公司总体人员快速增长的要求；另一方面也反映出董监高的数量和公司总人数的相关性不大。从58家信托公司公布的数据来看，董监高的人数差别较小，基本位于4—20人的区间，平均人数为9人。其中，新华信托、中融信托、中信信托人数最多，分别为23人、19人和18人；交银信托、华宝信托、甘肃信托人数最少，均为4人。

2. 自营人员情况。从表4－4可见，自2006年开始，2012年自营人员数量和历年相比上升较快，增幅达到了20.4%。从统计年份的趋势看，自营人员数量在500人左右徘徊，近两年有上升的迹象。从岗位比例图4－8上看，自营业务人数占比出现持续下降的趋势，占比从2006年19.7%降至2012年的5.6%，在信托行业中的占比大幅下降。从55家信托公司公布的数据来看，自营业务人员的人数从2—105人不等，多数公司人数差别较小，平均人数为11人。其中，平安信托、山西信托、中江信托自营人数最多，分别为105人、37人和32人；西藏信托、苏州信托、厦门信托、四川信托、华澳信托等5家公司人数最少，均只有2人。信托公司的业务主要有两部分：一部分是信托资产管理业务；另一部分是自营资产的经营。从自营资产和信托资产的对比看，自营资产远远小于信托资产，相应的人员配备也就较少。平安信托的自营资产1607236万元，稳居信托公司首位，相应的自营人员的人数也最多。

3. 信托业务人员。从表4-4可见，信托业务人员的数量较快增长，从2006年的1155人上升至2012年的5910人，增长了6倍多，近三年的年增长率分别为48.9%、25.6%、32.9%。从岗位比例图4-8上看，信托业务人员在整个行业中的占比有一个上升的过程，但近几年较为稳定，成为信托公司主要的人员构成部分。从2006年的38.1%增长至2012年的56.0%，近三年基本稳定在56%。从57家信托公司公布的数据来看，中融信托、平安信托、新华信托的信托业务人员最多，分别为784人、578人和408人，上述公司的信托业务收入在信托业的排名也都高居前位，分别为第1、第3、第6位；新盛信托、西藏信托和国民信托信托业务人员最少，分别为7人、9人和19人。

信托人员的快速增长和其业务扩张是相一致的，反映了行业对于信托主业的重视和信托主业的快速拓展。"泛资产管理时代"，众多金融机构进入资产管理领域，与信托公司开展竞争。信托公司本着立足本区域，面向全国，逐步走向国际市场的发展战略，加快由区域性向全国性的步伐。通过持续推进业务和产品创新，不断完善理财产品线和客户服务体系，树立公司信托理财品牌，逐步实现以产品为导向的业务模式向以客户需求为导向业务模式的转变。

表4-4　　2006—2012年信托行业从业人员岗位分布

岗位	2006年	2007年	2008年	2009年	2010年	2011年	2012年
董监高	284	314	331	359	419	420	530
自营人员	599	505	515	479	468	490	590
信托人员	1155	1261	1819	2379	3542	4448	5910
其他	995	1054	1358	1497	1865	2582	3517
合计	3033	3134	4023	4714	6294	7940	10547

注：1. 由于部分公司未公布岗位分布，故合计数小于行业从业人数。

2. 董监高人数仅含有在公司任职人员。

4. 其他人员。从表4-4可见，其他人员的数量从2006年的995人，上升至2012年的3517人；但从岗位比例图4-8上看，其他人员的占比有一个下降后回升的过程，基本稳定在33%左右。从56家信托公司公布的数据来看，中融信托、四川信托、平安信托其他人员最多，分别为418人、163人和147人；中江信托、西藏信托、粤财信托其他人员最少，分别为2人、9人和15人。

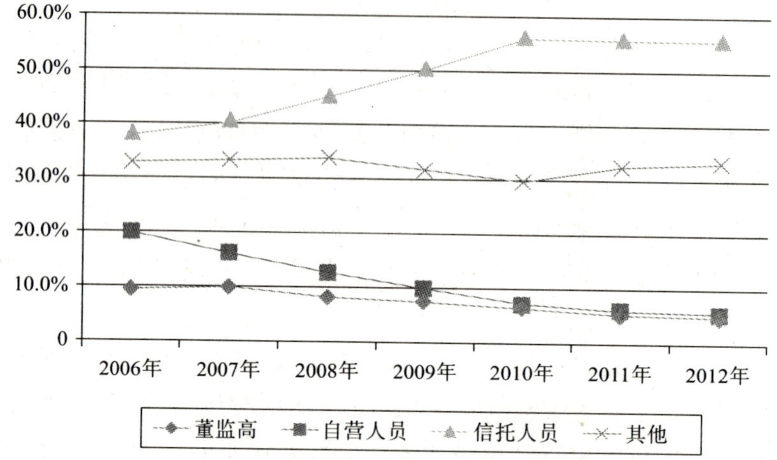

图4－8　2006—2012年信托行业从业人员岗位比例分布图

从图4－8岗位分布来看，将信托人员和自营人员作为业务人员，而"其他"作为职能人员（不含高管），二者的比值为"业务/职能人员比"，表示信托公司中每一个职能部门人员，可以支撑的业务人员数量。从2006年以来，该比值的走势是先升后降，2010年的峰值为2.15，其后逐步下降，2011年、2012年该比值分别为1.91和1.85（如图4－9所示）。说明在信托公司的业务开展上，自营和信托等前台业务人员获得财务、风控等中后台人员的支撑力度略有减弱，同时也证明信托公司后台部门人员配置上在加强。

2012年伴随信托公司托管信托资产突破7万亿元大关，成为我国第二大金融细分行业，与管理资产规模相匹配，信托公司加大了中后台人员的配置。推行"事前防范、事中控制、事后监督"的全方位、全过程、不间断的全面风险管理体系。坚持"风险控制优先"的原则，不断加强内部控制制度建设，逐步建立业务、风控、合规、监控、内审的全面风险管理组织架构，在公司治理、财务、行政、合规法律、信息技术、人力资源和内部审计等方面，健全了涵盖各管理环节的内部控制体系。公司内部控制措施的核心是实现以防范风险传递为目标的“三个分离”，即对信托业务系统和固有业务系统实施分离；信托业务的前、中、后台进行分离；信托财务和固有财务的部门、人员、账表、资产分离，对每项信托业务单独开户、单独核算、单独管理。业务的分离带来了人员岗位的设置要求。同时，在异地拓展业务的同时，也加强了所在区域中后台人员和信托业务人员以及营销中心人员的匹配性。

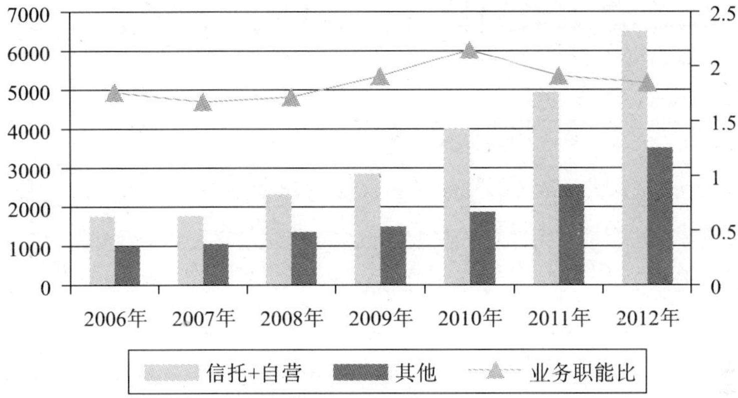

图4-9　信托行业业务/职能人员比例走势

五、人均资产规模和盈利能力分析

信托是一个从事资产管理的行业，人均信托资产规模和盈利能力是体现信托业人力资本价值的一个重要指标。

（一）人均信托资产规模

信托公司托管的信托资产按来源划分可分为集合资金信托、单一资金信托和管理财产信托三类。一般而言，集合资金信托计划属于信托公司主动管理类型产品，成为反映信托公司核心竞争力的指标之一；而单一信托主要面向银行等金融机构的单个委托人，对接的信托资金体量虽然较大，但往往受制于委托人的资金运用设计，属于被动管理型的信托计划，人力资本投入较低，获取的信托报酬也相应较少。不可否认的是，随着信托公司管理资产规模快速上升，三类信托的规模也不断上涨，但是自2012年第三季度开始，集合信托余额占比在三类信托中出现了逐步下降的现象，从2012年第二季度的28.68%降至2012年第四季度的25.20%。可见，虽然人均信托资产规模反映信托公司资产管理能力的高低，但是由于不同类型信托资产规模对人力资本的不同要求，在分析这一指标时，还要结合其他相关指标作进一步的探讨。

表4-5　　2012年人均管理信托资产规模前10位

序号	信托公司	人均信托资产（万元）	信托总资产排名
1	建信信托	235420	2
2	粤财信托	197025	14
3	西藏信托	188740	45
4	英大信托	171427	10
5	中诚信托	152453	5
6	北方信托	144701	15
7	兴业信托	142999	3
8	中信信托	135630	1
9	山东信托	133591	11
10	交银信托	123398	16

从2012年人均管理信托资产规模表4-5来看，前10名信托公司的人均管理信托资产规模都超过了12亿元，第一名建信信托人均管理信托资产更是高达23亿元。在人均管理信托规模前十名的公司中，信托资产期末数显示，英大信托单一信托规模是集合信托规模的34倍，而建信信托、兴业信托、交银信托这三家“银行系”信托公司依托银行的金融资源，开展了大量的银信合作的单一信托业务，其单一信托规模是集合信托规模的9—10倍，远超行业2.7倍的平均水平。除了粤财信托外，其他前十名信托公司的单一信托规模和集合信托规模的比值均超过行业平均水平。

从图4-10信托行业2006—2012年人均管理信托资产规模来看，该指标值处于快速上升中，从2006年10234万元上升至2012年的64662万元，上涨了6倍多。但是人均管理信托资产增速在2009年的44.9%跌落至2010年的16.5%后，开始逐渐回升，2012年为27.0%。

在“泛资管”的竞争环境下，信托公司面临转型的压力，各家信托公司都更加重视打造私人财富管理和信托营销平台，财富管理的发展模式使集合信托管理能力成为信托公司极其重要的发展取向。因此，对人力资本价值的考量还要结合人均集合信托的管理规模。

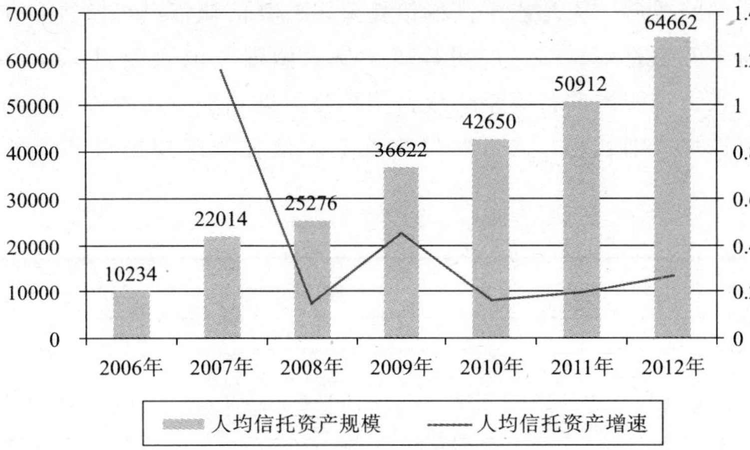

图4－10　信托行业人均管理信托资产规模（万元）

（二）人均集合信托资产规模

集合信托能够更好的反映信托公司的自主管理能力，因此考察人均集合信托资产规模。

表4－6　　2012年信托公司人均集合信托资产规模前10位

序号	信托公司	人均集合信托资产（万元）	信托资产规模排名	集合信托资产排名
1	粤财信托	59738	14	10
2	中铁信托	47861	29	9
3	外贸信托	40317	7	4
4	山东信托	30490	11	15
5	中海信托	30415	21	19
6	西藏信托	30161	45	57
7	苏州信托	28526	54	29
8	北京信托	27402	23	11
9	五矿信托	26817	25	6
10	中信信托	26097	1	2

从表4－6中可以看出，粤财信托以5.97亿元的人均集合信托资产规模位居榜首。其单一信托规模是集合信托规模的2.1倍。从人均管理集合信托

资产规模的情况看，人均水平高的信托公司，其信托资产规模排名和集合信托资产排名并不是很靠前，说明其离“做大做强”的企业目标还存在一定的距离。人力资源的储备不足会成为信托公司进一步发展的障碍。与行业人均信托资产规模增长相一致，行业人均集合信托资产规模也获得了快速的增长。

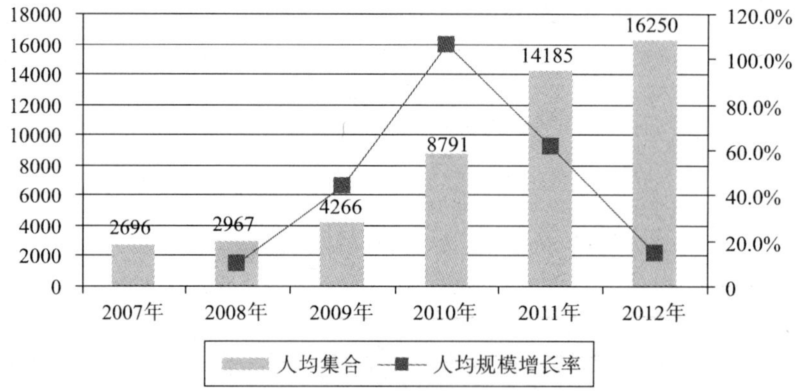

图4－11　信托行业人均管理集合信托资产规模（万元）

从信托行业人均管理信托资产规模图4－11可以看出，2007年人均管理集合信托资产规模只有2696万元，到2012年已经上升到16250万元，增加了6倍。从人均集合信托资产增长率的变化来看，2008—2012年各年的人均集合信托资产增长率分别为10%、44%、106%、61%和15%，人均集合信托资产增速在2010年飙升后，到2012年出现了明显的下降，主要是由于集合信托资产的增速下降造成的。集合信托资产在整个信托资产中的占比于2012年第二季度达到一个峰值后，占比逐步下降，对信托资产规模的贡献度降低。而相应的单一信托资产规模在2012年的占比出现了上升的现象。但是集合信托资产规模的增速仍然高于信托从业人员的增速，所以人均管理集合信托资产规模还是处于上升趋势中。

（三）人均管理新增（集合）信托计划数

和其他金融机构相比，信托公司的人力资源属于精兵强将型的，人均管理信托资产规模超过了6亿元。从信托计划的运作流程上看，一单业务不论其资金规模大小，都要经历项目的尽调、审核、成立、跟踪管理到清算、划款，需要信托公司从董事会到其下设各委员会直至各职能部门的统一实施决策，需要前、中、后台职能人员的通力合作。人均管理信托计划数就成为衡量这一效率的指标，同时相比单一信托计划，一单集合信托计划耗费的人力资源更大，所以人均集合信托计划数更能反映信托公司人员的工作效率水平。如图4－12所示，反映了2009—2012年人均管理新增信托计划数和人均管理新增集合信托计划数的走势变化。

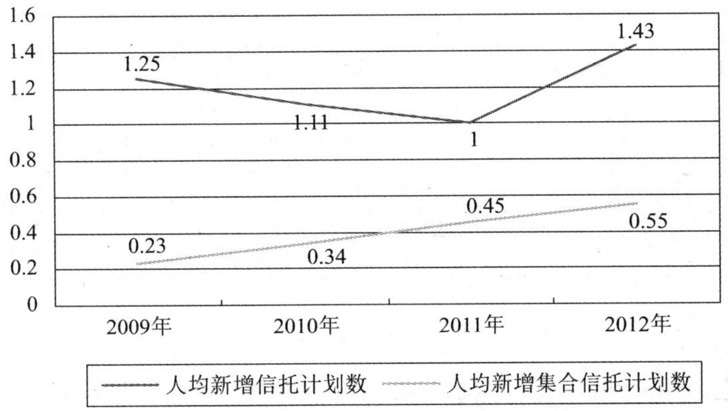

图4－12　2009—2012年人均新增（集合）信托计划数

根据2012年年报数据，66家信托公司人均管理新增信托数平均约为1.43个，人均管理新增集合信托计划数平均约为0.55个，从图4－12中可见，人均管理信托计划数在近几年中处于高水平。表4－7为2012年人均管理新增（集合）信托数前十位的信托公司名单，前十位信托公司管理的新增信托计划数明显高于行业平均数，人员的高效运作和先进的信息技术管理平台共同提高了公司的业务协作效率。随着信托市场的不断发展，信托业务的复杂度进一步增加，对信息化建设也提出了更高的要求。如何能够有效地管理包括信托产品的设计、资金募集、资金运用、产品核算、收益兑现等等业务功能，提高信托公司工作效率，对信托公司IT建设提出了新的挑战。信托公司的信息技术平台一般涵括经营管理涉及的财务、业务、客户管理等各个方面，有利于实现各项核算的电子化，减少重复劳动，数据集中管理，消除信息孤岛，提高经营管理的效率。

人均管理新增信托计划数最多的是粤财信托，约为8.05个；人均管理新增集合信托计划数最多的是外贸信托，为4.66个。外贸信托早在2006年就进行了新的信息技术平台的开发建设工作，建立和设置适时跟踪报告公司

表4-7　　2012年人均新增（集合）信托计划数前10名单

排序	信托公司	人员总数	人均信托数	排序	信托公司	人员总数	人均集合信托数
1	粤财信托	84	8.05	1	外贸信托	235	4.66
2	外贸信托	235	5.27	2	中铁信托	105	2.09
3	西藏信托	31	5.16	3	粤财信托	84	2.08
4	甘肃信托	90	4.83	4	甘肃信托	90	1.74
5	山东信托	142	4.43	5	山东信托	142	1.58
6	兴业信托	235	4.02	6	新时代信托	204	1.41
7	国元信托	137	3.60	7	中诚信托	178	1.41
8	国投信托	103	3.33	8	云南信托	82	1.12
9	中铁信托	105	3.22	9	上海信托	192	0.994
10	云南信托	82	3.09	10	天津信托	139	0.920

内控情况的信息反馈机制，内容包括项目审批决策报告体系、项目履约监督报告体系以及证券自营业务报表体系等报告机制，并通过包括NOTES平台、财务软件、电子业务台账等在内的电子化信息交流渠道的建立，实现信息在各部门之间的共享与交流。此外，通过公开信息披露机制的建立以及信托销售管理软件、公司网站等的建设，增进公司与监管部门、委托人、受益人的信息沟通与交流。

（四）人均总收入

人均总收入反映了信托公司人均的营业收入状况。从表4-8中可以看出，2012年人均总收入最高的是江苏信托，达到1790万元。行业前6名的人均总收入都超过1000万元，反映出信托公司整体上呈现出人均收入较高的特征。

表4-8　　人均总收入前10名的信托公司

序号	信托公司	人均总收入（万元）	总收入排名	信托资产规模排名
1	江苏信托	1790.4	16	39
2	重庆信托	1599.9	14	44
3	中诚信托	1527.3	4	5
4	中铁信托	1179.0	18	29
5	中海信托	1027.6	21	21

续表

序号	信托公司	人均总收入（万元）	总收入排名	信托资产规模排名
6	中信信托	1026.3	1	1
7	华融信托	999.4	7	42
8	北方信托	836.7	27	15
9	渤海信托	809.4	32	32
10	华能信托	793.0	19	13

从总收入、信托资产规模排序与人均总收入的关系看，人均总收入与整体收入状况的相关性和上年相比有所降低，与信托资产规模排序差异也较大。

排名第一的江苏信托注重自营资产的管理运用，自营收入是信托收入的1.9倍。在报告期内江苏信托以金融股权和资本市场为主线，所投资的各家商业银行均经营良好，投资的金融股权增值也较明显。从年报可见，自营资产的长期股权投资占比达73.65，资产主要分布在金融机构，占比高达74.94%。排名前十的重庆信托、中诚信托的自营收入是信托收入的倍数分别是2.2倍、1.1倍，说明这些公司加强管理，有效提升了自营业务效益，获得了人均总收入的提高。还有华融信托具有较高的信托报酬率，如加权年化信托报酬率高达2.54%，远胜于行业平均值。

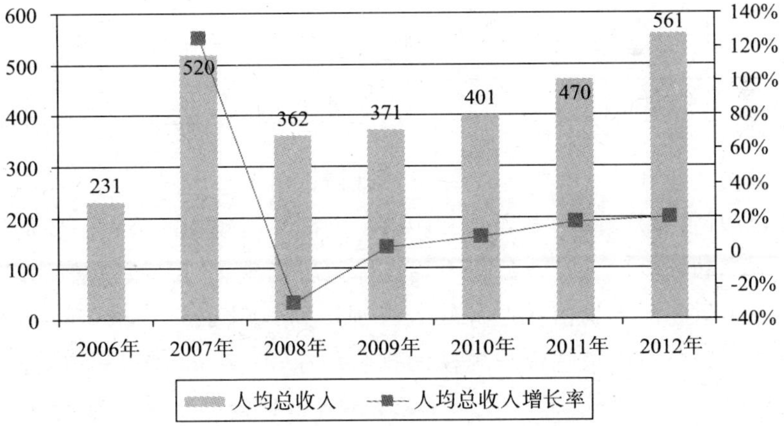

图4－13　信托行业2006—2012年人均总收入（万元）

从信托行业历年人均总收入情况图4－13来看，从2009年开始，人均总收入从371万元持续上升，在2012年人均总收入突破了2007年保持的信托行业史上最高值520万元，达到了561万元的水平。四年间的增长率分别是2%、8%、17%、19%，说明信托公司人均创造的收入进入到一个新水平，实现了行业的突破。一方面得益于信托业务的发展，同时也说明信托公司在泛资管的竞争环境下励精图治，取得了丰硕的成果。

（五）人均信托业务收入

在人均信托业务收入方面，华融信托以900万元位居行业首位，依次是中信信托、中诚信托，人均信托业务收入都超过了700万元（见表4－9）。

表4－9　　人均信托业务收入情况表（前10名）

序号	信托公司	人均信托业务收入	信托收入排名	总收入排名	信托资产规模排名
1	华融信托	900	5	7	42
2	中信信托	720	2	1	1
3	中诚信托	716	7	4	5
4	英大信托	675	16	28	10
5	北方信托	666	19	27	15
6	湖南信托	646	28	38	47
7	方正信托	631	23	33	40
8	渤海信托	625	26	32	32
9	江苏信托	622	37	16	39
10	中航信托	590	10	15	17

人均信托业务收入排名与信托资产规模排名差异较大，究其原因，在于人员数量和信托报酬率的差异，一些信托资产规模较小的公司，凭借较高的信托报酬率和较少的人员，使得人均指标位居行业前列，如华融信托、湖南信托、方正信托的人均信托业务收入分别达到900万元、646万元、631万元，虽然这些公司的信托资产规模的排名均在40多位，但是其信托报酬均高于行业平均水平，分别为1.54%、2.54%、0.91%。从而取得了较好的人均指标。

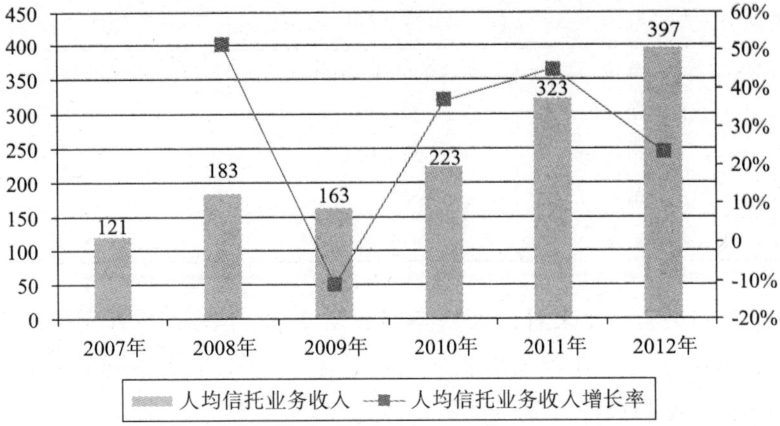

图 4－14　2007—2012 年人均信托业务收入（万元）

从信托行业历年人均信托业务收入情况图 4－14 来看，从 2009 年人均信托业务收入从 163 万元持续上升至 2012 年的 397 万元。三年间的增长率分别是 37%、45%、23%。2012 年人均信托业务收入在总体上升的趋势下出现了增长率下降的现象，说明信托主业地位日益稳固，信托业务快速发展，相应的收入增加很快，但是，也应当看到信托行业的信托报酬率和上年相比出现了下降，从 2011 的 0.76% 下降至 2012 年的 0.75%，在信托行业人员年上涨 22% 的情况下，出现了人均信托业务收入涨幅下降的现象。

（六）人均净利润

信托公司人均净利润是反映信托公司盈利能力的指标。人均净利润排名和净利润排名比较一致。江苏信托和重庆信托的人均净利润都超过了 1000 万元，继续展示着信托行业骄人的人均净利润指标（见表 4－10）。

表 4－10　　人均净利润前 10 名数据

序号	信托公司	人均净利润（万元）	净利润排名
1	江苏信托	1515.22	6
2	重庆信托	1052.40	9
3	中诚信托	902.97	2
4	中铁信托	760.09	12
5	中海信托	714.41	11
6	中信信托	622.82	1

续表

序号	信托公司	人均净利润（万元）	净利润排名
7	山东信托	524.30	16
8	华信信托	518.10	13
9	上海信托	500.53	8
10	华润信托	474.48	5

从图4-15全行业来看，人均净利润从2008年的218万元持续上涨至2012年的300万元，有较大增长。同时，增长率也不断加速，2009—2012年的人均净利润增长率分别为1%、2%、10%、21%，虽然从人均净利润的值来看还未超过行业史上最高值2007年的342万元，但是，按照人均净利润的增速趋势，预计2013年将有望超越这一值，实现行业人均净利润新的突破。2012年人均净利润的增速高于人均总收入，说明信托行业的费用增长率有所降低，从而有利于利润的积累。

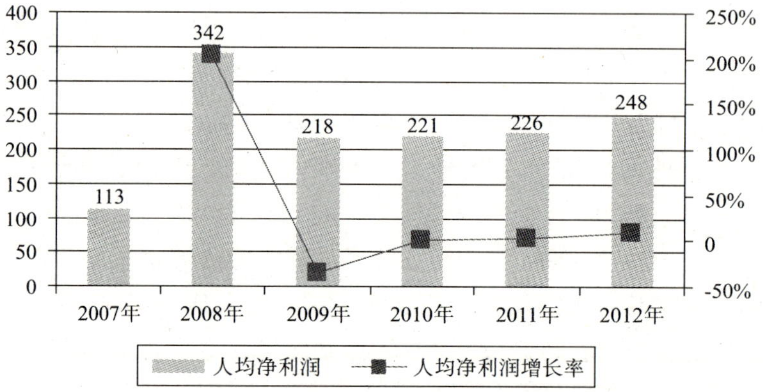

图4-15 2007—2012年信托行业人均净利润（万元）

从人均信托资产规模、人均集合信托规模、人均总收入、人均信托业务收入和人均净利润几项行业数据历年的增长情况来看，增长最快的是人均信托资产规模，而后是人均信托业务收入、人均净利润、人均总收入、增速最低的是人均集合信托规模（如表4-11所示）。从人均指标对比表来看，信托业务增速快于自营业务增速，在信托业务中，单一信托规模的增速快于集合信托规模的增速。

表 4－11　　人均指标对比

序号	指标	2012 年	2011 年
1	人均信托资产规模（%）	27	19
2	人均信托业务收入（%）	23	45
3	人均净利润（%）	21	10
4	人均总收入（%）	19	17
5	人均集合信托规模（%）	14	61

六、信托公司薪酬状况

2012年，我国信托业近几年行业发展势头强劲，业绩良好，行业整体人才需求呈上升趋势，其中关键岗位如信托业务人员、风险管理类人才更是供不应求，核心关键人才仍然短缺。此外，与其他行业不同，金融行业的人才流动意愿受市场行情以及政策变化影响更大，这加强了金融行业人力资源管理的难度。根据调研显示，薪酬是金融人才选择工作的首要考虑因素，那么信托行业的薪酬水平如何，各公司间薪酬的差距怎样，我们从2012年各信托公司发布的年报数据可以得出一些结论。

（一）从现金流量表看薪酬

2012年，有6家信托公司披露了现金流量表，在经营现金流出中有一项“支付给职工以及为职工支付的现金”，将其除以职工数量，作为人均税前报酬，由于含有各类保险金、税收等费用，这一指标会大大高估员工的实际收入（图4－16所示）。

（二）信托行业的应付职工薪酬

由于在年报中大多数信托公司没有披露现金流量表，对行业中“支付给职工以及为职工支付的现金”的情况无法进行确切的统计。对行业薪酬状况粗略根据资产负债表中负债及所有者权益项下的“应付职工薪酬”的数据进行一个大致的统计分析。应付职工薪酬是企业根据有关规定应付给职工的各种薪酬，按照“工资，奖金，津贴，补贴”、“职工福利”、“社会保险费”、“住房公积金”、“工会经费”、“职工教育经费”、“解除职工劳动关系补偿”、“非货币性福利”、“其他与获得职工提供的服务相关的支出”等应付职工薪酬项目进行的明细核算。

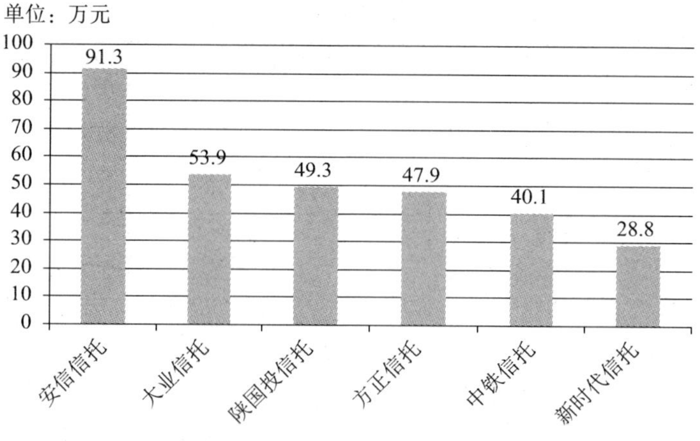

图4－16　2012年部分信托公司人均税前报酬

2011年公布数据的62家信托公司应付职工薪酬总计为422494万元，2012年66家信托公司公布的数据显示，应付职工薪酬总计为680469万元，2012年的应付职工薪酬比上年大幅增长61.1%，即便是剔除未统计数据因素，仍比同期上涨58.5%；2012年信托行业人均应付薪酬为58.9万元，同比增长31.5%，剔除未统计数据因素，仍比同期上涨29.2%。

根据统计数据，人均应付薪酬的增长率低于应付职工薪酬增长率近20个百分点，结合2012年信托业人数增长22%，可以看出，应付职工薪酬的大幅上涨一方面是由信托业的人员增长造成的，2012年应付职工薪酬占总收入的10.49%，相比2011年应付职工薪酬占总收入的9.51%，两者相差并不大。2012年行业人均净利润370.38万元，相比2011年的247.81万元，可以得出应付职工薪酬的大幅上涨还和这个行业的收益增加密切相关。因此，信托业员工薪酬水平的上涨主要得益于行业创造的价值增加。

表4－12列示了信托行业前20名公司的应付职工薪酬状况，需要说明的是，“应付职工薪酬”并不能用来替代员工薪酬状况，并不能准确反映信托公司的薪酬水平。

（1）信托公司的薪酬发放一般由公司内部专门的薪酬委员会制定方案，信托公司逐年加大创新类产品研发和服务上的投入，相关业务部门薪酬倾向性明显，让人艳羡的薪酬待遇往往发生在信托业务部门和市场营销等前台部门；而运营、客服、行政后勤等后台部门，薪酬涨幅和奖金均低于前台，薪酬差距较大。

（2）大多数信托公司的职工薪酬支付是分期进行的，当年的薪酬会递延到以后一个或几个年度发放，使得当年应付薪酬有可能累加了以往年度的薪酬，造成当年应付薪酬会大于实际职工的薪酬水平。例如中诚信托的应付职工薪酬7.44亿元远大于该公司2012年度业务及管理费用总额4.47亿元，说明该应付薪酬是多年积累所致。

（3）近年信托行业发展势头强劲。2012年信托公司实现了营业收入和净利润的快速增长。另一方面，信托企业的员工人数明显低于其他金融子行业，使得信托行业的薪酬水平也获得了提高。

表4-12　　行业应付职工薪酬状况（前20名）

2012年						2011年					
序号	信托公司	人均应付薪酬	应付薪酬/总收入（%）	人均净利润	净利润/总收入（%）	序号	信托公司	人均应付薪酬	应付薪酬/总收入（%）	人均净利润	净利润/总收入（%）
1	中诚信托	418	27.4	903	59.1	1	中诚信托	322	22.8	825	58.4
2	中信信托	152	14.8	623	60.7	2	中信信托	158	15.5	522	51.1
3	华能信托	149	18.8	404	51.0	3	安信信托	124	17.9	277	39.7
4	重庆信托	132	8.3	1052	65.8	4	华润信托	112	14.3	527	66.8
5	北方信托	132	15.8	390	46.6	5	华能信托	88	15.2	288	49.7
6	华润信托	108	14.7	474	64.5	6	厦门信托	79	17.9	235	53.5
7	长安信托	108	19.1	245	43.5	7	中海信托	71	6.8	655	62.3
8	大业信托	104	19.8	247	46.9	8	华融信托	60	5.2	417	35.9

续表

2012年						2011年					
序号	信托公司	人均应付薪酬	应付薪酬/总收入（%）	人均净利润	净利润/总收入（%）	序号	信托公司	人均应付薪酬	应付薪酬/总收入（%）	人均净利润	净利润/总收入（%）
9	金谷信托	88	12.4	385	54.2	9	新华信托	57	15.0	139	36.5
10	安信信托	86	15.8	136	24.8	10	湖南信托	56	13.1	177	41.4
11	中融信托	82	26.3	123	39.7	11	长安信托	55	17.3	126	39.5
12	中海信托	80	7.8	714	69.5	12	中航信托	53	10.9	211	42.9
13	中铁信托	78	6.6	760	64.5	13	建信信托	53	11.2	258	55.0
14	中江信托	75	12.6	274	46.0	14	大业信托	51	15.4	151	45.1
15	方正信托	74	10.5	370	52.5	15	中融信托	48	19.0	91	35.8
16	中航信托	73	10.5	340	48.9	16	中铁信托	48	5.1	566	60.4
17	湖南信托	73	10.5	365	52.9	17	上海信托	46	7.9	412	70.1
18	苏州信托	73	10.9	356	53.2	18	渤海信托	46	7.1	303	46.6
19	华融信托	67	6.7	388	38.8	19	金谷信托	42	8.8	267	55.1
20	厦门信托	66	10.8	372	61.2	20	北方信托	42	6.4	320	48.3

2012年信托公司年报分析之五：客户服务篇

百瑞观点：

- 2012年信托行业为客户创造价值3960亿元，比上年增长147%
- 信托项目收入主要来源于贷款利息和投资收益
- 2012年客户服务费平均达到8043万元，增长36%
- 券商渠道客户广泛，信托产品收益稳定，互补共赢空间大
- 社保基金需要战略性配置信托产品
- 农村集体资产是具有中国特色的黑马级潜在客户
- 信托公司和公益基金联手将开创慈善事业新局面
- 网络金融天生适合客户服务，成为信托渠道竞争的下一个焦点

客户是上帝，满足客户需求是企业发展的源泉。信托公司是作为“受人之托，代人理财”的专业化金融机构，在信托资产规模不断攀升、行业盈利能力增强的背景下，必须从行业可持续发展出发，做好客户定位工作，深挖客户需求，创新客户服务模式，依靠客户服务支撑行业的长期发展。

一、信托业为客户创造价值快速增长

2012年，信托行业延续了高增长的神话，信托资产规模达到7.47万亿元，比上年增长55%；在信托资产规模快速增长的背景下，信托项目净利润额创下了近年来的新高，信托行业为客户创造价值快速增长。

（一）信托项目净利润高达3960亿元

信托产品一直以其相对较高的收益吸引各类投资者，2012年，信托项目净利润高达3960亿元，比2011年的1607亿元增长147%，无论是绝对额还是增长率都达到了近年来的一个新高，为投资人实现了稳健的回报（见表5-1）。

表5-1　　2009—2012年信托行业客户收益及其分配　　单位：亿元

年度	信托净利润	可供分配的信托利润	本期已分配信托利润	期末未分配信托利润	信托利润分配率（%）
2009	913.12	957.53	768.03	189.49	84.1
2010	1397.29	1585.64	1247.52	338.11	89.3
2011	1606.6	1942.66	1950.37	-7.71	121.4
2012	3960.35	3893.11	3537.67	490.45	89.3

从2009—2012年信托行业客户收益及其分配率趋势图（见图5-1）可以看到，信托项目净利润和当前已分配信托利润在2012年都有一个质的增长，远超过去三年的增长率。

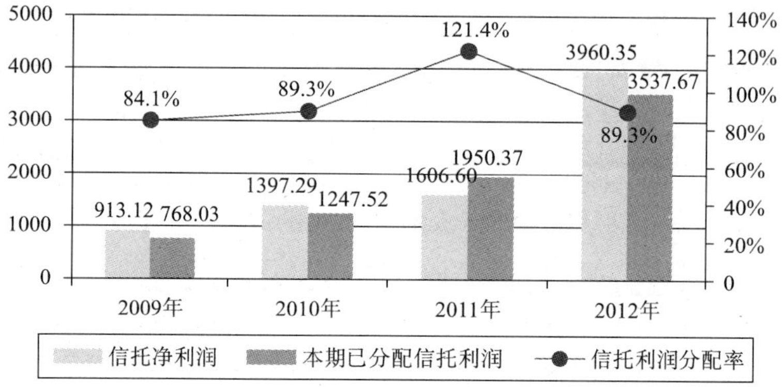

图5-1　2009—2012年信托行业客户收益及其分配率趋势

从分配角度看，2012年，向投资客户实际分配信托收益3538亿元，比2011年增长81%，尚有留存未分配信托利润490亿元。从分配率看，2012年和2009年、2010年类似，净利润分配比率接近90%，只有2011年，分配率高达121.4%，实际分配收益超过当年实现收益344亿元，把以前年度未分配利润一起进行了分配。

从2010—2012年信托资产规模增长率与信托项目净利润增长率对比图（见图5-2）来看，2012年信托项目净利润增长速度达到147%，不仅远远高于2010年53%和2011年15%的净利润增长率，而且远远超过信托资产规模55%的增速，其中原因，一方面有信托报酬率或项目清算实际收益率攀升的原因；另一方面也有信托资产规模扩张的累积效果。2011年信托资产规模扩张速度达到58.2%，但是信托项目净利润增长只有15%，而到了2012年信托项目净利润增长远高于规模增长，和信托报酬到账时间或许有一定的关系。基础业务量上去了，收益的实现只是时间的问题。

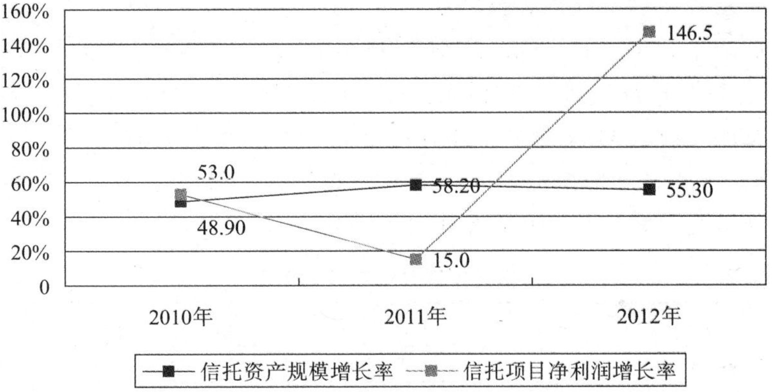

图5-2　2010—2012年信托规模增长率与信托项目净利润增长率对比图

2012年，信托项目净利润占信托资产规模的比率达到5.3%，高于过去几年的比率值。与一般企业的资产利润率指标相比，信托项目规模利润比达到5.3%是一个比较高的资产收益率（见图5-3）。

（二）信托项目收入主要来源于贷款利息和投资收益

从收入类型上来看，信托项目收入主要来源于贷款利息和投资收益。贷款利息和投资收益分别对应于与贷款和投资两种主要的资产运用方式。从监管导向上来看，信托资产运用会逐步加大投资运用的比例，缩小贷款运用方

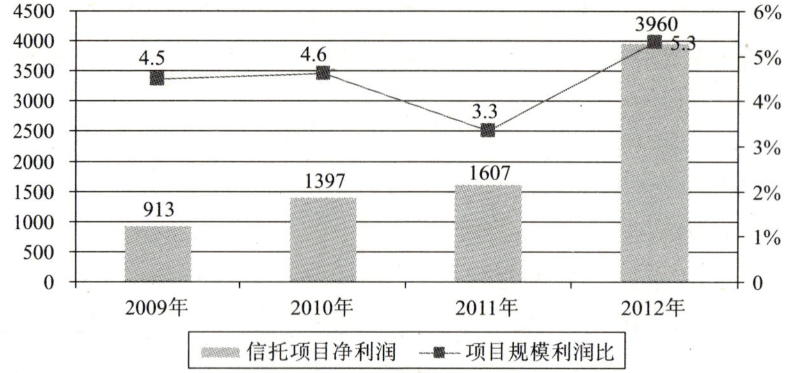

图5－3 2009—2012年信托项目规模利润比率走势

式，逐步建立起信托行业可持续的资产管理能力。通过提升投资运用能力，应对利率市场化带来的挑战，形成与银行、券商相比独特的竞争优势。

从信托项目营业收入结构表（见表5－2）中可以看到，目前信托项目收入主要来源于利息收入和投资收益，另有少量收入来自于公允价值变动以及其他收入。其中，利息收入达到2503亿元，占信托项目总收入4716亿元的53%；投资收益达到1730亿元，占比达到37%。贷款收入和投资收益合计达到90%，占了收入的绝对部分。公允价值变动损益达到219亿元，反映了2012年证券市场投资的部分成果，而其占比仅为5%，反映了证券投资信托业务目前在信托公司业务中并不占主导地位。

表5－2　信托项目营业收入结构表　单位：万元

类别	金额	占比（%）
营业收入（合计）	47160835	100
利息收入	25029827	53
投资收益	17298296	37
公允价值变动损益	2185817	5
租赁收入	138146	0
汇兑损益	－1464	0
手续费及佣金收入	14747	0
财务顾问收入	1478	0
其他收入	2493989	5

（三）信托项目整体销售净利率水平较高

信托作为一种特殊的资产管理法律制度，信托计划是一类特定的法律结构，既可以代表委托人持有资产，同时又类似“过手证券”，本身较少税收，因此除去必要的成本以外，信托项目整体的销售净利率水平较高，委托人获得更多的投资利益。

从2009—2012年信托项目销售净利率水平来看（见图5－4），除2011年销售净利率是78.8%以外，其余3个年份都在80%以上，且基本稳定在85%上下。销售净利率保持高位，说明信托公司能够把绝大部分项目收入转化为委托人的投资收益，实现了委托人的利益。

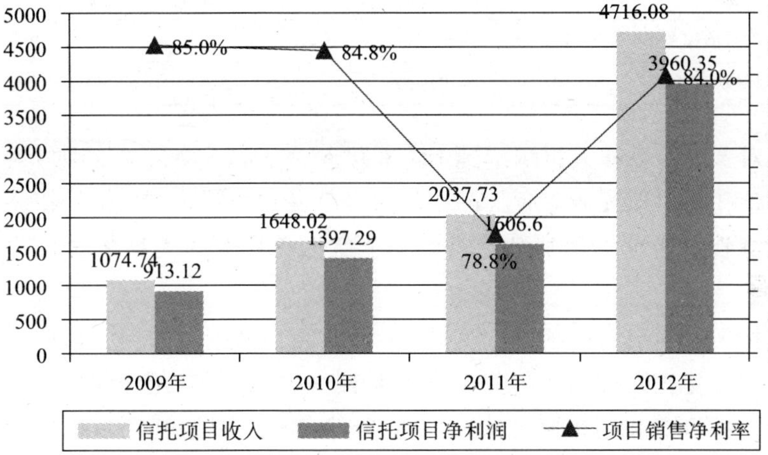

图5－4　2009—2012年信托项目销售净利率水平

二、客户服务费金额上升

从支出的角度看，2012年信托项目支出合计752亿元，占信托项目收入的16%，项目支出总体水平保持稳定。客户服务费用水平有所上升，反映了信托公司对于开拓客户市场、提高客户服务水平的重视。

（一）信托项目支出结构情况

在66家信托公司的信托项目损益表中，有35家信托公司采用了8项明细列支法，分别是营业税金及附加、受托人报酬、托管费、投资管理费、销售服务费、交易费用、资产减值损失和其他费用；部分公司采用了4项明细列支，分别是营业税金及附加、业务及管理费、资产减值损失和其他业务成本；其他公司未列任何明细，仅以“营业支出”或“营业费用”等一级会计科目进行列示（见表5－3）。

表5－3　　35家公司信托项目支出结构表　　单位：万元

支出总额	3582744	100%
营业税金及附加	72140	2%
受托人报酬	1826194	51%
托管费	312180	9%
投资管理费	103510	3%
销售服务费	281521	8%
交易费用	75938	2%
资产减值损失	352	0
其他费用	910909	25%

从绝对额看，受托人报酬达到182.6亿元，是信托项目支出中最大的一项，也是信托公司信托业务收入的主要来源。2012年，该35家信托公司实现信托业务收入达到213.3亿元，来源于信托项目受托人报酬科目的占比为85.6%。

从信托项目支出结构图中（见图5－5），可以清晰地看到，目前，信托项目支出中，受托人报酬占比为51%，是最大的一项；其他费用占比25%，排第二位；托管费和销售服务费分别占9%和8%，是信托项目支出的重要组成部分；而营业税金及附加、投资管理费和交易费用占比相对较小。

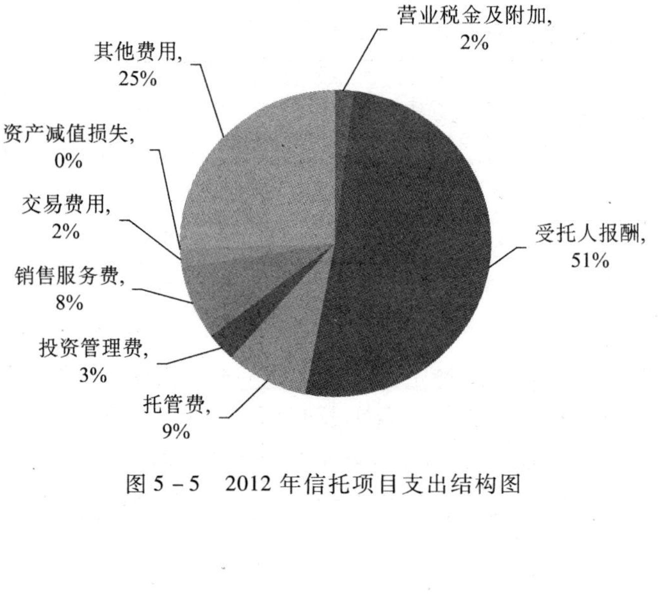

图5－5　2012年信托项目支出结构图

（二）营业税金及附加

总的来看，营业税金及附加在信托项目支出中占比较小，全行业累计7.2亿元，占信托项目支出总额的比例为2%。主要原因是信托实质上是一个“通道”，信托计划不是一个单独的纳税主体。从公司来看，英大信托营业税金及附加达到5.6亿元，占该公司信托项目支出的42%，占全行业营业税金及附加总额的78%（见表5－4）。

表5－4　　信托项目营业税金及附加

序号	信托公司	信托项目支出总额	营业税金及附加	税金占比（%）
1	英大信托	133785	55908	42
2	平安信托	356364	18865	5
3	中信信托	478296	13325	3
4	北京信托	184542	5955	3
5	中投信托	47930	5206	11

（三）受托人报酬支出

受托人报酬支出是信托项目支出的主要部分。中融信托的信托项目受托人报酬支出最高，达到29.5亿元，受托人报酬占信托项目支出比例为56%，略高于行业平均值。受托人报酬支出在10亿元以上的还有新华信托和兴业信托，分别是11.8亿元和10.2亿元（见表5－5）。

表5－5　　信托项目受托人报酬支出

序号	信托公司	信托项目支出	受托人报酬	受托人报酬占比（%）
1	中融信托	532351	295489	56
2	新华信托	174942	118322	68
3	兴业信托	303521	102214	34
4	北京信托	184542	99529	54
5	中航信托	157251	90532	58
6	英大信托	133785	76748	57
7	上海信托	109896	70051	64
8	金谷信托	139346	66725	48
9	华能信托	162221	64957	40
10	山东信托	188178	64110	34

受托人报酬与信托业务收入的比较，信托项目支出与信托业务收入的比较，如重庆信托，信托项目支出共计3.5亿元，其中受托人报酬2.0亿元，而信托手续费收入达到4.2亿元，说明信托财产以外收取的信托手续费收入是比较多的。其他公司情况见表5-6。

表5-6　信托业务收入与信托项目报表中受托人报酬数字的比较

序号	信托公司	信托业务收入	信托项目列支受托人报酬	受托人报酬列支占比（%）
1	金谷信托	60201.56	66725.29	1.11
2	粤财信托	40758.15	44348.61	1.09
3	华鑫信托	51795.77	55322.42	1.07
4	北京信托	97673.00	99529.46	1.02
5	云南信托	24352.75	24447.22	1.00
6	国元信托	48556.30	48563.13	1.00
7	西部信托	15809.10	15809.10	1.00
8	中泰信托	12220.97	12220.97	1.00
9	苏州信托	42477.00	42215.32	0.99
10	天津信托	55185.08	54383.54	0.99
11	建信信托	53582.47	52516.52	0.98
12	英大信托	79748.71	76748.43	0.96
13	国投信托	24053.84	22577.26	0.94
14	兴业信托	108950.00	102214.32	0.94
15	上海信托	76098.22	70050.63	0.92
16	国联信托	27926.00	25632.00	0.92
17	山东信托	70774.95	64109.88	0.91
18	中粮信托	22324.11	20123.72	0.90
19	国民信托	7736.31	6806.59	0.88
20	新华信托	134582.95	118322.47	0.88
21	杭工商信托	43185.00	36708.00	0.85
22	中融信托	353381.10	295488.83	0.84
23	陆家嘴信托	26473.00	22070.72	0.83
24	中航信托	109812.79	90531.94	0.82

续表

序号	信托公司	信托业务收入	信托项目列支受托人报酬	受托人报酬列支占比（%）
25	方正信托	67533.13	53036.63	0.79
26	华能信托	87466.23	64957.49	0.74
27	中投信托	30243.17	22428.06	0.74
28	中原信托	51118.03	36503.16	0.71
29	百瑞信托	61182.48	42430.26	0.69
30	湖南信托	60105.00	39139.00	0.65
31	交银信托	60041.13	35384.45	0.59
32	大业信托	36853.14	20156.70	0.55
33	安信信托	40213.06	21426.19	0.53
34	重庆信托	41756.82	20485.79	0.49
35	浙金信托	8582.29	2779.77	0.32

对于多数公司而言，由于信托业务收入还可能来源于投资银行服务收入或者以超额报酬等形式体现，信托业务收入是高于信托项目利润表中列示的受托人报酬数字。对于个别公司而言，信托项目利润表中列示的受托人报酬高于公司的信托业务收入，有可能是自有资金参与投资信托计划而在核算时计入自有业务收入等特殊原因。

（四）托管费

托管费是信托财产中的一个重要支出项目。随着监管部门对于信托计划监管的加强，集合资金信托计划已经全部达到了在合格商业银行进行保管，部分单一资金信托根据委托人的意愿在银行进行了保管。根据保管服务内容的不同，不同信托计划间费用收取标准差异较大。

2012年，共有33家信托公司在信托项目中列支了托管费支出，平均每家信托公司的托管费支出达到9460万元，比2011年的平均值4593万元提高了106%。与2011年中融信托托管费遥遥领先相比，2012年多家信托公司的托管费都有大幅提升，兴业信托的托管费从2011年的6802万元跳升到2012年的31122万元，已经接近了中融信托的40341万元。2012年，由于信托公司托管费普遍上升，差距拉近以及总体样本增加了两家信托公司，前十名信托公司托管费占总体的比例有所降低，从68.7%降到64.3%，但集中度依然较高（见表5-7）。

表5-7　　信托公司托管费排名表

	信托公司	2012年托管费	信托公司	2011年托管费
1	中融信托	40340.67	中融信托	29975.22
2	兴业信托	31121.57	北京信托	8718.05
3	金谷信托	25408.76	上海信托	8288.86
4	山东信托	20504.88	中航信托	7255.56
5	方正信托	15567.34	建信信托	6909.87
6	建信信托	14604.18	兴业信托	6902.02
7	华能信托	13598.52	山东信托	6486.62
8	北京信托	13407.18	新华信托	6034.76
9	中航信托	13330.88	粤财信托	5638.69
10	上海信托	12896.04	国投信托	5124.52
	前十名占比	64.3%		68.7%

托管费率是衡量信托公司托管费用水平的一个重要指标。对于信托公司而言，集合资金信托是必须采用合格商业银行保管方式的，而单一资金信托和财产权信托则没有保管的要求，但是部分单一资金信托会应委托人需要采取银行保管方式，如银信合作中采用保管方式银行将部分利息收入转化为非利息收入。总的来看，采用集合资金信托规模来估算托管费率会产生高估现象，采用全部信托资产规模来估算托管费率会产生明显的低估现象。由于托管费主要是集合信托项目的支出，因此用集合信托资产规模来估算可能更接近。

从2009—2012年信托项目托管费率测算来看（见图5-6），2011年是一个费率低点，2012年有所回升。按照全部信托资产规模来估算，2012年加权平均托管费率处于0.09%的水平，看起来比较低，但是如果按照更加接近实际水平的集合资产规模来估算，则加权平均托管费率达到了0.37%，远高于基金行业0.25%的托管费率水平。虽然0.37%的托管费率仅采用集合资产规模来测算，一定程度上会高估，但是与基金托管相比，大多数集合资金信托不需要进行估值，对于银行的要求比基金会低很多，因此应当在费率上更低一些。预计，随着金融机构竞争的加剧，托管费率会有进一步下降的趋势。

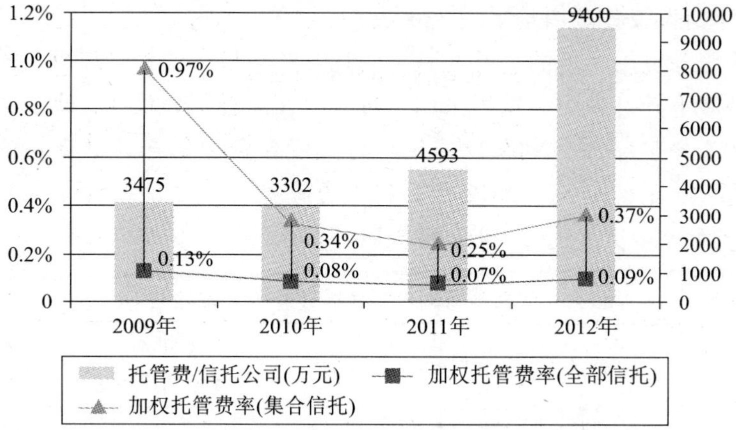

图5－6　2009—2012年信托项目托管费率测算图示

（五）销售服务费

35家信托公司2012年通过信托项目共支付28.2亿元销售服务费，平均每家支付销售服务费8043万元。该35家信托公司集合信托资产规模8695亿元，销售服务占集合信托资产规模的比例平均为0.32%（见图5－7）。

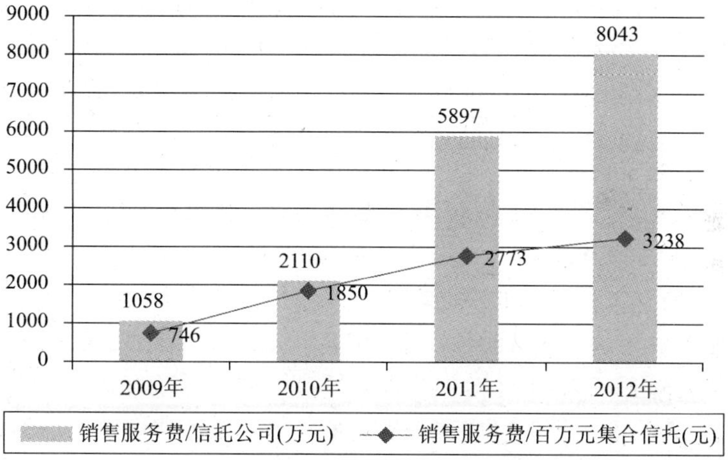

图5－7　2009—2012年信托项目销售服务费

从图5－7中可以明显的看到，信托公司支付的销售服务费上升很快。2009年，统计范围内信托公司平均支付销售服务费仅为1058万元，到了2012年，统计范围内的信托公司平均每家支付销售服务费达到8043万元，是2009年销售服务费用水平的7.6倍。

销售服务费用水平的上升，除了信托资产规模大幅提升以外，销售服务费率也处在上升过程中。这里采用了每百万元集合资金信托计划支付的销售服务费作为参照标准，2009年，每百万元集合资金信托计划支付的销售服务费仅为746元，而到了2012年，每百万元集合资金信托计划支付的销售服务费达到3238元，是2009年销售服务费用的4.3倍。

表5－8　　信托项目支付销售服务费前十名

序号	信托公司	销售服务费	信托公司	销售服务费/集合信托规模	百万集合信托销售服务费
1	兴业信托	34295	国民信托	2.24%	22400
2	新华信托	32450	兴业信托	1.21%	12055
3	华能信托	29877	华能信托	0.89%	8869
4	中航信托	28283	安信信托	0.87%	8735
5	中融信托	24429	中航信托	0.73%	7329
6	北京信托	17575	大业信托	0.68%	6760
7	安信信托	14095	新华信托	0.60%	6021
8	大业信托	10440	湖南信托	0.58%	5813
9	湖南信托	9204	陆家嘴信托	0.57%	5666
10	天津信托	9070	中投信托	0.52%	5160

从表5－8中可以看出，2012年销售服务费用水平最高的是兴业信托，达到3.43亿元，新华信托3.25亿元紧随其后，华能信托、中航信托和中融信托的销售服务费均超过了2亿元。与2011年度排名相比，前6名的信托公司是同样的6家，最大的不同在于，兴业信托从排名第6上升到了排名第1，销售服务费用水平上升很快，而2011年排名第1的中融信托销售服务费从3.39亿元降到了2.44亿元，销售服务费用水平下降明显，在全行业销售服务费用上升的大背景下，属于个别现象。销售服务费居前五名的信托公司分别是兴业信托、新华信托、华能信托、中航信托和中融信托，均是近年来信托业务异军突起的公司，对于销售服务费用水平的拉升有一定的作用。

三、具有稳定资金来源的信托公司机构客户分析

我国金融机构同质性强，相对而言，信托公司是多样性的，其历史发展

情况不一样，业务模式、客户定位也不同。从总体上看，信托公司都在加速构建可持续的盈利模式，面向机构和高净值客户，发展成为高端客户综合服务机构成为探索的重要方向。本章节重点从资产规模角度来分析信托公司客户，期望能够对于信托公司进行客户定位并进一步建立适合客户的业务体系有所帮助。

整体上来看，信托公司的客户主要有大型机构资金和高净值个人两大类，商业银行、券商和高净值个人客户是目前信托行业重点服务的客户，未来的重点客户还包括保险公司、社保资金、企业年金、农村集体资产、公益基金等。

（一）商业银行始终是重要的客户资源

银行在我国金融体系中居于绝对主导地位。银行业总资产近年来实现了快速扩张，2003年，银行业总资产仅有27.7万亿元，到了2012年年底，银行业总资产达到了惊人的133.6万亿元。银行是我国信托公司目前最重要的机构客户。信托资产规模的快速扩张，是和银行以信托为通道开展表外业务密不可分的（见图5-8）。

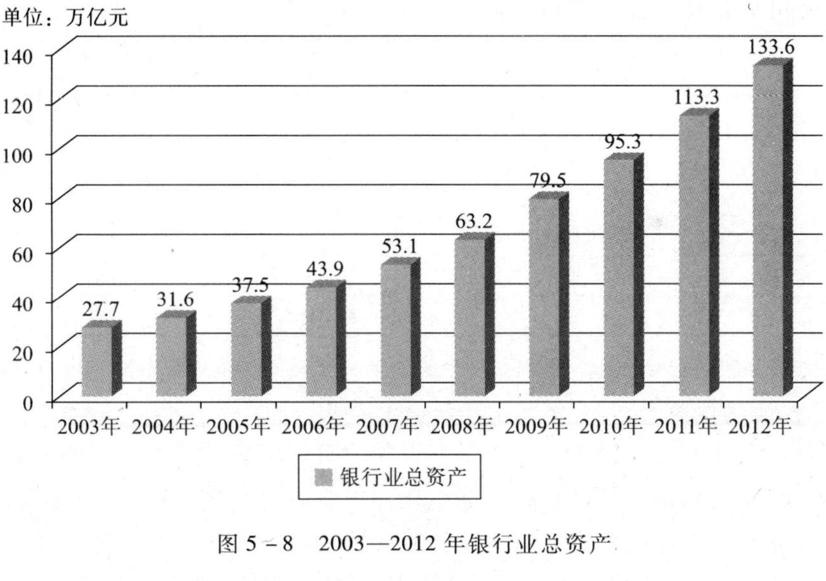

图5-8　2003—2012年银行业总资产

在利率市场化的背景下，银行业面临着从存贷利差转向综合服务盈利模式。尤其是2013年6月份的银行间拆借价格飙升，商业银行开始主动压缩同业资产，银行业资产规模飙升的速度很可能会有所下降，走向更稳健的发展。尽管如此，银行仍将是信托公司最重要的合作客户，毕竟银行业具有百万亿元的资产规模，而其他子行业只有几万亿元的资产规模，根本不在一个数量级，只要和银行理顺了合作关系，任何细分行业都可以获得飞速的发展。当然，银信合作的具体方式会有所变化，从银信合作类单一资金信托转换到信贷资产证券化等新的合作方式。

（二）券商和信托两者之间存在天然的合作机缘

银行、保险、券商和信托四大类金融细分行业中，从资产管理的角度来看，银行和保险是典型的既有客户又有产品的行业，而券商则是有客户缺产品，信托是有产品缺客户，券商和信托两者之间存在天然的合作机缘。

截至 2013 年 6 月底，A 股期末账户总计已经达到 1.71 亿户，客户资源可以说是非常丰富。但是由于我国证券市场发展并不完善，二级市场投资处于低迷，这些巨大的客户资源并没有得到很好的挖掘。在目前的 A 股账户中，流通市值 10 万元以下的占到了 86.2%，但这并不能代表他们没有投资实力。这 1.71 亿个账户，可以说是代表了我国大多数先富起来的人，从目前情况来看，固定收益类、交易中介类产品是亟待完善的领域，这些领域和信托公司具有潜在合作空间（见图 5－9）。

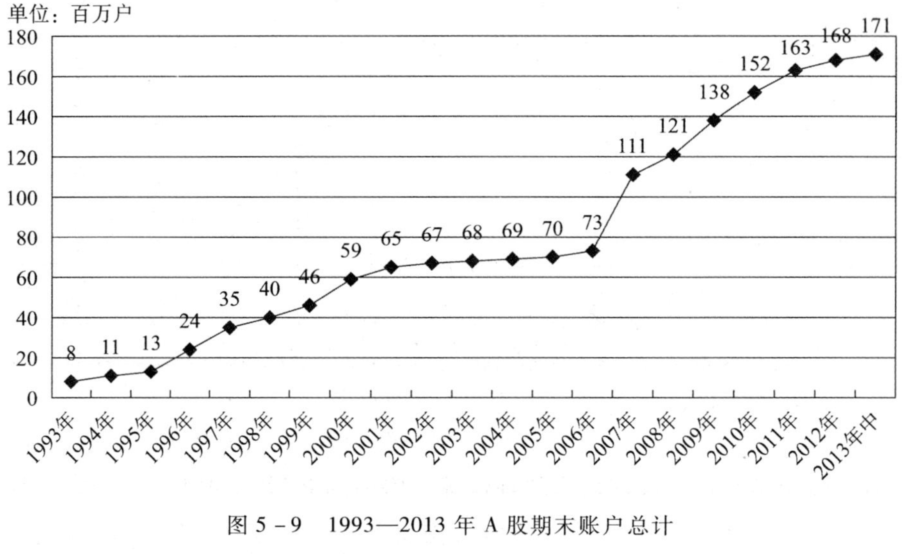

图 5－9　1993—2013 年 A 股期末账户总计

从具体业务层面看，在银信合作受到限制以后，银行—证券—信托之间的合作成为一种新的业务模式。银证信业务模式打开了券商、信托广泛合作之门，并能够为以后的深度合作奠定基础。

（三）保险公司投资信托产品预计稳健发展

我国是银行为主的金融体系，而发达的金融体系对于保险的需求量非常大。今后几十年间，预计保险资产都将会有一个稳健的增长。

保险公司的盈利，一方面来源于保险承保业务；另一方面，来源于保险投资。保险公司对于资产管理的需求非常强。实力强劲的保险公司大多建立了自身旗下的保险资产管理公司，甚至信托公司，但是对于其他信托公司提供的优秀产品，同样具有强烈的需求（见图5-10）。

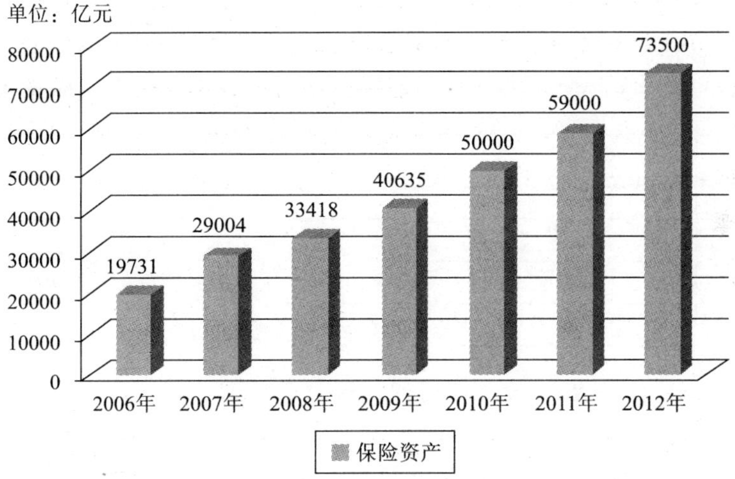

图5-10　2006—2012年保险资产规模

2012年6月，保险业新政"13条"意见打通了保险业和证券、基金、银行、信托行业在产品、渠道、托管等方面的业务通道。一方面允许基金、券商加入受托管理保险资金的队伍；另一方面进一步放开了保险资金投资范围，允许险企投资券商发起设立的集合资产管理计划、信托公司的集合资金信托计划、商业银行发起的保证收益型理财产品。

可投资金在增长、投资范围在放款，保险资金"财神爷"的地位日益明显，成为各类资产管理机构的香饽饽。保险新政后，2012年12月，泰康人寿已出9.68亿元巨资认购了中信信托旗下的"中信—聚信汇金地产基金1号集合资金信托计划"。2013年4月26日，外贸信托在与光大永明、新华资产成功合作的基础上，与前海人寿、华泰资产、光大永明、新华资产、泰康资产5家保险机构签署了战略合作协议。

（四）全国社保基金需要战略性配置信托产品

全国社保基金成立于2000年11月，至2012年年底，全国社保基金管理的资产规模已经达到1.1万亿元。加上省市各类养老资金，全国养老资金约有3万亿—4万亿元，社会保障基金可以说是最大的“金主”了。对于省市社保基金，在实现全国统筹以前，预计会采取类似广东省的方式，委托全国社保基金理事会代为管理。全国社保基金理事会副理事长王忠民表示，随着养老需求的扩大，社保基金未来规模至少扩大至10万亿元（见图5-11）。

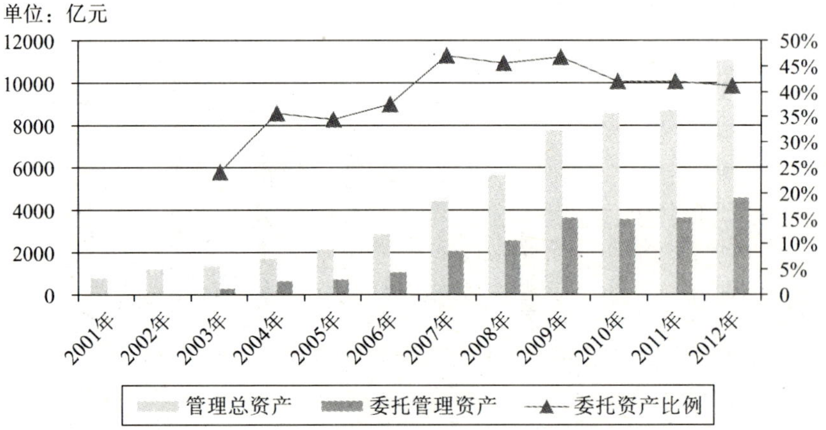

图5-11　2001—2012年全国社保基金管理资产规模

社保基金境内投资范围包括银行存款、债券、信托投资、资产证券化产品、股票、证券投资基金、股权投资和股权投资基金等。全国社保基金建立了直接运作与委托投资管理人运作相结合的模式，通过战略和战术性资产配置对资产结构实行比例控制。委托投资管理人从公募基金管理公司开始，近年来，延伸到PE管理公司、信托公司等等。从2003年起，社保基金逐步建立健全了委托投资机制，近年来委托投资比例一直稳定在40%左右，随着绝对规模的扩大，对于各类投资产品的需求也越来越大。

从2001—2012年全国社保基金投资收益率图（见图5-12）可以看出，近年来扩大投资范围以后，投资收益率极其不稳定。从战略配置角度看，信托产品具有8%—10%的相对稳定的收益率，是一类值得配置的产品。

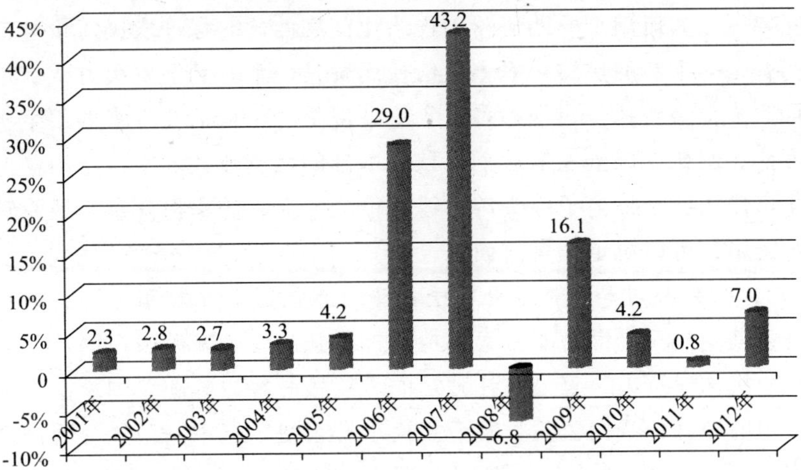

图 5－12　2001—2012 年全国社保基金投资收益率

全国社保基金自 2005 年起涉水信托投资，成为其拓展投资渠道、多元化投资的一种尝试。2011 年，全国社保基金理事会在南京、天津、重庆发放贷款，以信托贷款形式投入上述 3 市保障房建设。社保基金选择与信托公司开展的合作更多侧重于实体经济投资，例如与地方重大项目、大型公司开展具体合作，这成为社保基金在证券投资之外的又一个重要投资方式。争取开展业务，并进一步成为社保基金托管人和投资管理人成为信托公司的努力方向。

（五）农村集体资产是具有中国特色的黑马级潜在客户

我国是一个发展中大国，农村、农民和农业问题始终是一个绕不开的结。据统计，农民上访问题中有一半涉及财产问题。而信托能够在其中发挥重要的作用，有助于解决城镇化和新农村背景下的土地集约利用问题，有助于解决村干部乱占乱用集体资产问题。

农村集体资产是一项有着中国特色的，潜力非常大的信托资产管理业务的源泉。农村集体资产信托业务主要包括两个方面：

1. 村集体商业物业和征地拆迁款的信托化运营。经过多年的建设，农村集体资产实力强大，尤其是城中村和城郊农村，集体经济实力雄厚，不少村集体坐拥城市商业物业资产，在城中村改造中一次性收入巨大，这些资产特别适合进行信托化管理，既满足了保值增值的需求，又为农民提供了持续的回报，还可以在信托化运营的同时透明化，杜绝跑冒滴漏。

2. 土地是农村/村民组集体资产中最重要的组成部分，在我国土地承包制的框架下，如何满足土地流转和集约化使用的同时保证农民对于承包权的持续拥有是一个新的挑战，而土地信托无疑是一个有利的解决方式。土地信托自身并不会给信托公司带来多大收益，但是，土地信托带来的衍生机遇还大有可挖。例如，以土地信托受益权为基础的融资业务。

北京信托已经推出了门头沟拆迁款信托产品，并积极探索土地流转信托产品的实施，可以说走在了前面。

（六）信托公司和公益基金联手将开创慈善事业新局面

公益基金是一个潜力非常大的持续性极强的资金来源。在国外，公益基金等优质机构投资人一直是信托公司的重要核心客户。随着国家富强和民众公益意识的提升，我国公益类基金规模上升很快。据中国基金会网报道，截至2011年年底，中国基金会资产总额为784.90亿元人民币，比上年增长29.91%，其中公募基金会总资产有446.01亿元，占总额的56.82%，非公募基金会资产有338.89亿元，占总额的43.18%。平均每家基金会年末总资产有3295.12万元，比上年增长12.9%。

随着经济的发展，私募基金会的数量和资产规模都有了大幅提升，这是一个良好的趋势。从2004年前后新成立基金会的平均资产对比图可以看出，2005—2011年期间新成立公募基金会的平均资产规模比2004年前是下降的，而同期新成立非公募基金会的平均资产规模比2004年前是上升的。这既反映了民营经济的发展和民众慈善意识的日益成熟，也对于慈善基金的市场化运营产生了需求（见图5－13）。

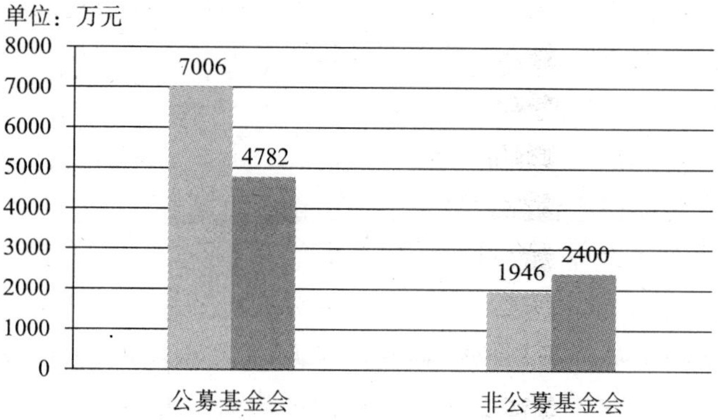

图5－13　2004年前后新成立基金会的平均资产对比

国外公益基金会数量众多，且有福特基金会、盖茨基金会等资产规模庞大、运营管理一流的世界级基金会。美国大型基金会基本上都是持续资助型基金会，分设有投资增值部门和资助部门，资助实施部门以花钱为主；投资收益好的年份资助额会提高，差的年份则削减下一财年的资助计划；负责开展公益项目的团队由于有充足的财力保障，完全可依据其使命来选择项目，其运作可持续、可预算。

我国基金会发展仅有30余年，大多是筹资运作型为主，既要筹资又要实施公益项目；年度筹资计划有很多的不确定性，很多公益项目的实施受到筹资进度的限制；基金会运营的金融化水平较低，可持续发展能力不强，且基金会总资产仅有美国的1%—2%，距离世界级公益基金会还有很远的路要走。我国的公募基金会大多还依附于其主办机构、非公募基金会大多由出资方控制，管理和项目执行水平还有待提升，职业化处于探索阶段。

除了基金会以外，公益信托也是一种有益的公益模式。基金会和公益信托各有所长，基金会擅长资金归集和慈善项目运作，而信托公司擅长资金运营和保值增值。目前，国内基金会费用比例较高，慈善项目对于资金募集的依赖较大，而且个别基金会还陷入了公众的“信任危机”，另一方面，公益信托面临着缺乏实施细则指导，实际推进难度极大的困境。面向未来，信托公司是不是可以和基金会携起手来，信托公司不要追求公益信托可以像基金会一样提供从资金归集和项目实施的全流程服务，基金会也不要拒绝信托公司专业金融理财服务，两者合作，基金会专注于资金募集和项目实施，信托公司专注于资金保值增值，从而开创中国公益事业的崭新局面。

四、网络金融下的信托业客户服务模式分析

网络金融业务目前方兴未艾，被不少人看做是互联网最后一块宝藏，2012年，手机超越台式电脑成为第一大网络终端，宣告移动互联网时代到来，网络金融热潮引发了金融机构、互联网公司和大型电商的争相投资，传统金融服务模式正面临一场颠覆式变革。

高净值客户需不需要网络金融服务？无疑是肯定的，但是成百上千万的资金流动是否通过拇指就可以完成，网络金融多大程度上可以替代传统的面对面服务？则是仁者见仁智者见智。但是信托公司在提供传统服务的同时，增加网络金融服务，为客户创造更好的产品和服务体验，无疑还有很大的提

升空间。

（一）信托公司网络金融整体思考

1. 信托公司网络金融的阻碍。银行、券商、保险和基金公司都在网络金融道路上大踏步前进，网上银行、手机银行、网络炒股已经实现多年，网上卖保险和基金产品成为最新的热点。国华保险产品 3 天在淘宝上销售上亿元，“余额宝”自 2013 年 6 月 13 日上线后规模快速增长，6 月底规模达 66 亿元，9 月初规模接近 500 亿元，对接余额宝的天弘增利宝基金已超越华夏现金增利，成为规模最大的公募基金。相对而言，信托公司的网络金融服务则要落后很多，不少信托公司的网站更新很慢，没有利用微博、微信等新兴互联网工具，大多数信托公司不提供信托受益权的网络查询，没有一家信托公司能够实现网络签约和资金划转。

信托公司实施网络金融业务的困境包括：（1）网络金融容易涉及不特定客户群体，违反“集合信托产品不得进行公开营销宣传”的规定；（2）网络签约和资金划转如何实现“委托人需要在信托合同认购申明书上签字”的规定；（3）信托计划起始金额高，客户采用网络方式不放心；（4）信托计划起始金额高，不符合网络商店“长尾理论”，无法在汇集大量客户小额资金方面起到作用；（5）信托产品定制特征明显，不够标准化，难以在网络上推广；（6）网络金融系统成本高，收益不明显，难以收回成本。

或许还有其他种种现实的顾虑，但是从发展战略的角度看，是固步自封，还是顺应网络金融发展的历史潮流？答案不言自明，信托公司不能孤立互联网，错过网络金融的快车，很可能会被远远甩在后面。网络金融天生就适合做服务，恰好可以弥补信托公司客户不足的缺陷。如果说今天的信托公司把主要精力都放在了资产端，那么，一定会有信托公司率先注重客户端，并借助网络金融脱颖而出，赢得大批量客户和稳定的资金来源。

比困难更本质的问题是，信托业务适合网络化吗？在信托业务中，信托公司层面都是非现金业务，完全适合网络金融。这些阻碍都不是本质问题，在历史潮流面前，变得都是可以克服的。剩下的，就是谁能做好的问题，谁愿意率先做，花多大成本去做的问题。

2. 成本效益考量。关于成本效益方面的考量，在此提出三个观点：

第一，网络渠道相比第三方渠道，信托公司掌握主动权，整体性价比并不差。借助网络金融服务，能够提高单个理财经理的客户服务能力，提升信托公司理财团队的营销水平，掌握更多的客户。

第二，网络金融付出是一种“沉没成本”。按照定义，已经发生不可收回的支出才是沉没成本。设想一下，如果提供网络金融服务成为信托公司的必选项，网络IT系统开支成为必然发生的成本，否则就难以拥有足够的客户，在这个意义上，网络IT系统开发成为“沉没成本”。早付出早受益，况且开发成本对于现在的信托公司来讲已经能够承受得起。

第三，借助外力，分工合作，存在低成本开发途径。市场是讲分工的，分工越细，往往效率越高。在各类公司竞相涌向网络金融领域时，凭借牌照优势，与有关公司合作，不失为一个快速发展的策略。国华人寿、天弘基金与淘宝集团的合作就是各方共赢的案例。

3. 信托公司网络金融的定位。互联网是一个新型的渠道，以微信为代表的新兴技术工具尤其适合提供一对一优质服务，信托公司必须将网络渠道定位到与网点渠道、银行渠道、第三方渠道同等重要甚至更加重要的战略地位上来，才有望抓住这个历史机遇，再造信托行业。

发展网络金融的步骤，从不特定客户的品牌和理念营销开始，延伸到特定客户的挖掘和服务，并实现网上交易信托产品的开发。

第一步，借助互联网让更多的群体认识信托，使得信托行业发展有一个更加稳定的客户基础。

第二步，借助网络金融，改善客户服务，赢得先机，获得稳定的资金来源，真正实现“受人之托，代人理财”，而不是有了项目再到处找钱。

第三步，借助网络金融机遇，以客户为中心重构业务体系，创新信托产品、实现流程再造，并进一步改善业绩，提升可持续盈利能力。

（二）不特定客户的品牌和理念营销

信托公司进行网络营销，第一个面临的问题就是法律问题。《信托公司集合资金信托计划管理办法》第八条规定，信托公司推介信托计划时，不得进行公开营销宣传。基于此项规定，面向互联网的不特定客户，营销的重点在于品牌和理念，而不是信托产品本身。

1. 信托公司品牌的网络营销。网络营销先于电子商务。利用互联网的便利性、全天候和低成本能够更好的宣传公司，获得更多的客户并且提高客户黏性。网络营销并不直接涉及网上交易，相对而言容易实现，但是要做到最好，对于信托公司而言也有一定困难。

信托公司要做大做强，必须有品牌意识，没有品牌的支撑，信托公司很难从市场中突围，没有品牌的公司难以成为全国性的大公司。品牌营销是分阶段的，借助互联网可以大幅度降低品牌营销的费用。信托公司品牌的内在定位是互联网营销的基础。

在媒介方面，公司网站是基本配置，为客户提供公司动态、宣传公司形象、公告公司产品等。在互联网流量推广方面，可以利用的方式有微博和大型电商如天猫。新媒体，如微信则是最近的新宠，可以利用微信向客户推送更加个性化的内容。

信托公司客户基础比较弱，利用互联网一直在线、面向大众的特点，能够让更多的人熟悉信托理念和信托产品。信托是基于信任的，加上互联网的虚拟性容易给客户带来不信任感，解决客户信任度问题成为信托公司网络品牌营销的关键。网站、微信等多种形式的传播能够多角度多层次的为信托公司品牌、产品、理念或者人物进行宣传，增加客户黏性。

2. 信托理念的网络营销。之所以提出信托理念的网络营销，在于信托的客户基础比较薄弱，不像银行、保险、券商那样普遍得到认知。

在信托理念营销方面，既可以通过公司网站宣传更多的信托知识，还可以通过论坛、微信等平台和客户加强互动。

3. 潜在客户需求和偏好的分析。在品牌行销和信托理念营销的过程中，会有大量匿名客户访问公司网站、微博、微信等互联网平台。客户偏好访问哪些板块，对于哪些问题更感兴趣，哪些产品新闻的浏览量最大？对于网络流量、客户浏览偏好等进行分析，有助于公司更好的了解客户，挖掘客户需求开发适销对路的信托产品。

"大数据是下一个社会发展阶段的石油和金矿。"即使是简单的浏览网页，也可以通过梳理整理出有用的信息，客户对于那些产品和服务更加关心，从而开发出更好的产品。如果推出客户风险承受能力、理财偏好和理财推荐等内容的互动模块，则可以挖掘的数据量可以得到成倍提升。如果有客户在互动模块愿意输入自己的姓名、电话信息，则很有希望直接发展为有效客户。使用互联网看起来似乎可以不留下任何痕迹，而实际上互联网随时都在留下各种痕迹，并且这种痕迹都是采用数字化方式存储的，由此，对于网络中海量数据的分析整理更是传统媒介中所不具有的优势。

（三）特定客户的挖掘和服务

主要包括特定客户模式的界定、推送服务、主动查询服务等三方面内容。客户挖掘主要是通过各类服务的进行来体现的。

1. 特定客户模式的界定。对于特定客户，信托公司可以提供更多的服务，包括产品层次上的营销。特定客户模式的界定：（1）客户范围的确定，公司既有的合格投资者，网络上确认姓名或电话等关键信息的认可信托公司网络服务的客户；（2）技术手段的确定，确保受众仅限于指定的客户范围，邮件、短信、微信等能够采用一对一方式的技术手段，还包括网站密码登录等服务模式。

2. 推送服务。推送服务这里指运用电子邮件、短信、微信等多种方式主动将服务信息送至客户电子终端的营销服务方式。推送服务对象既包括现有投资人客户，有可以包括潜在合格投资人客户。推送服务内容包括公司信托产品设计理念、公司信托产品发行情况等，还能够像产品持有人发送信托计划成立公告、收益分配到账提醒、清算情况等。

现有的案例包括外贸信托微信“五行财富”、百瑞信托微信“百瑞财富”等，均属于微信订阅号，主打产品推介、活动推介及理财研究。

3. 查询咨询类服务。查询类服务主要面向信托公司现有合格投资人客户。包括但不限于：（1）新产品情况查询；（2）名下信托产品份额和运行情况查询；（3）信托产品收益分配情况查询；（4）信托产品到期以及清算情况查询；（5）理财经理、信托经理一对一咨询服务。

主要实现技术手段可以是网站、微信等。

（四）网络信托产品开发

时常见到“信托产品被秒杀”的报道，而另一方面，营销又是信托公司的弱项，既然如此，如果有了网络渠道，未能成功秒杀的客户总会有一部分愿意通过网络来表达购买意愿。直接面向全国的高净值客户，占据网络渠道优势，将有利于信托公司基础客户的拓展。

1. 线上交易能替代面签吗？信托公司集合资金信托一般实行面签。《信托公司集合资金信托计划管理办法》第11条第4款规定，委托人在认购风险申明书上签字，即表明已认真阅读并理解所有的信托计划文件，并愿意依法承担相应的信托投资风险。

银行、券商在发展网上资金交易的初期，都是冲破了层层阻力，并渐次影响了后续规章制度的出台。时至今日，客户在办理网上银行、网上炒股的时候，不是还要单独签署网络交易方式的合同吗？这就是金融机构和客户之间就新型交易方式达成的一种共识，信托行业完全可以借鉴。

信托公司实施线上交易，分两步来实现：

第一步，在客户充分了解信托并愿意进行线上交易的情况下，首先签署线上交易方式的认可合同，即认同线上交易和纸质交易的效力相同，在线合同具有和纸质合同同等的效力。

第二步，在线上交易之前，出具在线电子合同、电子认购风险申明书客户认可同意后，合同有效并随后进行资金划转。

在解决了电子交易方式困境之后，网络信托产品主要包括两方面内容：一是根据网络特点设计、改进信托产品；二是把原有信托产品搬上互联网，实现网络销售和网络服务。

2. 根据网络金融特点设计、改进信托产品。网络金融全天候，方便快捷的特点适合现金管理类信托计划。已经有信托公司在现金管理类产品中作出了成绩，例如，上海信托的现金丰利信托计划，曾达到400多亿元的规模。为进一步方便投资人申购和赎回，可以在此类产品中率先实现网上交易。

相比目前广泛采用的现场POS机刷卡，使用网上交易更有利于提高资金效率。POS机交易一般是T+1到账，而网上银行转账一般是T+0到账。

3. 线上交易服务系统。上百万信托产品的销售有多少客户会通过网络来进行？互联网信托产品更需要信任。在平安集团的网上商城中，各类金融产品十分丰富，自然少不了信托产品，该商场的信托产品可以直接预约，但是还需要线下交易并签署合同。

线上交易服务系统按照难以程度不同分为：（1）链接到网上银行，主要利用银行的系统进行转账，还是需要另行签署信托合同；（2）电商平台交易。和电商合同，共同开发互联网的海量客户；（3）微信等新兴技术手段，据了解，微信公众号开始区分订阅号和服务号，服务号提供多种接口可以让企业实现定制开发，甚至包括线上资金交易；（4）客户端交易程序。电脑、手机客户端程序是推动信托公司网络金融服务的重量级武器。目前，受信托客户数量、信托公司信息化水平制约，还没有见到信托公司客户端交易服务程序。

同花顺几乎垄断了手机证券交易客户端，在证券业务移动互联网领域走在了前面，不知信托或者财富管理领域是否会有类似的公司开发出一款理财产品移动终端，接入了多家信托公司、券商等机构，成为一个移动理财超市。

不管采用哪种方式，借助移动互联的大潮，获得更广大客户的认可，才是信托公司应该努力追求的。

2012 年信托公司年报分析之六：创新业务篇

百瑞观点：

- 信托公司研发成果披露不容乐观
- 资产证券化业务、股指期货业务、受托境外理财（QDII）业务等新型信托业务开始加速
- 信托基金化——信托公司业务转型的突破口
- 强弱联合、持有型商业地产——房地产信托业务创新亮点
- 文化产业、供应链、健康医疗产业——信托公司业务新领域
- 信证合作、信保合作、信期合作——信托公司挖掘业务新机会
- 强敌入侵、监管收紧、实体经济形势严峻——信托公司遭遇“围城”
- 家族信托、资产证券化业务、并购基金业务——信托业务创新的三大方向

创新是一个行业生存发展之本。2012 年，中国证监会、中国保监会颁布的一系列资管新规使资管行业进入春秋战国时代，信托业陷入“四面楚歌”。如果说信托之前的发展主要源自制度红利，信托业务创新着力点在于

突破监管，那么，至此以后，突出重围，挖掘信托竞争优势成为信托业务创新的内在动力。

一、2012年信托公司业务创新概览

（一）信托公司研发成果披露不容乐观

2012年，设置专门研发部门的信托公司达39家，占全部信托公司的半数左右。但是在这39家信托公司中，仅有百瑞信托、中原信托和中诚信托3家信托公司选择披露研发成果，其中，百瑞信托出版《信托研究与年报分析2012》，对信托业2011年的发展情况进行了全面的总结和分析；参编了由巴曙松先生主编的《2012年中国资产管理行业发展报告》，提出了信托业已有量变发生质变；独立撰写并发布了《信托财富管理报告》，分析了信托作为专业财富管理机构的优势；中原信托撰写了《以储备土地使用权作为融资抵押物应当关注的重点问题及破解路径》等10余篇研发报告；中诚信托牵头组织6家信托公司，共同完成中国信托业协会《信托公司激励机制研究》课题，以问卷调查形式和重点走访形式对我国信托公司激励机制进行了全面分析和研究，并提出了改进的建议；参与了《信托基金化模式研究》写作，对信托公司基金化产品的开展现状和发展途径进行了深入研究。

除了这3家设置研发部门的信托公司披露研发成果外，行业龙头中信信托虽然没有独立的研发部门，但是委托中国国际经济咨询有限公司编写了《2012年度中国信托行业金皮书——践行奠定信托》、《2012年度中国信托业研究报告——信托的色彩与旋律》等两份行业研究报告。前者提出了“信托特色财富管理”的概念，对如何在信托公司自身发展需求与财富管理市场机遇之间开启通路的问题进行分析研究，提出了可能的四种经营模式；后者提出“信托是一种复杂适应性系统和复杂巨系统”，对信托关系、信托公司、信托业进行了再认知，从产业政策、财产委托方、财产运用方向、生产方式、产业扩张与组织、知识整合方式等角度对信托业的发展方向进行分析研究。

（二）业务方向上的创新

1. 资产证券化业务。特殊目的信托受托机构成员扩容。2012年，交银信托、天津信托、兴业信托、北京信托和粤财信托5家信托公司获得资产证券化业务特定目的的信托受托机构资格，截至2012年年底，共有18家信托公

司具备此项资格（见表6-1）。

表6-1　截至2012年年底具备特殊目的信托受托机构资格信托公司

中诚信托	外贸信托	英大信托
中海信托	中信信托	交银信托
上海信托	百瑞信托	天津信托
华润信托	中原信托	兴业信托
华宝信托	国元信托	粤财信托
平安信托	中铁信托	北京信托

信贷支持证券发行规模创新高。2012年5月17日，中国人民银行、中国银监会、财政部联合下发的《关于进一步扩大信贷资产证券化试点有关事项的通知》（银发〔2012〕127号）标志着停滞四年之久的信贷资产证券化业务开始重启，根据国务院此前批复，此轮额度共500亿元。2012年信托公司共发行5支信贷资产支持证券，总规模达192.56亿元（见表6-2）。

表6-2　2012年信贷支持证券发行情况

发行人	证券名称	规模（亿元）
上海信托	2012上元一期个人汽车抵押贷款支持证券	10
中信信托	国开行2012年一期信贷资产支持证券	101.66
中诚信托	中银2012年第一期信贷资产支持证券	30.6
中海信托	交银2012年第一期信贷资产支持证券	30.3
中粮信托	通元2012年第一期个人汽车抵押贷款支持证券	20

资料来源：上海清算网。

此外，尚未获得资产证券化业务特定目的信托受托机构资格的信托公司也在积极探索资产证券化业务。例如，华能信托与国有大型银行、股份制商业银行推出的以财产权信托为重点的准资产证券化业务，已摸索总结可证券化的资产多达9大类；紫金信托探索了债权流动化业务，在工商企业间应收账款等资产的准证券化业务上进行了积极尝试。

2. 股指期货业务。2012年，有7家信托公司获批股指期货业务资格，分别为外贸信托、华润深国投信托、兴业信托、平安信托、中信信托、长安信托和中融信托，加上2011年获批的华宝信托，获批股指期货业务资格的信托公司达到8家。

股指期货业务开展方面。作为信托行业首家获批股指期货交易资格的信托公司，华宝信托2012年成功取得信托计划首个套保交易编码和套利交易编码，并推出了“申毅对冲1号”、“社润一期”、“青雅量化对冲1期”等近10只产品，都用股指期货进行套保或套利交易，对冲现货市场的风险。外贸信托已有30只产品进入了股指期货市场。华润信托有十几只产品开户交易，其中的4—5只产品为取得业务资格后新推出的产品。

此外，紫金信托虽尚未开展股指期货业务，但开展了期货套利业务研究，并开发了专门的交易软件，为未来进一步开展金融衍生品交易类信托业务做好人才、流程、风控方面的准备。

3. 受托境外理财（QDII）业务。2012年，上海信托推出了信托行业首单受托境外理财集合资金信托计划，募集规模10亿元人民币，刷新行业QDII业务规模、形式、结构等多项纪录。华宝信托获得受托境外理财（QDII）业务资格，并利用国家外汇管理局批准5亿美元境外理财业务额度成立了2个QDII产品。截至2012年年底，共有7家信托公司获得受托境外理财（QDII）业务资格，分别是上海信托、中诚信托、中海信托、平安信托、华信信托、中信信托和华宝信托，获批QDII投资额度共计44.5亿美元（见表6－3）。

表6－3　截至2012年年底获得QDII投资额度的信托公司明细

信托公司	投资额度获批时间	获批额度（亿美元）
中诚信托	2009.12.08	10
上海信托	2009.12.08	10
中海信托	2009.12.30	2
平安信托	2011.09.30	3
华信信托	2011.12.20	3
华宝信托	2012.07.17	5
中信信托	2012.11.21	11.5

资料来源：国家外管局．合格境内机构投资者（QDII）投资额度审批情况表（截至2013年5月30日）。

虽然获得受托境外理财（QDII）业务资格的信托公司数量尚少，但是在获批额度方面相对靠前。2012年，国家外汇管理局共批准QDII投资额度59.8亿美元，其中，银行类2亿美元，基金类26亿美元，保险类5.3亿美元，信托类16.5亿美元。信托获批额度占比高达33.13%，较往年有大幅提升。

4. 首单家族信托诞生。2012年下半年国内首单家族信托在平安信托诞生，该信托的委托人是一位40多岁的成功企业家，信托财产规模为5000万元，合同期限为50年。根据约定，信托委托人将与平安信托共同管理这笔信托财产，百年之后将按照约定给予家族受益人。

5. 现金管理类信托。现金管理类信托产品是信托公司进军短期理财产品市场、增加客户黏性、丰富产品线、向全能型财富管理发展的重要举措。继上海信托和华润信托之后，2012年又有平安信托、中融信托、华宝信托、紫金信托和天津信托5家信托公司加盟现金管理类信托业务（见表6-4）。

表6-4　　2012年成立的现金管理类信托产品

信托公司	产品名称	认购起点	期限
平安信托	平安财富*日聚金跨市场货币基金1号集合资金信托计划	300万元	3个月、6个月、9个月、12个月
中融信托	中融—汇聚金1号货币基金集合资金信托计划	300万元	180天、270天和360天
华宝信托	华宝信托现金增利集合资金信托计划	20万元	每周开放
紫金信托	紫金信托·汇金池跨市场基金集合资金信托计划	100万元	7天、14天、30天、90天等
天津信托	聚富I号集合资金信托计划	自然人为300万元，机构为100万元	2个月或者6个月的封闭期后每月25日至次月18日为开放期，投资人可自由选择续期、增减或赎回

6. 私募债券。债券主承销和财务顾问一直是证券公司的阵地，2012年，信托公司开始试水这一领域。浙江金汇信托作为承销商和财务顾问，设计发行了塔牌手工原酒（庚寅典藏）投资私募债券，该产品在浙江股权交易中心挂牌交易，募集资金用于定向购买塔牌绍兴酒手工原酒（庚寅典藏）。

（三）业务模式上的创新

1. 证券投资信托。兴业信托披露了两支创新型的证券投资信托产品，一支是“兴业信托·宝丰2期（兴州）集合资金信托计划”，该信托产品通过大宗交易的方式投资于证券交易所上市交易的有价证券，创新点在于采用新的质押方式，通过大宗交易的安排实现更安全的过户融资；另一支是“兴业信托·长金—中科智1号证券投资集合资金信托计划”，该支信托产品一方面设计了新的利益分配方式，在信托产品运行过程中，投资顾问不收取固定的投资顾问费，仅在委托人赎回或信托产品到期时，根据信托单位净值参与委托人的收益分成，即在信托产品产生正收益的情况下投资顾问才可获取投资顾问费用。良好的投资顾问激励机制使得投资顾问与委托人的利益保持一致，减少了投资顾问的代理风险，提高了信托产品的管理效率。另一方面，创新性地引入担保公司，担保公司与投资顾问共同参与认购。

2. 信托业务基金化。基金化信托产品具有“期限长、规模大、组合投资”的特点，对信托公司具有诸多积极意义：

第一，信托公司作为基金管理人的资产配置与运作空间相对较大，与为单个项目融资的模式相比，更能体现信托公司的主动管理能力。

第二，产品期限较长且循环投资，有利于避免单个项目信托的兑付风险，增加灵活性，为可能的风险处置提供缓冲期。

第三，有助于提高信托资产规模的稳定性，积累项目资源和客户资源，提高收入的稳定性和可持续性。

第四，与单一的投资标的相比，“组合投资”意味着风险的分散，基金化可以提高客户投资的安全性，能够进一步满足客户的需求。2012年，信托业务基金化成为信托公司业务转型的突破口，多家信托公司开始探索和成立基金化信托业务，信托业务的基金化成为信托公司转型的突破口（见表6-5）。

表6-5　　信托公司披露的业务基金化成果

信托公司	成果
国投信托	2012年7月，"国投信托·绿色农业基金·御品香大米财产信托"设立。这是公司继"新疆乡都红酒财产信托"之后发起设立的又一只绿色农业基金产品。该基金设立的目的，是借助金融的力量和品牌，扶持国内有潜力的农业生产企业，树立优质的品牌形象，建立权威的市场公信力
国元信托	积极响应国家"城镇化"发展战略，设计发行"城乡一体化"系列信托产品，募集信托资金以有限合伙人身份入股有限合伙企业，以类基金的方式，投资于城乡一体化建设，促进城乡在规划建设、产业发展、市场信息、政策措施、生态环境保护、社会事业等方面发展的一体化建设
杭工信信托	截至2012年12月末，存续集合信托业务中，基金化信托产品规模占比40%
华能信托	重点选取国家或省级在城镇化建设、经济结构调整、节能环保、新能源、重大民生工程中的大项目，率先以基金化的方式运作，形成了"惠民"、"汇民"两大民生领域系列特色产品
金谷信托	着力打造了一批基金类信托产品，这类产品具有期限较长、收益率较高、主动管理性较强的特点，对于公司业务创新和项目质量的提高具有重要意义。其中，"向日葵系列"中小企业发展基金系列产品是公司利用自身优势自主开发的，具有较强操作性的创新产品，在市场上树立了较好的口碑，得到了监管部门的认可，并被金融时报等媒体报道
上海信托	在股权投资领域，积极探索健康医疗产业投资，成立了上信新虹桥健康产业股权投资集合信托计划，试水产业基金和权益性投资
外贸信托	积极推进房地产类信托基金业务，2012年成功发行了一单房地产基金类信托产品，在长期限、投资类产品的自主设计发行方面取得新的突破
建信信托	与中国供销集团、中国中铁、信达资产管理公司等大型央企合作设立产业基金业务，取得积极进展
华宝信托	发行了第一个房地产投资基金
交银信托	2012年12月，公司与全国黄金行业的"龙头"企业合作，发起设立"交银国信·并购基金系列单一信托I号"，信托一期成立规模30亿元，期限3年，信托资金用于与某黄金生产企业共同出资设立有限责任公司，以并购与黄金、有色金属矿业相关的资产、股权、项目等
天津信托	2012年，公司借助光大控股集团的资源优势和管理经验，结合信托制度优势，与光大控股合作推出夹层基金项目，目前信托LP前两期各3000万元已经完成募集并加入基金，运转良好。该项目可有效提高公司的业务创新和主动管理能力，对今后投资类业务的逐步开展具有重要现实意义和示范意义

3. 房地产信托。2011年以来，房地产市场持续低迷，房地产商的经营状态分化加速。一方面，地方中小房地产商举步维艰，仅凭自身的本土优势获取低价地块，通过售楼获取高额利润的传统商业模式已难以为继，专业的房地产管理能力对于中小房地产商而言日显重要；另一方面，国内房地产龙头企业凭借其品牌、成本、管理等优势，销售势头非常强劲，但却不易拿到便宜且地理位置较好的地块。在此背景下，华润信托尝试将两者优势进行嫁接，对房地产商业模式进行创新。

2012年，华润信托推出了"华润信托·云上城项目单一资金信托"，通过股权方式介入地价较低、地理位置好的项目，并聘请昆明万科作为品牌输出方，对项目实施全程管理、运作。昆明万科根据销售收入提取管理费，华润信托通过项目本身的现金流支持实现顺利退出。此方案中，信托作为项目发起者、交易结构设计者和资金提供者，充分整合了当地开发商的土地资源、知名地产商的品牌及管理资源以及华润信托的金融资源。对于当地开发商而言，可以充分发挥在土地获取上的优势，项目开发及融资安排则交由专业机构解决，与自己开发相比，可以在省心省力的同时获得更高的收益；对于万科而言，在投入很少的情况下通过华润信托获得了项目公司的控制权，并从品牌使用和管理费中获得了高额收益，从而为从传统的房地产开发商向品牌和管理输出者、从重资产向轻资产的转型作出了有益尝试；对于投资者而言，通过知名地产商的品牌和管理输出以及受托人的尽职管理可以有效控制项目风险，使得投资者在保证资金相对安全的同时获得了丰厚的收益。

此外，平安信托推出了业界第一只持有型商业地产信托项目"平安财富·安睿1号集合资金信托计划"，该信托资金主要投资于港交所上市公司瑞安房地产的重庆企业天地项目中的三幢"5A"写字楼，信托投资规模约17.5亿元。

（四）业务领域上的拓展

1. 文化产业。文化产业是未来国家产业升级的一个重要方面，中共十七届六中全会明确提出要推动文化大发展、大繁荣，国家《服务贸易发展"十二五"规划纲要》也将扩大文化等新兴服务列入中国服务贸易发展的重要目标。2012年，多家信托公司业务开始向文化产业拓展，积极探索支持文化产业的可行途径。例如，中信信托通过中信聚信（北京）资本管理有限公司投资中国首家戏剧产业基金管理公司——北京东方国际戏剧产业基金管理有限公司，持有其25%的股权。该公司主要投资戏剧产业，旗下子基金经营业务从剧目孵化入手，向剧场建设经营领域拓展，再整合优质戏剧产业企业进行股权投资，以形成全系列戏剧产业的投资链条；天津信托采取发行集合资金信托计划的方式推出了"天津信托·文化产业（滨海高新区文创1号）中小集合资金信托计划"系列产品，募集资金用于向天津福丰达动漫、智慧山孵化器、九天石动漫、酷米网络、翼动文化、象形科技、金灵族文化传播等滨海高新技术产业园区内7家优秀的中小型科技文化企业提供资金支持；北京信托推出了闻萃影视投资集合资金信托计划，信托资金全部用于向华闻视角红色经典文化传媒（北京）有限公司发放项目贷款，用于制作大型历史文献纪录片《中国近现代影像史》。

2. 供应链信托。供应链金融是近年来商业银行在进行经营战略转型的着力点和突破口之一。对于信托公司而言，供应链金融同样具有重要意义，供应链金融模式下，信托公司可以跳出单个企业的局限，站在产业供应链的全局和高度，向所有成员的企业进行融资安排，通过中小企业与核心企业的资信捆绑来控制风险。2012年3月，交银信托成立了"交银国信·供应链信托受益权投资集合资金信托"，规模23230万元，期限不超过36个月，通过每月回款明细表核算预期信托规模并对外募集资金，每3个月开放一次。该产品针对工程机械行业供应链的特点，将单个企业的不可控风险转变为供应链企业整体的可控风险，促进企业与财务公司、下游经销商和终端用户的战略协同关系，是信托公司支持实体经济发展、打造供应链金融服务方案的重要尝试。

3. 健康医疗产业。随着居民生活水平的不断提高和人口老龄化时代的到来，国内对健康医疗产业的需求快速增加。为了满足这一需求，国家对健康医疗产业发展的支持力度也在不断加大："十二五"规划放宽了外资及民营企业进入健康医疗的条件，鼓励国外及民间资本的流入；中共十八大关于医疗改革的精神，给未来健康医疗产业提供了更宏观的发展前景。健康医疗产业的改革正在全面展开，社会资本进入健康医疗产业带来了前所未有的机会和发展的空间。

2012年，健康医疗产业成为信托拓展的一个新领域：中信信托在昆明主办了2012年中国医养健康旅游产业开发投资战略高端研讨会，对探讨中国医养健康旅游产业开发投资战略；上海信托成立了上信新虹桥健康产业股权投资集合信托计划，试水产业基金和权益性投资，积极探索健康医疗产业投资。

（五）机构合作方面的创新

1. 信证合作。2012年之前，信托公司和证券公司之间的合作主要集中在阳光私募信托领域。2012年10月，中国证监会颁布了《证券公司客户资产管理业务管理办法（证监会第87号令）》及其配套文件，与此前的规定相比，证券公司资产管理业务出现明显松动，为券商资产管理业务开展创造了良好的条件。券商资管新规加剧了券商与信托之间竞争的同时，也为信托和券商之间的合作提供了空间。信托和券商之间新的合作模式是双向，一方面信托公司开始在销售过程中引入券商的资产管理计划购买信托产品；另一方面，信托公司也开始发行以券商的资产管理计划为投资标的信托计划。例如，在2012年信托公司年报中，中原信托披露了其在销售信托产品过程中首次引入了券商资产管理计划购买信托品，为信证合作进行了有益的尝试；而交银信托则披露了其发行了投资于定向资管的信托计划。

2. 信保合作。保险资金体量庞大、期限长、资金成本低，一直是信托公司梦寐以求的资金来源。2006年，中国保监会颁布的《保险资金间接投资基础设施项目试点管理办法》，规定信托公司可以作为受托人，将保险资金以债权、股权、物权及其他可行方式于交通、通讯、能源、市政、环境保护等国家级重点基础设施项目，该规定虽然打开了信托公司和保险公司合作的大门，但是在2012年之前信托公司和保险公司之间并未发生实际的业务开展。2012年10月，中国保监会颁布了《关于保险资金投资有关金融产品的通知（保监发〔2012〕91号）》，该通知中规定“保险资金可以投资境内依法发行的商业银行理财产品、银行业金融机构信贷资产支持证券、信托公司集合资金信托计划、证券公司专项资产管理计划、保险资产管理公司基础设施投资计划、不动产投资计划和项目资产支持计划等金融产品（以下统称金融产品）”。信托公司和保险公司的合作领域全面打开。同时，该通知还对保险资金投资集合资金信托计划的标准提出了具体要求：“保险资金投资的集合资金信托计划，基础资产限于融资类资产和风险可控的非上市权益类资产，且由受托人自主管理，承担产品设计、项目筛选、投资决策及后续管理等实质性责任。其中，固定收益类的集合资金信托计划，信用等级应当不低于国内信用评级机构评定的A级或者相当于A级的信用级别”。“保担任受托人的信托公司应当具有完善的公司治理、良好的市场信誉和稳定的投资业绩，上年末经审计的净资产不低于30亿元人民币”。

保险新规出台一个月后，就有泰康人寿认购“中信·聚信汇金地产基金1号集合资金信托计划”优先级信托产品，成为险资投资新政后的首单“保信合作”。同时，其他信托公司也开始积极为和保险公司展开合作做准备。例如，华宝信托发行成立的“华宝经纬财富1号集合资金信托计划”中引入国际标准评级方法，针对该信托产品的受益权进行了评级，开了国内信托产品外部评级的先河，将为信托产品受益权在未来进行交易流通，及保险、基金等大型机构资金进入信托市场提供切实可行的评判依据。在华宝经纬财富1号信托产品的评级中，既有针对信托受益权的评级，也包含对融资主体的评级，其中，信托产品受益权的评级为AA+，融资主体的评级为AA+，仅次于最高的级别AAA。投资人可依据信托受益权及融资主体的评级对产品进行甄别，信托公司也可针对融资主体的跟踪评级情况，对其实施有效的贷后管理。

3. 与其他机构的合作。股指期货的推出，标志着中国对冲时代的到来。能够娴熟运用各种对冲工具敏锐地把握各种市场机会的对冲基金将成为绝对收益领域的主流。2012年，作为行业内证券投资领域实力领先的华润信托推出了“春雷计划——优秀资产管理人孵化平台”，“春雷计划”为华润信托和优秀管理人提供了一个非常好的合作平台。一方面，期货管理人缺乏从事证券公募基金或发行证券信托产品的经历，缺乏公开产品所创造的名气及公开的业绩证明，若想得到信托高净值客户的认可从而扩大管理规模，只能依靠有公信力的稳定盈利的业绩来证明投资管理能力。优秀管理人参加“春雷计划”，华润信托将对其交易数据及业绩提供客观公正的评价，其在孵化平台上保留的业绩数据越长，其业绩就越具有公信力，越容易得到机构和高净值客户的认可。另一方面，通过“春雷计划”，华润信托可以遴选出的优秀资产管理人，并能够对其交易理念、交易策略、交易风格等个性化特征的进行深入地了解，可以在发行信托产品时为管理人量身定做最合适的信托产品风控条款，这将便于管理人的操作，帮助管理人最大限度地发挥自身的投资管理能力，使其创造更好的业绩回报客户。

此外，中诚信托、中原信托、长安信托和山东信托均与融资租赁公司开展合作。

二、典型创新案例分析

（一）北京信托——"富民1号"集合资金信托计划

1. 产品基本情况。该产品成立时间为2012年9月2日，期限为5年，信托规模不超过6亿元。第1次共募集资金人民币1.6亿元，签约2份信托合同。该信托计划以北京市门头沟区的白庄子、东辛称村两个农村集体经济组织所设企业为委托人和受益人，以拆迁、征地补偿资金中归属于村集体的部分为委托资金来源，且在信托存续期间可以追加信托资金规模。北京信托作为受托人，针对农村集体经济组织财富管理需求的特点将信托资金运用于股权、债权、金融产品等投资领域，以信托收益满足农村财富管理的长期需求（见图6-1）。

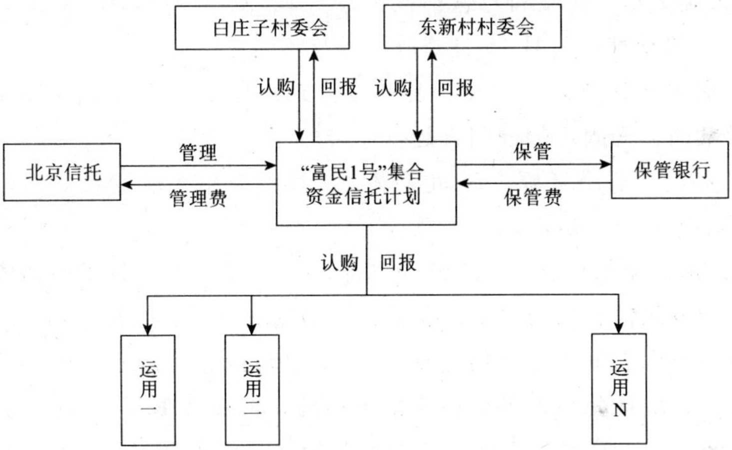

图6-1　"富民1号"集合资金信托计划交易结构图

2. 交易模式特点：

（1）信托计划存续期限较长，旨在发挥信托制度优势，满足农民获得长期稳健回报自身经济需求，利用信托财产独立性、信托存在连续性等优势特点，通过信托公司的专业财富管理实现农民财富的长期保值和稳定收益，有利于避免滋生腐败，避免将集体资产一次性分配给农民所导致的非理性突击消费。

（2）通过村民大会集体决策、村集体经济组织对投资及信托利益分配等过程的参与和主导等公开透明的民主管理方式，明晰了委托人、受托人、受益人三者责权利关系，可以充分借助区县政府及有关部门的工作力量，统一与村民进行沟通协调，避免信托公司介入村集体内部决策和分配环节导致不必要的纠纷。

（3）通过合同方式明确每年度信托开放期和受益权赎回期，更突出了信托的财富管理功能，在资金募集和信托利益分配方面相对灵活和更加贴近委托人需求。

（二）平安信托——日汇金1号集合资金信托计划

平安信托倾力推出的债券投资基金集合资金信托计划“日汇金1号”，是目前信托业界唯一一支由信托公司自主管理的净值型纯债基金。该基金主要投资于银行间市场债券、债券逆回购、货币市场基金、债券基金以及监管部门认可的其他低风险固定收益品种。

“日汇金1号”主要特点包括：

（1）高流动性。每月15日开放认购及赎回。

（2）公募运作方式。按照公募基金方式运作，投资者根据信托单位净值认购及赎回，无固定的预期收益率。

（3）利润主要是来源于浮动管理费，只有产品的投资收益超过收费基准的情况下才可以提取浮动管理费。

（三）浙江金汇信托——塔牌手工原酒（庚寅典藏）投资私募债券

信托业务是信托公司的主营业务，在信托业务中，信托公司一直担任着受托人或者发行人的角色（信贷资产证券化项目），从理论上来讲，作为金融机构之一，信托公司也可以担任主承销商，但在2012年之前一直以来主承销商一直是银行和证券公司的主要业务领域，信托公司并没有涉足这一领域。2012年，浙江金汇信托担任主承销商承销了“塔牌手工原酒（庚寅典藏）投资私募债券”打破了这一局面，对于信托公司而言，具有标志性意义。

1. 塔牌手工原酒（庚寅典藏）投资私募债券是由绍兴市协通实业发展有限公司发行、浙江金汇信托担任主承销商、在浙江股权交易中心挂牌的私募债券产品，其余相关当事人分别为：

（1）会计事务所：大华会计师事务所浙江（万邦）分所。

（2）发行人律师：浙江六和律师事务所。

（3）债券受托管理人/监管银行：金华银行股份有限公司杭州分行。

（4）债券备案登记/托管机构：浙江股权交易中心。

2. 私募债券的基本要素为：

（1）发行总额：5000万元。

（2）期限：5年。

（3）票面金额及发行价格：面值为100元，按面值平价发行。

（4）利率：单利8%，按年计息。

（5）承销方式：以余额包销的方式承销。

（6）资金用途：本期债券募集资金扣除相关费用后，拟全部用于定向购买塔牌手工原酒（庚寅典藏）。相关费用包括发行费、承销费、财务顾问费、保管费、保险费、信息披露费用等。

（7）偿债来源：标的黄酒变现本期债券偿债资金主要来源于处置所购买标的黄酒产生的销售收入；公司的正常经营收入是偿还本期债券本息的补充来源。

（8）发行和转让对象：不超过200名的合格投资者。机构合格投资者包括：经有关金融监管部门批准设立的金融机构，包括商业银行、证券公司、基金管理公司、信托公司和保险公司等；上述金融机构面向投资者发行的理财产品，包括但不限于银行理财产品、信托产品、投连险产品、基金产品、证券公司资产管理产品等；注册资本不低于人民币100万元的企业法人；合伙人认缴出资总额不低于人民币1000万元，实缴出资总额不低于人民币500万元的合伙企业；经股权交易中心认可的其他合格投资者。个人合格投资者的界定标准为：名下的各类证券账户、资金账户、资产管理账户等金融资产总计不低于人民币200万元；理解并接受私募债券风险，通过私募债券投资基础知识测试（投资者测试得分高于80分）。与会员书面签署《浙江股权交易中心私募债券合格投资者风险揭示书》，作出相关承诺的合格个人投资者。

（9）增信措施：发行人的母公司金信资产以其合法所有的财产提供连带责任保证担保。担保的范围为本期债券本金及利息、违约金、损害赔偿金和实现债权的费用。

（10）偿债方式：本期债券到期后，投资人有以下两个方案可供选择：一是按年8%的单利一次性收回本息；二是向发行人申请提取标的黄酒。

（四）平安信托——“平安财富·安睿1号集合资金信托计划”

平安信托于2012年6月推出了“平安财富·安睿1号集合资金信托计划”，该信托资金主要投资于港交所上市公司瑞安房地产的重庆企业天地项目中的三幢“5A”写字楼，安睿1号集合资金信托计划成为信托业发行的第一只持有型商业地产信托项目，标志着信托业在探索房地产信托基金（REITS）方面又往前走了一大步。

安睿1号集合资金信托计划的基本要素如下：

（1）发行规模：17.5亿元。

（2）产品期限：5年。

（3）投资起点：300万元。

（4）预期收益：5.8%/年+浮动收益。

（5）分配方式：期间分配收益：主要来源于信托持有项目公司的债权利息，预期约5.8%的年回报；期末分配收益：浮动，主要来源于项目公司股权及债权转让收益，或物业直接转让收益，具体收益视转让价格而定。

（6）资金用途：信托全部资金用于收购重庆安拓投资管理有限公司的股权和债权，持有瑞安重庆天地三幢写字楼和该物业产权并进行经营。瑞安房地产开发有限公司，于2004年成立，并于2006年10月在香港联交所上市（股票代号：272），是瑞安集团在中国内地的房地产旗舰公司，其在中国内地开发、出售、租赁、管理及经营创新及优质的住宅、办公楼、零售、娱乐及文化等项目。

（7）管理方式：平安信托物业资产管理团队负责大楼的总体经营管理，并聘请世界知名写字楼物业管理专家仲量联行（JONES LANG LASALLE）进行统一的物业管理，同时委托瑞安商业管理团队负责专业的招商和租赁管理（见图6-2）。

（五）外贸信托——“汇金”系列消费信贷信托计划

“汇金”系列消费信贷集合资金信托计划是外贸信托2010年在运作和整合小额贷款业务的基础上，成功推出的创新型信托产品。截至2013年6月底，“汇金”系列消费信贷集合资金信托计划和两个交易对手合作发行了三个子系列：外贸信托—汇金1号消费信贷项目集合资金信托计划、外贸信托·汇金2号消费信贷集合资金信托计划42期（捷信消费贷款项目）和汇金3号消费信贷集合资金信托计划（维视消费信贷系列融资项目），其中，

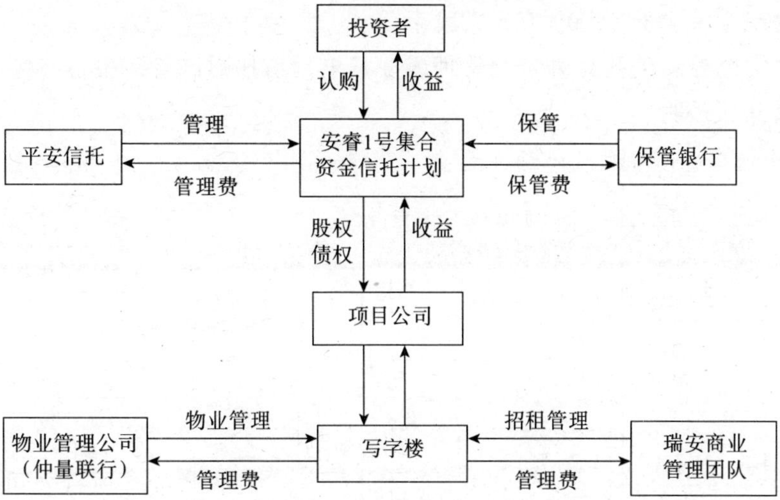

图 6－2　安睿 1 号集合资金信托计划交易结构图

汇金 1 号系列已发行 2 期，汇金 2 号系列以发行 41 期，汇金 3 号已发行 3 期。现以汇金 2 号为例介绍外贸信托的小额贷款业务。

汇金 2 号消费信贷集合资金信托计划（捷信消费贷款项目）计划要点：

（1）融资方式：原有消费贷款集合资金信托计划中追加非 PPF 集团的委托人为优先受益人，PPF 原委托人为次级受益人。

（2）信托计划期限：消费贷款信托计划期限为 5 年，优先受益人信托合同期限为 1 年（如届时信托专户内现金信托资产不足以支付本次优先级信托受益权本金及收益，则信托期限顺延半年）。

（3）风控措施：

结构化设计：在融资期间优先级受益人信托财产与次级受益人信托财产金额比例不高于 3:1（优先受益人信托财产包括信托本金及固定收益，次级受益人信托财产为实收信托资金）。

连带责任担保：担保公司为消费信贷债权提供连带责任担保；融资期间每月对信托项目的履行担保率进行测算，并按照相关合同约定对次级与优先级的保障比例作出调整。

现金截流：受托人为保证优先受益人的利益，有权对信托专户内的资金存量进行控制，必要时有权利对信托账户内的资金进行截流。

账户现金沉淀底线控制：扣除应拨付贷款本金及其他应付费用后，信托专户内现金不得低于500万元人民币。

日常监控：信托计划贷款管理人按月出具信托财产管理报告，保证信托运作公开、透明。

（4）交易结构图（见图6－3）：

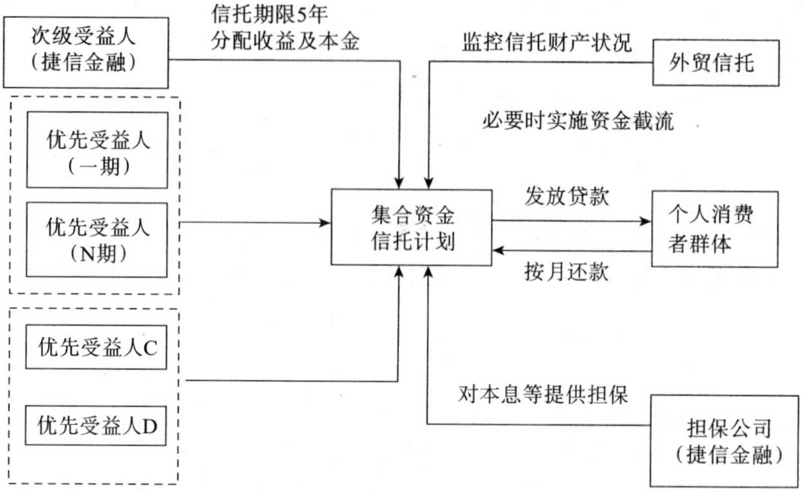

图6－3　汇金2号消费信贷集合资金信托计划交易结构图

（5）投资起点：300万元。

（6）交易对手：次级受益权人为深圳捷信金融服务有限公司；担保公司为深圳捷信担保有限公司。

三、信托业的创新压力与方向

（一）新形势下信托面临的压力

1. 券商、基金和保险大局进军资管行业，信托面临的竞争压力增大。中国证监会和中国保监会纷纷出台新规，鼓励券商、基金和保险开展资管创新。基金资管新政方面，2012年9月开始，中国证监会陆续颁布了《证券投资基金管理公司管理办法》（证监会第84号令）、《基金管理公司特定客户资产管理业务试点办法》（证监会令第83号令）及其配套文件，这些监管新规对基金公司开展资产管理业务进行了一系列调整，进一步放宽了该业务的投资范围。券商资管新政方面，2012年10月18日，中国证监会颁布

《证券公司客户资产管理业务管理办法》（证监会第87号令）及其配套文件，与此前的规定相比，新的管理办法出现明显松动，为券商资产管理业务开展创造了良好的条件。保险资管新政方面，2012年10月开始，中国保监会先后发布《关于保险资产管理公司有关事项的通知》（保监发〔2012〕90号）、《关于保险资金投资有关金融产品的通知》（保监发〔2012〕91号）、《基础设施债权投资计划管理暂行规定》（保监发〔2012〕92号）、《中国保监会关于保险资产管理公司开展资产管理产品业务试点有关问题的通知》（保监资金〔2013〕124号）等多个文件，一方面扩大了保险资金的投资范围；另一方面扩大了保险资产管理公司资管业务（以下简称“保险资管业务”）范围。

基金资管、券商资管和保险资管业务新政完全比照信托制度，对信托目前的业务具有较大的替代性，将对信托业务产生巨大冲击。

2．监管新规的出台进一步压缩信托的传统业务空间。2012年12月24日，财政部、发展改革委、人民银行和中国银监会联合下发了《关于制止地方政府违法违规融资行为的通知（财预〔2012〕463号）》（简称“463号文”），463号文规定“符合条件的融资平台公司因承担公共租赁住房、公路等公益性项目建设举借需要财政性资金偿还的债务，除法律和国务院另有规定外，不得向非金融机构和个人借款，不得通过金融机构中的财务公司、信托公司、基金公司、金融租赁公司、保险公司等直接或间接融资。”463号文进一步限制了信托公司传统基础设施业务开展的范围和模式，对信托公司传统基础设施业务形成巨大压力。

2013年3月25日，中国银监会下发了《中国银监会关于规范商业银行理财业务投资运作有关问题的通知（银监发〔2013〕8号）》（简称“8”号文），该文对银行理财资金直接或通过非银行金融机构、资产交易平台等间接投资于“非标准化债权资产”业务进行了严格的限定，规定理财资金投资非标准化债权资产的余额在任何时点均以理财产品余额的35%与商业银行上一年度审计报告披露总资产的4%之间孰低者为上限，作为“非标准化债权资产”，传统的银信合作业务空间进一步受到限制。

3．严峻的经济形势对信托业的发展产生重要影响。信托与实体经济紧密相连，实体经济的发展是信托发展的基础。2008年为应对金融危机出台的4万亿元经济刺激政策的后遗症近两年开始显现，一方面导致经济结构调整和升级被搁置，造成传统落后工业产能的大量过剩；另一方面货币超发严重。新一届中央领导层上台以后，经济结构调整和升级成为当前经济调控政策的主线。为了实现新的调控目标，中央极有可能下调了对经济增长速度的容忍度，从长期以来的7.5%—8%下调到7%。这意味着虽然积极的财政政策和稳健的货币政策仍是经济调控政策的主基调，但是与以往相比，只要经济增速不触及7%的底线，中央就不会出台大规模的财政刺激政策，第一季度经济增速为7.7%，预计2013年实现7%的增长基本没有问题，积极的财政政策会显得不那么积极；而稳健的货币政策会更加稳健。目前的经济形势和调控政策意味着经济大幅度复苏可能性不大，未来相当长的一段时间内（5年以上）经济增速会保持在7%—8%之间，经济形势会相当严峻。

（二）信托的创新方向

1. 家族信托。招商银行和贝恩公司联合发布的《2013年中国私人财富报告》显示，中国高净值人群的规模呈逐年扩大态势，2012年中国的高净值人群数量超过70万人，较2010年增加了约20万人，年均复合增长率达到18%。其中，超高净值人群规模现已超过4万人，可投资资产5000万元以上人士约10万人。2012年中国高净值人群共持有22万亿元人民币的可投资资产；人均持有可投资资产约3100万元人民币。近年来，受遗产税政策信号刺激、财富保障、子女成年以及家族企业进入移交阶段的因素影响，越来越多的高净值人群开始考虑财富传承问题。《2013年中国私人财富报告》中的调研数据表明，在全部高净值人群中，约有1/3的人开始考虑财富传承，而超高净值人群的这一比例更高，达到近50%。且随着年龄的增长，高净值人群对财富传承的关注度进一步提升。

家族信托作为对家族财富进行长期规划和风险隔离的重要金融工具，已受到较多高净值人士的关注。从产品需求角度看，家族信托位于首位，提及率接近40%。在超高净值人群中，家族信托的需求更加旺盛，提及率超过50%，并且有超过15%的受访超高净值人士已经开始尝试接触家族信托。

2. 资产证券化。2012年第三轮信贷资产证券化试点工作重新开启，标志着监管机构对信贷资产证券化业务的鼓励和支持。作为提高银行资本充足率、降低银行业资产负债期限错配风险的主要途径，信贷资产证券化业务具备广阔的发展空间。截至到2013年5月底，银行业金融机构总资产达139.6万亿元，总负债达130.2万亿元，按存贷比60%计算，可供证券化的信贷资产规模达78万亿元。

2013年7月1日，国务院办公厅下发了《国务院办公厅关于金融支持经济结构调整和转型升级的指导意见（国办发〔2016〕67号)》，指导意见提出“逐步推进信贷资产证券化常规化发展。”与此同时央行官员刘建红也表示，目前我国信贷资产证券化市场虽然规模不大，但管理制度基本完善，投资者稳步扩大，风险管理水平不断提高，开展常规化业务的条件基本具备。

3. 并购基金。产业结构升级中国经济未来持续增长的动力之一。产业结构升级意味着中国将走美国等西方国家的路子，美国20世纪五六十年代并购浪潮的特点就是产业向优势企业集中，中国目前正经历着这个时期，一些行业已经走到了产能过剩亟待并购重组优化资源配置的阶段，其中的优势企业为提高市场占有率、获取规模效应，外延扩张需求强烈。近两年，政府陆续出台了十大产业振兴计划、《国务院关于促进企业兼并重组的意见》和《工业转型升级规划（2011—2015年)》等一系列政策方针，截至2012年年底，共有汽车、钢铁、水泥等22个行业的“十二五规划”或“产业振兴规划”明确提出通过并购重组，推动优势企业强强联合、充分发挥市场机制作用，跨地区、跨行业兼并重组，投资合作和境外并购，引导兼并重组企业管理创新、促进规模化、集约化经营，提升产业集中度，优化产业布局，充分发挥大型企业集团的带头作用，形成若干具有核心竞争力和国际影响力的企业集团。我国未来的产业结构升级需要并购基金，并购基金也必将为我国的产业结构升级带来强大的推动作用。

信托收购具备多种优势：

(1) 可以帮助收购方实现隐名收购。由于控制权的直接获得成本太高或者不便让公众发现自己的实际控制人地位，收购方不愿直接出面进行收购，或者收购方由于法律法规的限制不能直接收购，在此情况下收购方必须采取隐名方式进行收购。相比于一般的委托收购，信托的名实分离的特征使得隐名收购既可以达到隐名的目的，又可以保证隐名收购者的合法权益。信托为那些不想出面和不能出面的收购人，搭建了一个资本运作的绝佳平台。

(2) 解决收购主体问题。当收购主体为自然人（如目标公司的高管人员、中层管理人员、业务骨干、甚至全体职工）时，直接实施收购往往会突破现行《公司法》对有限责任公司股东人数2—50人的限制。如果参与收购的全体成员设立专门的项目公司作为收购主体来进行MBO，那么公司形式的收购主体又会受到《公司法》关于公司对外投资不能超过净资产50%的限制。同时，为收购而专门设立的项目公司也存在双重纳税、主营业务、持续经营等问题。

（3）进行并购资金融资。信托股权收购的资金来源大体上可分为三种：第一种，信托收购的全部资金由委托人提供；第二种，信托收购的资金由委托人提供一部分，信托公司解决剩余部分或提供过桥贷款；第三种，信托收购的全部资金由信托公司解决。信托公司参与收购的资金筹措，可以使用自有资金，也可以通过发行集合资金募集。根据投资方式的不同，可分为贷款投资和股权投资。

除此之外，信托公司还可以提供并购咨询服务业务。为并购方寻找有被并购意向和易被并购的公司，即并购靶子；提供预测目标公司的财务状况；研究并购公司的股权结构分布，进行并购的可行性研究，提出并购的建议，构造和设计并购方案；并购融资方案的设计；参与并购交易谈判；并购后的公司重组整合等。

附　　录

2012年信托公司年末注册资本排名

排名	信托公司	注册资本（亿元）	排名	信托公司	注册资本（亿元）
1	平安信托	69.88	34	国联信托	12.3
2	爱建信托	30	35	国投信托	12.048
3	华信信托	30	36	百瑞信托	12
4	昆仑信托	30	37	国元信托	12
5	华润信托	26.3	38	金谷信托	12
6	兴业信托	25.76	39	苏州信托	12
7	上海信托	25	40	新华信托	12
8	中海信托	25	41	中信信托	12
9	江苏信托	24.83899	42	五矿信托	12
10	中诚信托	24.566667	43	陆家嘴信托	10.683462
11	重庆信托	24.3873	44	中江信托	10.36581817
12	外贸信托	22	45	甘肃信托	10.181905
13	华鑫信托	22	46	北方信托	10.009989
14	渤海信托	20	47	方正信托	10
15	华宝信托	20	48	国民信托	10
16	交银信托	20	49	厦门信托	10
17	中铁信托	20	50	山西信托	10
18	华能信托	20	51	新时代信托	8
19	英大信托	18.217545	52	湖南信托	7
20	吉林信托	15.965975	53	西部信托	6.2
21	建信信托	15.2727	54	华澳信托	6
22	华融信托	15.1777	55	陕国投	5.78413026
23	天津信托	15	56	华宸信托	5.72
24	粤财信托	15	57	中泰信托	5.166
25	中航信托	15	58	东莞信托	5
26	中投信托	15	59	杭工商信托	5
27	中原信托	15	60	紫金信托	5
28	中粮信托	14.99812523	61	浙金信托	5
29	中融信托	14.75	62	安信信托	4.541098
30	北京信托	14	63	云南信托	4
31	四川信托	13	64	西藏信托	4
32	山东信托	12.8	65	大业信托	3
33	长安信托	12.5888	66	新盛信托	3

附　录

2012年信托公司总收入排名

排名	信托公司	总收入（万元）	排名	信托公司	总收入（万元）
1	中信信托	447451.94	34	华鑫信托	73498.93
2	中融信托	382106.96	35	交银信托	71176.39
3	平安信托	372988.99	36	厦门信托	69866.00
4	中诚信托	271853.77	37	国元信托	66491.92
5	华润信托	207341.99	38	湖南信托	64133.00
6	长安信托	180225.28	39	天津信托	64053.80
7	华融信托	167891.80	40	中原信托	60185.89
8	外贸信托	164895.45	41	粤财信托	58622.50
9	四川信托	154749.38	42	陕国投	57630.88
10	兴业信托	145350.00	43	安信信托	55143.94
11	新华信托	144114.11	44	中投信托	54133.22
12	上海信托	141021.99	45	国民信托	52895.05
13	北京信托	136261.00	46	苏州信托	52118.00
14	重庆信托	132788.64	47	杭工商信托	51682.00
15	中航信托	129163.47	48	新时代信托	50907.54
16	江苏信托	127118.54	49	东莞信托	45256.31
17	昆仑信托	126178.37	50	爱建信托	42960.01
18	中铁信托	123796.00	51	华澳信托	41594.00
19	华能信托	118160.65	52	山西信托	41419.87
20	华信信托	118117.29	53	国投信托	41314.76
21	中海信托	116117.32	54	大业信托	40083.43
22	山东信托	111225.17	55	中粮信托	36768.36
23	建信信托	105566.26	56	国联信托	35621.00
24	华宝信托	102141.64	57	华宸信托	34071.94
25	中江信托	99379.29	58	中泰信托	33080.02
26	金谷信托	94560.93	59	云南信托	30856.26
27	北方信托	92877.66	60	西部信托	30406.32
28	英大信托	91936.96	61	陆家嘴信托	27961.00
29	五矿信托	88416.51	62	紫金信托	26403.09
30	吉林信托	85730.20	63	甘肃信托	24347.67
31	百瑞信托	81351.28	64	西藏信托	16753.48
32	渤海信托	78511.91	65	浙金信托	15526.13
33	方正信托	75460.01	66	新盛信托	4160.59

2012年信托公司信托业务收入排名

排名	信托公司	信托业务收入（万元）	排名	信托公司	信托业务收入（万元）
1	中融信托	353381.10	34	建信信托	53582.47
2	中信信托	314073.25	35	吉林信托	52531.86
3	平安信托	275543.71	36	华鑫信托	51795.77
4	长安信托	173180.96	37	中原信托	51118.03
5	华融信托	151250.95	38	国元信托	48556.30
6	新华信托	134582.95	39	江苏信托	44186.98
7	中诚信托	127594.73	40	杭工商信托	43185.00
8	四川信托	125536.12	41	苏州信托	42477.00
9	华润信托	116623.83	42	重庆信托	41756.82
10	中航信托	109812.79	43	粤财信托	40758.15
11	兴业信托	108950.00	44	新时代信托	40379.77
12	外贸信托	100633.33	45	安信信托	40213.06
13	中铁信托	99432.00	46	陕国投	37737.81
14	中江信托	97870.12	47	大业信托	36853.14
15	北京信托	97673.00	48	东莞信托	34598.22
16	华能信托	87466.23	49	中投信托	30243.17
17	英大信托	79748.71	50	山西信托	30155.94
18	华信信托	78135.39	51	爱建信托	29640.05
19	上海信托	76098.22	52	国联信托	27926.00
20	北方信托	73955.54	53	陆家嘴信托	26473.00
21	华宝信托	72898.48	54	云南信托	24352.75
22	山东信托	70774.95	55	国投信托	24053.84
23	昆仑信托	68510.51	56	紫金信托	22959.74
24	方正信托	67533.13	57	甘肃信托	22586.98
25	五矿信托	67166.54	58	中粮信托	22324.11
26	百瑞信托	61182.48	59	华宸信托	21830.39
27	渤海信托	60703.71	60	西藏信托	16010.11
28	中海信托	60311.65	61	西部信托	15809.10
29	金谷信托	60201.56	62	华澳信托	15597.00
30	湖南信托	60105.00	63	中泰信托	12220.97
31	交银信托	60041.13	64	浙金信托	8582.29
32	天津信托	55185.08	65	国民信托	7736.31
33	厦门信托	54753.00	66	新盛信托	555.33

2012年信托公司自有业务收入排名

排名	信托公司	自有业务收入（万元）	排名	信托公司	自有业务收入（万元）
1	中诚信托	144259.04	34	粤财信托	17864.35
2	中信信托	133378.69	35	渤海信托	17808.20
3	平安信托	97445.28	36	国投信托	17260.92
4	重庆信托	91031.82	37	华融信托	16640.85
5	华润信托	90718.16	38	厦门信托	15113.00
6	江苏信托	82931.56	39	安信信托	14930.88
7	上海信托	64923.77	40	西部信托	14597.22
8	外贸信托	64262.12	41	中粮信托	14444.25
9	昆仑信托	57667.86	42	爱建信托	13319.96
10	中海信托	55805.67	43	华宸信托	12241.55
11	建信信托	51983.79	44	英大信托	12188.25
12	国民信托	45158.74	45	山西信托	11263.93
13	山东信托	40450.22	46	交银信托	11135.26
14	华信信托	39981.90	47	东莞信托	10658.09
15	北京信托	38588.00	48	新时代信托	10527.77
16	兴业信托	36400.00	49	苏州信托	9641.00
17	金谷信托	34359.37	50	新华信托	9531.16
18	吉林信托	33198.34	51	中原信托	9067.86
19	华能信托	30694.42	52	天津信托	8868.72
20	华宝信托	29243.16	53	杭工商信托	8497.00
21	四川信托	29213.26	54	方正信托	7926.88
22	中融信托	28725.86	55	国联信托	7695.00
23	华澳信托	25997.00	56	长安信托	7044.32
24	中铁信托	24364.00	57	浙金信托	6943.84
25	中投信托	23890.05	58	云南信托	6503.51
26	华鑫信托	21703.16	59	湖南信托	4028.00
27	五矿信托	21249.97	60	新盛信托	3605.26
28	中泰信托	20859.05	61	紫金信托	3443.35
29	百瑞信托	20168.80	62	大业信托	3230.29
30	陕国投	19893.07	63	甘肃信托	1760.69
31	中航信托	19350.68	64	中江信托	1509.17
32	北方信托	18922.12	65	陆家嘴信托	1488.00
33	国元信托	17935.62	66	西藏信托	743.37

2012年信托公司净利润排名

排名	信托公司	净利润（万元）	排名	信托公司	净利润（万元）
1	中信信托	271551.58	34	方正信托	39619.01
2	中诚信托	160728.63	35	粤财信托	39616.76
3	平安信托	152955.96	36	华鑫信托	38679.29
4	中融信托	151532.59	37	湖南信托	33929.00
5	华润信托	133802.01	38	交银信托	33834.47
6	江苏信托	107581.20	39	国民信托	33341.07
7	外贸信托	105733.00	40	中原信托	32332.76
8	上海信托	96102.03	41	中投信托	29001.61
9	重庆信托	87349.57	42	苏州信托	27737.09
10	四川信托	83276.25	43	吉林信托	26691.82
11	中海信托	80728.05	44	陕国投	26063.00
12	中铁信托	79809.84	45	国投信托	25560.26
13	华信信托	78751.58	46	天津信托	24860.16
14	长安信托	78400.58	47	东莞信托	24113.90
15	兴业信托	77221.58	48	杭工商信托	24006.00
16	山东信托	74450.97	49	国联信托	23995.00
17	昆仑信托	74017.51	50	中泰信托	23798.84
18	北京信托	72140.40	51	爱建信托	22982.03
19	华融信托	65182.09	52	新时代信托	20043.51
20	五矿信托	63344.57	53	大业信托	18795.32
21	中航信托	63152.60	54	西部信托	17895.26
22	华能信托	60218.73	55	华宸信托	16671.38
23	建信信托	56530.73	56	中粮信托	15948.27
24	华宝信托	55181.47	57	云南信托	15549.61
25	英大信托	52023.79	58	安信信托	13691.01
26	金谷信托	51259.18	59	甘肃信托	13544.52
27	新华信托	50884.10	60	山西信托	13263.19
28	百瑞信托	46772.96	61	华澳信托	12598.74
29	中江信托	45744.36	62	紫金信托	12288.36
30	北方信托	43272.23	63	陆家嘴信托	12167.79
31	厦门信托	42726.00	64	西藏信托	8562.15
32	渤海信托	41540.44	65	浙金信托	3882.34
33	国元信托	40890.16	66	新盛信托	1236.64

2012年信托公司年末净资产排名

排名	信托公司	净资产（万元）	排名	信托公司	净资产（万元）
1	平安信托	1514666.45	34	百瑞信托	238174.52
2	华润信托	1015545.85	35	国投信托	227368.65
3	中诚信托	1004628.72	36	北方信托	221887.19
4	中信信托	993690.53	37	中粮信托	221358.78
5	重庆信托	811757.81	38	长安信托	220454.06
6	江苏信托	619290.68	39	四川信托	218529.69
7	上海信托	582472.71	40	新华信托	207371.55
8	华信信托	547358.95	41	天津信托	206784.52
9	建信信托	529040.96	42	金谷信托	202357.69
10	外贸信托	515596.13	43	苏州信托	198771.97
11	昆仑信托	506121.68	44	中原信托	197735.71
12	中融信托	482927.12	45	五矿信托	193689.70
13	兴业信托	391542.66	46	中泰信托	191607.78
14	中海信托	380021.89	47	新时代信托	169757.11
15	国元信托	368839.73	48	厦门信托	167413.00
16	华宝信托	338828.16	49	山西信托	154889.28
17	英大信托	336150.76	50	国民信托	149636.02
18	吉林信托	330313.42	51	方正信托	148434.84
19	北京信托	328099.40	52	西部信托	134684.10
20	陕国投	326282.59	53	湖南信托	132627.00
21	华能信托	325056.10	54	甘肃信托	127194.96
22	华融信托	286476.99	55	云南信托	116098.59
23	中江信托	284989.96	56	陆家嘴信托	114634.28
24	中铁信托	279936.48	57	杭工商信托	97493.00
25	爱建信托	278734.55	58	东莞信托	96001.11
26	渤海信托	274155.27	59	华宸信托	84007.59
27	中投信托	271955.44	60	华澳信托	74811.43
28	粤财信托	270736.83	61	紫金信托	65420.13
29	交银信托	266011.20	62	安信信托	63057.35
30	华鑫信托	259458.20	63	西藏信托	59613.44
31	山东信托	258022.08	64	大业信托	57462.86
32	中航信托	244930.24	65	浙金信托	54453.82
33	国联信托	239505.00	66	新盛信托	31236.64

2012年信托公司资本利润率排名

排名	信托公司	资本利润率（%）	排名	信托公司	资本利润率（%）
1	中铁信托	64.26	34	英大信托	18.13
2	四川信托	43.74	35	华澳信托	18.00
3	长安信托	41.96	36	上海信托	17.39
4	大业信托	39.10	37	中江信托	17.36
5	五矿信托	38.39	38	华宝信托	17.07
6	中融信托	37.34	39	中诚信托	17.07
7	方正信托	36.47	40	西藏信托	17.01
8	山东信托	32.67	41	苏州信托	16.78
9	中信信托	31.80	42	渤海信托	16.40
10	陆家嘴信托	30.87	43	粤财信托	15.74
11	中航信托	29.60	44	昆仑信托	15.31
12	湖南信托	29.34	45	云南信托	14.35
13	厦门信托	29.26	46	华润信托	14.12
14	金谷信托	29.11	47	西部信托	14.02
15	新华信托	27.46	48	爱建信托	13.74
16	杭工商信托	26.44	49	交银信托	13.58
17	华融信托	24.89	50	中泰信托	13.42
18	国民信托	24.83	51	新时代信托	12.95
19	安信信托	24.36	52	天津信托	12.68
20	北京信托	23.79	53	国投信托	11.94
21	东莞信托	23.26	54	国元信托	11.93
22	外贸信托	23.20	55	中投信托	11.34
23	兴业信托	21.65	56	建信信托	11.32
24	北方信托	21.61	57	中粮信托	11.27
25	百瑞信托	21.35	58	甘肃信托	10.97
26	紫金信托	20.73	59	重庆信托	10.91
27	华信信托	20.40	60	陕国投	10.83
28	华鑫信托	20.22	61	平安信托	10.62
29	中海信托	19.97	62	国联信托	10.45
30	华能信托	19.21	63	吉林信托	9.22
31	江苏信托	19.03	64	山西信托	8.99
32	中原信托	18.35	65	浙金信托	7.40
33	华宸信托	18.34	66	新盛信托	4.04

2012年信托公司信托报酬率排名

排名	信托公司	信托报酬率（%）	排名	信托公司	信托报酬率（%）
1	杭工商信托	2.65	34	中原信托	0.82
2	华融信托	2.54	35	金谷信托	0.81
3	爱建信托	2.24	36	紫金信托	0.80
4	新华信托	2.00	37	昆仑信托	0.79
5	华信信托	1.88	38	华能信托	0.75
6	苏州信托	1.75	39	中泰信托	0.73
7	东莞信托	1.68	40	江苏信托	0.70
8	中融信托	1.63	41	中信信托	0.63
9	浙金信托	1.63	42	厦门信托	0.61
10	大业信托	1.60	43	华鑫信托	0.61
11	湖南信托	1.54	44	渤海信托	0.60
12	安信信托	1.50	45	甘肃信托	0.60
13	平安信托	1.35	46	中铁信托	0.58
14	华宸信托	1.32	47	国元信托	0.57
15	云南信托	1.31	48	外贸信托	0.57
16	百瑞信托	1.22	49	陕国投	0.55
17	四川信托	1.21	50	兴业信托	0.55
18	中航信托	1.21	51	中诚信托	0.54
19	长安信托	1.19	52	新时代信托	0.50
20	西部信托	1.12	53	山东信托	0.48
21	华澳信托	1.06	54	国民信托	0.47
22	五矿信托	1.03	55	交银信托	0.44
23	天津信托	1.02	56	陆家嘴信托	0.43
24	国联信托	0.99	57	新盛信托	0.43
25	吉林信托	0.97	58	北方信托	0.39
26	方正信托	0.91	59	华宝信托	0.37
27	上海信托	0.90	60	西藏信托	0.37
28	华润信托	0.89	61	国投信托	0.31
29	中江信托	0.87	62	英大信托	0.31
30	重庆信托	0.86	63	中粮信托	0.28
31	山西信托	0.85	64	粤财信托	0.24
32	中投信托	0.85	65	建信信托	0.22
33	北京信托	0.84	66	中海信托	0.22

2012 年信托公司人均净利润排名

排名	信托公司	人均净利润（万元）	排名	信托公司	人均净利润（万元）
1	江苏信托	1559.15	34	国元信托	314.54
2	重庆信托	1027.64	35	中投信托	294.95
3	中诚信托	918.45	36	国投信托	293.80
4	中铁信托	771.00	37	长安信托	293.77
5	中海信托	733.89	38	四川信托	289.15
6	中信信托	675.50	39	中泰信托	278.35
7	外贸信托	655.55	40	中江信托	277.24
8	山东信托	605.29	41	大业信托	264.72
9	华信信托	574.83	42	交银信托	264.33
10	华润信托	550.63	43	华宝信托	256.06
11	上海信托	530.95	44	东莞信托	252.50
12	中航信托	528.50	45	中原信托	251.62
13	国民信托	497.63	46	爱建信托	249.80
14	粤财信托	495.21	47	浙金信托	243.00
15	金谷信托	457..67	48	杭工商信托	212.44
16	国联信托	448.50	49	安信信托	201.34
17	渤海信托	446.67	50	云南信托	194.37
18	华融信托	446.45	51	平安信托	193.86
19	英大信托	437.17	52	中粮信托	189.86
20	华能信托	428.99	53	天津信托	178.85
21	北方信托	414.09	54	紫金信托	170.67
22	建信信托	412.63	55	陕国投	166.01
23	北京信托	409.00	56	华宸信托	155.00
24	湖南信托	404.00	57	吉林信托	152.52
25	厦门信托	399.00	58	西部信托	149.13
26	西藏信托	389.19	59	甘肃信托	145.64
27	苏州信托	382.52	60	新华信托	138.27
28	兴业信托	376.69	61	陆家嘴信托	136.72
29	方正信托	370.00	62	中融信托	127.93
30	华鑫信托	368.37	63	华澳信托	123.00
31	五矿信托	355.87	64	新时代信托	98.25
32	昆仑信托	343.47	65	山西信托	77.11
33	百瑞信托	334.09	66	新盛信托	61.83

2012 年信托公司年末信托资产规模排名

排名	信托公司	2012 年末信托资产规模（万元）	排名	信托公司	2012 年末信托资产规模（万元）
1	中信信托	59134914.18	34	昆仑信托	9379750.21
2	建信信托	35077677.25	35	华鑫信托	8557284.10
3	兴业信托	33604933.68	36	中原信托	8036453.66
4	中融信托	29948632.19	37	甘肃信托	7963141.59
5	中诚信托	27136746.55	38	云南信托	7801550.52
6	长安信托	21868194.55	39	江苏信托	7616229.95
7	外贸信托	21518617.76	40	方正信托	7315908.21
8	华宝信托	21253160.62	41	百瑞信托	7315577.77
9	平安信托	21202472.76	42	华融信托	7101772.58
10	英大信托	20228460.50	43	天津信托	6884009.00
11	山东信托	18970041.52	44	重庆信托	6376362.19
12	华润信托	18651922.24	45	西藏信托	5850950.01
13	华能信托	17363029.67	46	华信信托	5643939.78
14	粤财信托	16550157.40	47	湖南信托	5147230.00
15	北方信托	16061876.56	48	山西信托	4785063.37
16	交银信托	15795038.32	49	安信信托	4603602.00
17	中航信托	13954696.21	50	吉林信托	4498579.00
18	四川信托	13678110.98	51	中投信托	4387386.57
19	中江信托	13613251.96	52	东莞信托	3239928.05
20	新时代信托	12653983.53	53	中泰信托	3162146.21
21	中海信托	12584698.00	54	苏州信托	3119891.00
22	中粮信托	12399722.49	55	西部信托	3115484.00
23	北京信托	12363349.62	56	国联信托	3091361.00
24	上海信托	12028615.50	57	大业信托	2990000.00
25	五矿信托	12001614.50	58	陆家嘴信托	2772770.43
26	国投信托	11829947.01	59	爱建信托	2320716.61
27	国元信托	11409304.15	60	紫金信托	2298539.20
28	厦门信托	11290726.00	61	华澳信托	1868742.00
29	中铁信托	10564320.00	62	华宸信托	1650121.00
30	金谷信托	10183453.45	63	杭工商信托	1483694.00
31	陕国投	10111598.96	64	浙金信托	1037269.74
32	渤海信托	10035614.06	65	国民信托	607934.53
33	新华信托	9430813.28	66	新盛信托	260294.77

2012年信托公司年末集合类信托资产规模排名

排名	信托公司	2012年末集合类信托资产规模（万元）	排名	信托公司	2012年末集合类信托资产规模（万元）
1	中融信托	12470795.94	34	东莞信托	1714306.20
2	中信信托	11378295.39	35	陕国投	1708617.73
3	平安信托	9595458.12	36	中原信托	1641427.14
4	外贸信托	9474670.39	37	安信信托	1613553.56
5	华润信托	6110692.06	38	国元信托	1604607.82
6	五矿信托	5577995.23	39	湖南信托	1583376.00
7	新华信托	5389092.52	40	大业信托	1544444.16
8	华宝信托	5067714.29	41	中泰信托	1534294.63
9	中铁信托	5025417.00	42	北方信托	1518746.70
10	粤财信托	5017993.18	43	山西信托	1478235.36
11	北京信托	4822762.32	44	中投信托	1458958.17
12	长安信托	4673208.46	45	吉林信托	1446013.00
13	中诚信托	4540849.46	46	交银信托	1422386.40
14	四川信托	4509339.38	47	厦门信托	1381690.00
15	山东信托	4329583.22	48	陆家嘴信托	1319868.48
16	华融信托	4286691.00	49	爱建信托	1266404.98
17	上海信托	4151955.15	50	杭工商信托	1224526.00
18	中航信托	3859153.23	51	云南信托	1214583.52
19	中海信托	3436978.00	52	国联信托	1180689.00
20	华能信托	3368471.36	53	华澳信托	1159995.00
21	建信信托	3313960.62	54	紫金信托	1087997.03
22	昆仑信托	3261427.00	55	中粮信托	1007152.00
23	天津信托	3158660.85	56	国投信托	990102.97
24	中江信托	3099453.81	57	西藏信托	934997.51
25	兴业信托	2844889.00	58	西部信托	872475.89
26	新时代信托	2526147.52	59	江苏信托	805968.33
27	百瑞信托	2499518.13	60	渤海信托	779466.00
28	金谷信托	2226873.48	61	浙金信托	762869.69
29	苏州信托	2225038.65	62	华宸信托	596066.68
30	重庆信托	2048420.05	63	英大信托	505372.28
31	华信信托	1940032.12	64	甘肃信托	346889.55
32	方正信托	1860397.03	65	国民信托	141000.80
33	华鑫信托	1737934.02	66	新盛信托	0.00

2012年信托公司新增信托规模排名

排名	信托公司	2012年新增信托规模（万元）	排名	信托公司	2012年新增信托规模（万元）
1	中粮信托	28884369.79	34	昆仑信托	5419220.00
2	兴业信托	28526981.00	35	天津信托	4966807.68
3	粤财信托	28251143.02	36	西藏信托	4882922.76
4	中信信托	23262833.04	37	百瑞信托	4849331.64
5	山东信托	21134570.00	38	湖南信托	4441934.00
6	外贸信托	20772385.60	39	华融信托	4303513.56
7	中融信托	20457636.10	40	中海信托	3755578.98
8	长安信托	19784521.00	41	山西信托	3749838.50
9	华能信托	17955881.22	42	重庆信托	3732526.31
10	北方信托	17746617.38	43	华信信托	3620455.38
11	平安信托	14422029.45	44	安信信托	3415136.00
12	华润信托	14177061.00	45	中投信托	3354276.47
13	中航信托	14093333.58	46	中泰信托	3290199.00
14	中诚信托	13661607.83	47	江苏信托	3263781.62
15	国元信托	12253348.16	48	华宝信托	3256943.51
16	交银信托	12192366.81	49	大业信托	3097600.00
17	四川信托	11446955.13	50	西部信托	2928937.00
18	国投信托	10847120.29	51	陆家嘴信托	2800142.73
19	五矿信托	10542300.00	52	英大信托	2681114.17
20	新时代信托	9931313.44	53	紫金信托	2297334.95
21	厦门信托	9826833.00	54	国联信托	2265491.00
22	上海信托	9715754.73	55	苏州信托	2172291.00
23	中铁信托	8922026.00	56	建信信托	2124013.09
24	金谷信托	8617881.62	57	东莞信托	1941625.20
25	云南信托	8176982.37	58	吉林信托	1826880.00
26	甘肃信托	7687153.44	59	爱建信托	1539539.76
27	中江信托	7220724.74	60	浙金信托	1149963.00
28	渤海信托	6961752.30	61	华澳信托	1148520.00
29	陕国投	6907424.30	62	杭工商信托	934087.00
30	中原信托	6749176.00	63	华宸信托	840643.28
31	新华信托	6471419.61	64	新盛信托	259000.00
32	方正信托	6265162.47	65	国民信托	252298.00
33	北京信托	5466689.15	66	华鑫信托	1411.88

2012年信托公司新增集合类信托规模排名

排名	信托公司	2012年新增集合类信托规模（万元）	排名	信托公司	2012年新增集合类信托规模（万元）
1	外贸信托	12096844.19	34	苏州信托	1393691.00
2	中诚信托	10826904.85	35	兴业信托	1392506.00
3	中融信托	7351610.70	36	陆家嘴信托	1306474.00
4	平安信托	6112541.36	37	中原信托	1303901.00
5	五矿信托	4732600.00	38	东莞信托	1218335.00
6	华能信托	4508834.82	39	中投信托	1199925.01
7	中信信托	4410503.55	40	湖南信托	1152682.00
8	长安信托	4135141.00	41	云南信托	1015874.37
9	粤财信托	4130867.00	42	紫金信托	1004372.00
10	上海信托	3736304.62	43	山西信托	961824.50
11	中铁信托	3690356.00	44	建信信托	917056.00
12	四川信托	3651834.10	45	国投信托	865478.00
13	山东信托	3523628.00	46	交银信托	834862.77
14	新华信托	2957126.46	47	爱建信托	834211.00
15	华融信托	2814885.00	48	浙金信托	812778.00
16	北京信托	2615639.30	49	中粮信托	754623.09
17	华润信托	2546620.00	50	国联信托	724287.00
18	天津信托	2462547.82	51	杭工商信托	716140.00
19	昆仑信托	2366576.00	52	华澳信托	709020.00
20	中航信托	2327358.28	53	陕国投	702664.00
21	中海信托	2222306.93	54	安信信托	688191.00
22	新时代信托	2031500.45	55	甘肃信托	657162.00
23	大业信托	1972600.00	56	吉林信托	609995.00
24	华宝信托	1926580.00	57	厦门信托	586904.00
25	中泰信托	1846699.00	58	西部信托	576552.00
26	北方信托	1763260.00	59	西藏信托	574947.25
27	金谷信托	1706583.00	60	江苏信托	470791.00
28	华信信托	1548008.00	61	华宸信托	282700.00
29	方正信托	1537734.00	62	渤海信托	236660.00
30	百瑞信托	1525579.24	63	国民信托	125798.00
31	国元信托	1516782.06	64	英大信托	117319.00
32	中江信托	1474059.30	65	华鑫信托	140.60
33	重庆信托	1426397.60	66	新盛信托	0.00

2012 年信托公司新增主动管理型信托规模排名

排名	信托公司	2012 年新增主动管理型信托规模（万元）	排名	信托公司	2012 年新增主动管理型信托规模（万元）
1	中融信托	20164344.84	34	中泰信托	3290199.00
2	兴业信托	18686046.00	35	江苏信托	3234181.62
3	长安信托	17976025.00	36	厦门信托	3158878.00
4	华能信托	17955881.22	37	四川信托	3025791.10
5	外贸信托	15220471.38	38	中粮信托	2859549.79
6	平安信托	14422029.45	39	天津信托	2853110.11
7	华润信托	12665352.00	40	百瑞信托	2843261.24
8	粤财信托	11367076.87	41	西部信托	2693477.00
9	国投信托	10667777.29	42	中江信托	2407315.90
10	五矿信托	10542300.00	43	紫金信托	2297334.95
11	中诚信托	10298674.98	44	中投信托	2201552.97
12	中铁信托	7770232.00	45	苏州信托	2172291.00
13	中信信托	7484127.23	46	东莞信托	1941625.20
14	陕国投	6747424.30	47	华宝信托	1911100.71
15	中航信托	6694115.88	48	陆家嘴信托	1825161.00
16	国元信托	6344377.56	49	建信信托	1816910.47
17	新华信托	6321534.61	50	吉林信托	1657360.00
18	上海信托	6179049.12	51	云南信托	1149135.37
19	渤海信托	5623222.30	52	爱建信托	1142546.16
20	金谷信托	5568960.00	53	浙金信托	1065963.00
21	昆仑信托	5419220.00	54	山西信托	1051524.50
22	方正信托	5410162.47	55	国联信托	1034956.00
23	北京信托	5264125.60	56	杭工商信托	934087.00
24	湖南信托	4441934.00	57	华宸信托	762228.28
25	新时代信托	4106476.74	58	安信信托	719101.00
26	中原信托	4105355.00	59	华澳信托	709020.00
27	北方信托	3927968.51	60	英大信托	704529.75
28	重庆信托	3712526.31	61	甘肃信托	655351.00
29	山东信托	3624728.00	62	国民信托	246298.00
30	华信信托	3620455.38	63	新盛信托	170000.00
31	华融信托	3572513.56	64	华鑫信托	565.74
32	中海信托	3466050.64	65	西藏信托	
33	交银信托	3344133.00	66	大业信托	

第二部分

信托研究

2012年第一季度信托行业分析报告

百瑞观点：

- 集合资金信托高位增长，客户收益率不求最高但求较高
- 债券助推证券信托震荡上升
- 新时代信托“慧金”系列股权收益权投资信托发力
- 中融信托财产权和艺术品信托撑起半边天
- 粤财信托开放式信托领跑

2012年第一季度GDP同比增长8.1%，数据低于预期，增幅连续5个季度下行。传导至信托行业，经济增速缓慢下滑拖累信托投资的跨行业资源配置能力，客户极值收益率走低。

一、集合资金信托高位增长，客户收益率不求最高但求较高

根据wind信托产品数据统计，2012年第一季度，国内共有64家信托公司推出了集合资金信托计划1169支，发行规模总计1269亿元，平均预期收益率达到了8.8%（见表1、图1）。存续期从1年到20年，平均期限1.75年。证券投资信托产品存续期较长，比如华鑫信托2012年3月14日成立的光华上智1期证券投资集合资金信托计划期限为20年。

与2011年第一季度同期相比，2012年第一季度集合资金信托继续呈现高速增长趋势，发行数量由736支增加至1169支，同比增长率达到了58.83%，行业信托产品数量延续高位快速增长态势。

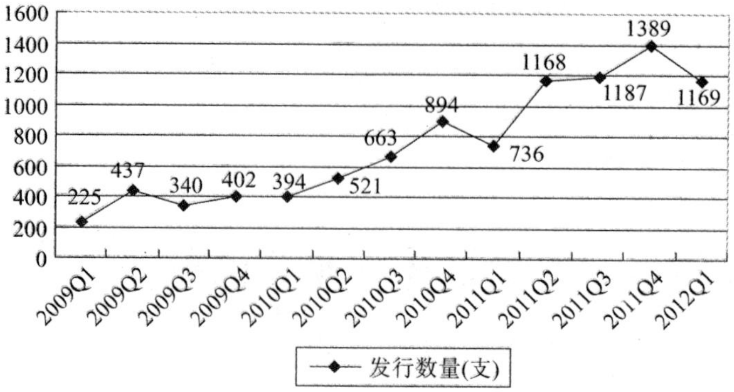

图1　集合资金信托计划季度发行数量趋势

表1　2011年第一季度集合资金信托产品发行概况

		1月	2月	3月	第一季度
发行数量（款）		339	344	486	1169
发行规模（万元）	最小	149	320	130	130
	最大	330000	200000	150000	330000
	中位	7000	8000	10000	8000
	总计	3263973	3828619	5605917	12698509
	平均	12506	14669	16063	14579
存续期（年）	最短	1	1	1	1
	最长	10	20	10	20
	中位	1.33	1.5	1.5	1.5
	平均	1.67	1.83	1.75	1.75
预期收益率（%）	最低	4.80	4.80	3.50	3.50
	最高	12.90	13.95	12.50	13.95
	中位	9.00	9.00	9.00	9.00
	平均	8.75	8.94	8.72	8.80

数据来源：wind信托产品数据库。

注：所统计产品指推介起始当日在所属期间的信托产品，发行规模指实际发行规模，平均发行规模=实际发行规模/发行规模不为零的发行数量，分母中忽略了未披露实际发行规模信息的部分产品。

分月份来看，第一季度的集合资金信托计划发行数量月均达到300多支，其中，1月份由于是中国传统的春节长假，新发行的集合信托计划较少，仅有339支；2月份集合信托计划数量略有升高，新发行344支；3月份新发行的集合信托计划数量季度最高，达到了486支（见图2）。

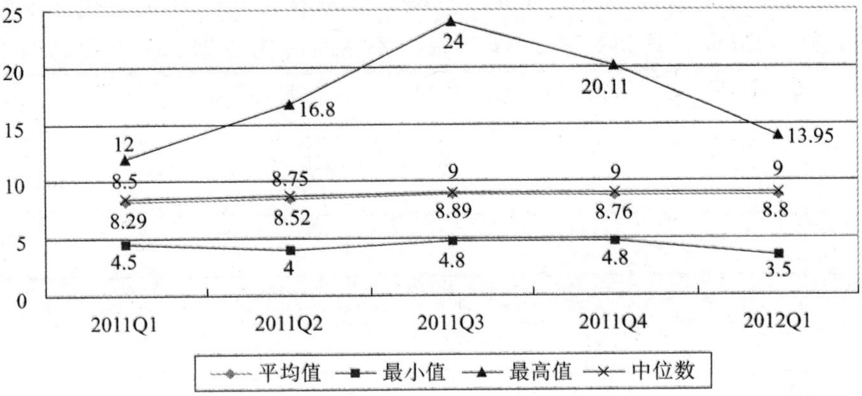

图2 集合资金信托计划季度预期收益率趋势

2012年第一季度集合资金信托客户预期收益率平均值8.8%，中位数为9%，均较2011年第一季度同期提升0.5个百分点，与前期2011年第三、第四季度的平均收益率大致相同。从极值来看，第一季度的预期收益率下滑幅度较大，说明在2012年初整个宏观经济普遍增速下滑的背景下，客户预期调整，追求较高的收益率，要想获得超高收益率难度越来越大。

交银信托2012年3月23日发行的融科千章墅项目收益权投资集合资金信托计划，A类信托单位投资者年预期收益率13.95%，为第一季度年化收益率最高，募集资金用于受让北京融科阳光房地产开发有限公司所持有的千章墅项目之项目收益权，融科阳光将信托资金用于其开发的千章墅一期项目的开发建设。

第一季度年化收益率最低的信托产品是兴业信托2012年3月23日开始发行的中小企业精选投资基金（二十三期）（浦发创富闽商十八期）集合资金信托计划，受益人持有期限为6个月的信托单位：低于300万元3.5%/年；高于（含）300万元3.6%/年。该信托资金用于向福建地区符合条件的中小企业、优质企业发放流动资金贷款（或购买以此为基础资产的信托受益权）、购买银行或信托理财产品或其收益权及进行同业存款等以取得信托收益。该信托产品持有期限6个月以上信托单位的受益人收益率较高：低于300万元8.5%/年，高于（含）300万元9.0%/年。

二、债券助推证券信托震荡上升

从投资方式来看，2012年第一季度，证券投资集合资金信托计划产品发行数量206支，均超过了2011年第一季度的同比数据183支和第四季度的环比数据172支，呈现出震荡上升的趋势（见图3）。

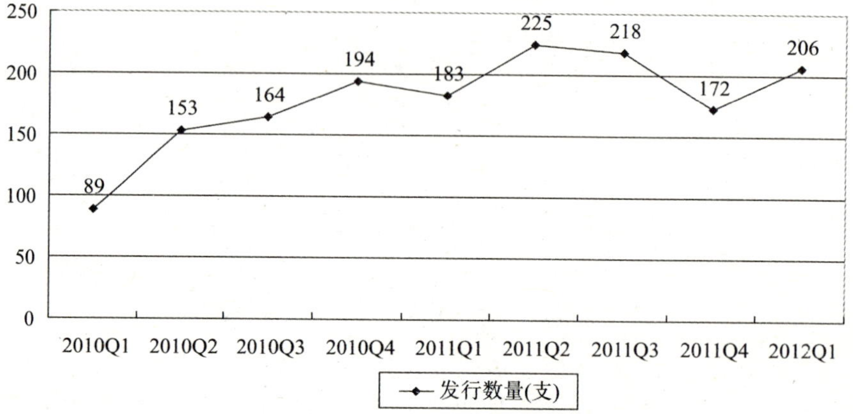

图3　证券投资集合资金信托计划发行数量季度趋势

从投资类型上看，股票型证券信托151支，占比为73%，投向固定收益型债券的证券信托有55支，占比为27%。股票市场长期低迷不振，债券市场由于其稳定的投资回报成为证券领域新的希望。债券型证券信托较2011年第四季度多发行21支，增加7个百分点，成为助力证券信托震荡回升的主要推手（见图4）。

2012年第一季度，共有31家信托公司发行证券信托产品，各家信托公司设计产品的侧重点有很大不同。就2012年第一季度证券信托发行前五名而言，第一名中融信托在发行的25支证券信托产品中全部为股票型产品，这与传统的证券信托业务领先公司云南信托如出一辙；第二名平安信托和第三名中海信托各发行债券型产品15支，占公司证券信托业务的绝大部分；并列第五名的外贸信托和长安信托分别发行了7支和3支债券型证券信托产品，采取了股票和债券信托业务平衡发展的策略（见图5）。

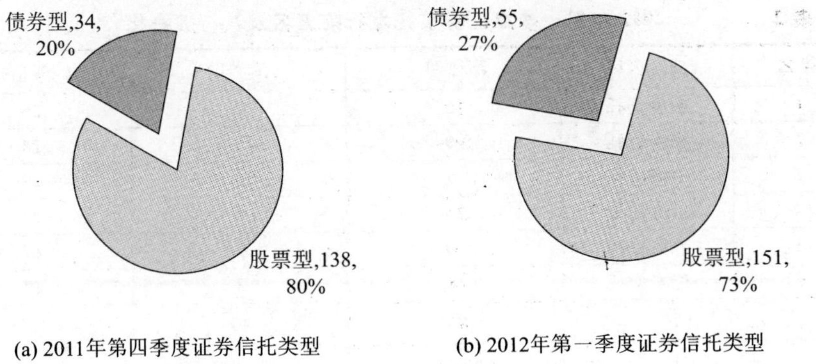

图4 2012年第一季度证券信托类型构成对比

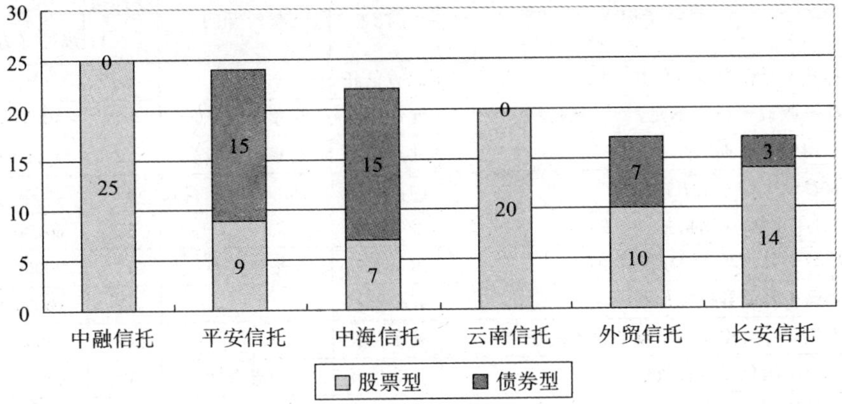

图5 2012年第一季度证券信托发行前五名

行业证券信托业务集中度较高，债券型业务尤为突出。2012年第一季度，证券信托前五名合计发行信托产品125支，占整个行业的60.68%，其中，债券型证券信托产品集中度更高，合计发行40支，占整个行业的72.73%。债券型信托产品作为行业最近的新兴业务，不仅需要受托人具有一定的债券市场人脉，更要依靠卓越的投资管理业务能力实现较高的投资收益，目前为止看起来，只有深耕证券市场多年的少数信托公司把握住了这样的展业机会（见表2、表3）。

表2　　2012年第一季度证券信托发行前五名及其行业占比

排名	公司名称	股票型	债券型	证券信托
1	中融信托	25	0	25
2	平安信托	9	15	24
3	中海信托	7	15	22
4	云南信托	20	0	20
5	外贸信托	10	7	17
5	长安信托	14	3	17
前五名合计		85	40	125
前五名占比		56.29%	72.73%	60.68%

表3　　2012年第一季度债券型证券信托发行情况

产品全称	受托人	投资顾问	存续期（月）	实际发行规模（万元）
世宏腾龙1号债券投资信托	北方信托		60	
合利稳健收益（信托单元2）二期信托	北京信托	华泰联合证券		30095.30
鹏扬一期债券投资信托	北京信托	北京鹏扬投资	12	47160.00
强化收益型1号一至五期信托	国投信托	深圳方德智联投资	12	25040.00
利升1号、3号N期信托	平安信托		12	86686.00
华创稳盈1号、2号债券投资信托	山东信托	华创证券	12	20000.00
汇盛合赢1号债券投资信托	五矿信托		12	10000.00
固益人生3号结构化固定收益投资信托	五矿信托		12	30000.00
暖流二期结构化证券投资信托	五矿信托	暖流资产	12	50000.00
稳健6号债券投资信托	长安信托	鑫治投资	12	15000.00
稳健8号债券投资信托	长安信托	中信建投证券	12	45000.00
华创稳盈4号债券投资信托	长安信托	华创证券	12	22500.00
固益人生6号、8号、9号信托	中诚信托	中信证券	12	153890.00
汇鑫1号（三宝二期）结构化证券投资信托	外贸信托	北京三宝资产	12	
汇鑫5号（暖流一期）结构化证券投资信托	外贸信托	暖流资产		
汇鑫3号（中银债富）结构化债券投资信托	外贸信托			
汇鑫2号（耀之多闻）结构化债券投资信托	外贸信托	上海耀之资产		
汇鑫4号（鹏扬一期）结构化证券投资信托	外贸信托			
汇鑫10号债券投资信托	外贸信托			
汇鑫6号（银叶二期）结构化债券投资信托	外贸信托	上海银叶投资		
理财宝2号信托（N期=1、3、6、9、12个月）	中海信托		1—12	
天翼1号结构化债券信托	中航信托		24	2410.00

数据来源：wind信托产品数据库，百瑞信托整理。

三、深耕小市场，搭起大舞台

根据中国信托业协会最新公布的权威数据显示，2012 年第一季度信托行业受托管理资产规模突破 5 万亿元，达到 53016.07 亿元，增长 10.19%。众人拾柴火焰高，行业的快速发展离不开各成员单位的鼎力相助。2011 年年末，千亿俱乐部的信托公司涌现出 16 家之多，新增信托规模破千亿的有 13 家，难能可贵地是中诚信托、外贸信托 2 家新增集合类信托超千亿。集合信托的发行情况最能代表一家公司的主动管理能力，一个自然而然的问题是，这些公司的产品设计有何竞争优势。下面结合 2012 年第一季度的集合产品发行情况进行解析（见表 4）。

表 4　2011 年度新增信托集合类发行数量及实收信托金额前十名

序号	信托公司	数量	序号	信托公司	实收信托金额（万元）
1	外贸信托	1495	1	中诚信托	16369200.98
2	粤财信托	313	2	外贸信托	15853084.26
3	中融信托	309	3	粤财信托	6834795.94
4	长安信托	253	4	中融信托	6462612.08
5	平安信托	212	5	平安信托	5127184.92
6	兴业信托	169	6	中信信托	4062865.66
7	山东信托	157	7	兴业信托	3080090.00
8	新时代信托	156	8	长安信托	2939103.00
9	中铁信托	149	9	新华信托	2928944.81
10	中诚信托	148	10	华能信托	2847821.75

数据来源：信托公司 2011 年度报告，百瑞信托整理。

从集合信托发行数量来看，新时代信托、中融信托、中铁信托、平安信托、长安信托、山东信托、外贸信托 7 家延续规模优势，2012 年第一季度发行数量仍居前十（见图 6）。

曾几何时，证券投资和贷款投资两种方式几乎支配了整个信托行业。囿于证券市场处于行业周期低谷，再加上信托行业较金融子行业的证券公司和基金公司在选股择时能力上并无明显优势，证券投资信托现在不温不火。近几年，监管层大力推动行业主动管理，处于和商业银行进行同质化竞争的贷

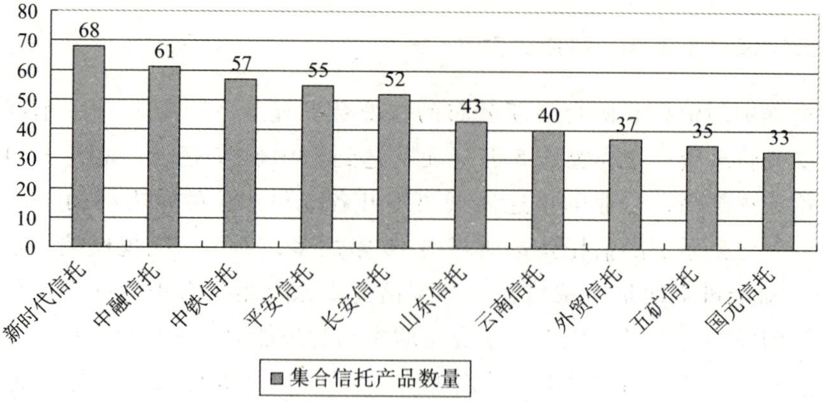

图6　2012年第一季度集合信托发行数量前十名

款投资方式占比逐步下滑，信托公司开始深挖各种能带来稳定现金流的资产收益权，集中业务优势发行多种投资方式组合在一起的资源配置型产品，权益投资和其他投资信托产品等之前的小众市场产品逐渐走上大舞台。2012年第一季度，权益投资信托产品322支，占比为27.54%，各投资方式最高；其他投资信托产品265支，占比22.67%，与传统主流的贷款投资方式不相伯仲；组合投资信托产品49支，占比4.19%，2011年第四季度相差不大（见图7）。

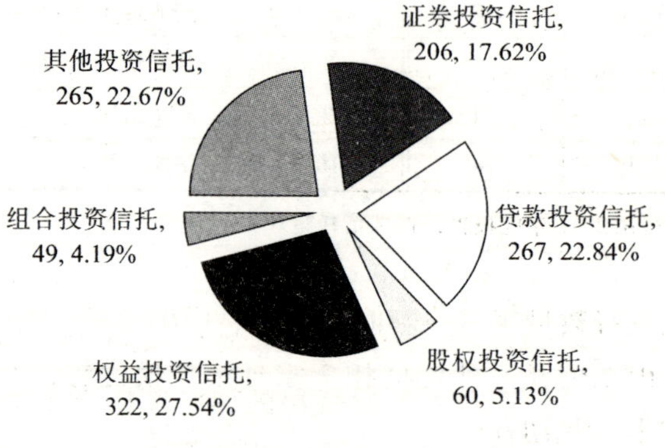

图7　2012年第一季度集合信托投资方式

（一）新时代信托：慧金系列股权收益权投资信托发力

新时代信托的前身是包头市信托投资公司，现注册地包头，2009年6月批准换领新的金融许可证，控股股东是新时代远景（北京）投资有限公司。该公司是全国性综合类券商新时代证券的第一大股东，通过新时代证券间接控股深圳的融通基金公司，形成“聚财”、“富贵”、“锦程”、“丰金”、“慧金”等系列品牌的信托产品体系。业务开展并不像其地理位置那样偏居一隅，不仅遍及内蒙古各大城市，而且借助其股东优势和子公司专长广播北京、上海、广东、山东、山西、辽宁、黑龙江、宁夏等省（区）市。

该公司的慧金系列投资信托集中于上市公司和非上市公司股权收益权，2012年第一季度发行数量47支，占集合信托比例69.12%，实际发行规模26.89亿元，年预期收益率8.5%—9.3%，存续期限12—24个月。

典型产品：慧金339号非上市公司股权收益权投资集合资金信托计划

该信托计划将信托资金专项用于受让股权收益权转让方合法享有的包商银行股份有限公司（以下简称“包商银行”）的股权收益权（具体购股数以相关合同约定为准）。在信托计划到期前十个工作日由股权收益权转让方按照事先约定的价格溢价回购上述股权收益权。

信托规模：6000万元（以实际募集资金为准，实际募集5680万元）。

信托期限：1年。

预期收益率：9%/年。

收益分配方式：信托计划期满时一次性兑付本金及信托收益。

认购起点：人民币100万元，按10万元的整数倍增加。

风险控制措施：优质股权质押，转让方将持有的包商银行股权质押给新时代信托（具体质押股数等，以相关合同约定为准）；质押登记，质押的股份在工商局办理质押出质登记；强制执行公证，本信托计划涉及的《股权收益权买卖合同》及《股权质押合同》将进行强制执行公证，经公证后为具有强制执行效力的法律文书。

点评：新时代信托借助其股东优势和子公司专长，将上市公司和非上市公司股权收益权产品单独作为一个“慧金系列”，相关产品要素标准化，不仅方便尽职调查，交易对手和客户对公司的认同度也明显增强，9%左右的预期收益率基本稳定且在所有金融产品中很有竞争力，很快打造成该公司的明星产品。新时代信托公司网站数据显示，截至目前，该系列产品已发行300余支，总规模近200亿元，完成了全部到期产品的安全兑付，并均实现预期收益，在市场上具有较高的知名度及认可度。新时代信托并不孤单，中原信托的成长系列信托也是致力上市公司和非上市公司股权收益权，2012

年第一季度共发行26支集合信托产品，其中成长系列信托20支，占集合信托比例76.92%，实际发行规模19.82亿元，客户年预期收益率9%—10.8%。湖南信托关注上市公司股权收益权的芙蓉系列信托颇为有名，第一季度发行11支，募集资金4.18亿元。

股权收益权信托并不是一个小众市场，可惜的是，有的信托公司能看到这一点，有的看不到，看到的却并不一定想、不一定能做好做大这块蛋糕，业务上的差距就是不经意间拉大的。根据中国证监会最新发布的2012年3月份证券市场概况统计数据，A、B股票总市值已达22.47万亿元，如果信托化10%就将拉动行业增加2万亿元的信托规模，这是一个非常大的舞台。上市公司毕竟是少数，非上市公司数量更多，股权的市场规模当然更高，尚待深挖。

（二）中融信托：财产权和艺术品信托撑起半边天

中融信托的前身是哈尔滨信托投资公司，现注册地哈尔滨，2007年7月批准换领新的金融许可证，上市公司经纬纺织机械股份有限公司持股36.6%是第一大股东。该公司是行业领先的信托公司，拥有强大的直销和产品设计能力，面对净资本达标压力，积极推进资本集约化发展和业务结构调整，2011年年末信托资产管理规模为1783.8亿元，较去年略降1.97%，而实现各项业务收入同比劲增66.94%，高达29.26亿元，最为体现主动管理的集合资金信托计划占比大幅提升上升到55.82%。

2012年第一季度，该公司的财产权信托计划遍地开花，有民泰、交投、润通、无锡滨湖、镇江城、泰州交投、融源能源矿产多个系列，集中于应收账款、上市公司和非上市公司股权等资产收益权，另外还发行融美系列艺术品信托，财产权和艺术品信托发行数量共计22支，发行规模27.2亿元，拥有集合信托金额的半壁江山，占比60.99%，年预期收益率9%—11%，存续期限15—24个月。

典型产品：润通1号财产权信托计划

该信托计划将信托资金用于购买镇江市交通投资建设发展公司以其对镇江市政府合法享有的金额为人民币24000万元的应收账款之收益权。

信托计划规模：委托人委托受托人向认购人发行的优先级信托受益权份额最低规模为15000万份，最高不超过20000万份。但受托人有权根据认购情况调整最低认购规模。

信托期限：自信托成立之日起 15 个月，信托成立满 12 个月时可提前终止。

受益人预计年化收益率：A 类，100 万元以上 300 万元以下（不含 300 万元），9%；B 类，300 万元以上 1000 万元以下（含 300 万元），9.5%；C 类，1000 万元以上（含 1000 万元），10%。

募集期：本次发行的推介期自 2012 年 2 月 16 日开始，不超过 30 个工作日，受托人有权依据实际募集情况进行调整。

信托收益分配：受托人分别于本信托成立后每个信托季度次月的 5 日前及信托终止后 10 个工作日内分配信托利益。

资金运用方式：委托人以其合法拥有的基础资产设定信托，由受托人将受益权份额化发行给合格投资者，并由受托人以自己的名义按信托文件约定为受益人的利益管理、运用和处分信托财产，向受益人分配信托利益。

认购额：100 万元为起点，1 万元整数倍递增。

风险控制措施：镇江交投与债务人镇江市人民政府将签署《债权债务确认书》、《债权转让通知书》，确认所有债权均归属于中融信托；债权无法实现的情况下，由委托人即镇江交投承担代偿义务，确保信托受益的实现；镇江交投以其名下评估值高于 4 亿元的商业可转让土地为抵押物，向中融信托提供担保；本项目由镇江新区经济开发总公司提供不可撤销连带责任保证担保。

点评：中融信托凭借其强大的直销渠道和产品设计能力，充分发挥信托的灵活性制度优势，应收账款收益权、股权收益权等财产权和艺术品信托撑起信托业务半边天。财产权和其他投资信托产品的走红并不奇怪，主要是因为标的物选择灵活、操作简单、安全性较好、收益较高，客户和交易对手认可。成功总是有些相似，第一季度探花中铁信托针对财产权信托推出了丰利系列信托和优债系列信托，前者针对上市公司和非上市公司股权收益权，后者瞄准应收账款收益权，2012 年第一季度分别发行 14 支和 18 支集合信托产品，占集合信托发行数量比例 56.14%，实际发行规模 28.67 亿元，客户年预期收益率 8.5%—10%。

财产权信托和股权投资信托类似，都是投资于能够带来稳定持续的现金收益的财产权或者权益。只不过不同之处在于，除非发生股权转让，股权投资通常是没有期限的，股权拥有者可以按公司法等规定以股东的身份参与公司管理，而财产权信托一般是有期限的、不能以股东的身份参与公司管理而只能享有获取收益的权利，包括的范围更广，只要是能够产生收益的项目或权利，可以包括工商企业应收账款收益权、上市公司和非上市公司股权收益权、金融资产收益权、基础设施收费权、公共交通营运权、旅游项目收费权、教育项目收费权、其他信托的受益权等等。市场很大，找到业务开展的抓手至关重要。长安信托仅针对财产权中的票据资产推出了信票通系列、浦信创富系列和浦安系列票据收益权信托，就国内信用证收益权安悦系列金融收益权投资信托，第一季度共发行9支这样的集合信托产品，实际发行规模5.41亿元，客户年预期收益率7%左右。重庆信托发行8支金融资产投资系列信托，募集资金7.1亿元用于投资票据资产、银行同业存款、受让银行优质信贷资产等。

（三）粤财信托：开放式信托领跑

粤财信托是经济强省广东唯一的信托公司，注册地广州，控股股东是地方金融控股龙头企业广东粤财投资控股有限公司。该公司重视其他资产分布主导的信托业务模式，2011年年末受托管理信托资产总计1776.14亿元，其中其他信托资产1086.55亿元，占比高达61.17%。

2012年第一季度，发行开放式集合信托产品数量19支，占比76%，主要是点票成金开放式信托、华兴开放式信托、建富票据盈系列开放式信托、票票盈开放式信托、浦粤宝系列开放式信托，实际发行规模18.19亿元，年预期收益率5.3%—7.9%，存续期限1—12个月。

典型产品：先锋理财开放式集合资金信托计划（G）二期

该信托计划将信托资金投资于金融市场投资工具等，包括但不限于银行间市场债券、央行票据、货币市场基金、银行理财产品、债券逆回购、信托计划、信托计划受益权、信托贷款、信贷资产、收费权、租赁权或私募投资基金（以有限合伙人的身份参与有限合伙企业）等。

受益人预计年化收益率：7.9%。

认购起点金额：100万元为起点，1万元整数倍递增。

实际信托计划规模：12000万元。

募集期：本次发行的推介期自2012年2月21日开始，不超过2月23日。

点评：随着行业的发展，信托产品受到了越来越多客户的追捧，但是多数信托公司由于产品线不丰富，有意愿的客户可能需要等待较长时间才能购买到满意的产品，怎样留住这些客户，粤财信托给行业开了好头。中海信托第一季度发行9支聚金系列开放式信托，实际发行规模5.93亿元；金谷信托发行2支中信雾凇系列票据资产（开放式）信托，募集资金1.65亿元；国投信托、外贸信托、大业信托各发行1支，分别是红隼1号开放式信托、兴业银行票据资产收益权投资开放式信托、宝易盈一期开放式信托，合计募资4.55亿元。

目前，公司积累了一批具有100万元不足300万元购买能力的合格投资者。但是公司近来发行的信托项目，尤其是房地产信托项目趋于大型化、基金化，而其对于50个合格投资人的限制，使得不少客户难以投资此类产品。为了向公司100万元购买能力的合格投资者提供更加丰富的产品，公司也可以推出类似系列产品，通过配置贷款、股权、购买信托计划等方式，闲置期间还可以投资于中短期信托理财产品、货币市场基金、银行定期存款等。对于个别客户由于临时资金需要要转出相关信托产品的，该系列产品还可以顺势买入，提供流动性。

2012年第二季度信托行业分析报告

百瑞观点：

- 集合资金信托平稳增长，年预期收益率出现下降
- 工商企业和基础设施成为信托资金投资重点
- 信托公司推出现金管理类产品，证券投资信托发行数量创出新高
- 保障房信托受到热捧，收益率迎头追赶商品房
- 信托公司积极参与股指期货业务
- 信托发行频出新品，投资范围不断延伸
- 矿产资源类信托发行规模有所下降，行业风险需要防范

一、集合资金信托平稳增长，年预期收益率出现下降

（一）集合资金信托平稳增长

根据Wind信托产品数据统计，2012年第二季度，国内共有64家信托公司推出了集合资金信托计划1327支，发行规模总计1710亿元，平均预期收益率为8.66%，存续期从1个月到20年，平均期限为2.17年（见图1、表1）。存续期时间最短和最长的产品都基本集中在证券投资类信托，比如中海信托的“理财宝2号集合资金信托计划”和粤财信托的“兴粤通开放式集合资金信托计划”，其存续期最短的为1个月；而中信信托在6月份成立的融赢民生1号伞形结构化证券投资信托、融赢财通1号伞形结构化证券

投资信托、悟空同创量化一期证券投资信托、鑫安三期证券投资信托、融惠1号伞形管理型证券投资信托、大朴进取一期证券投资信托等6款信托产品，其存续期均为20年。

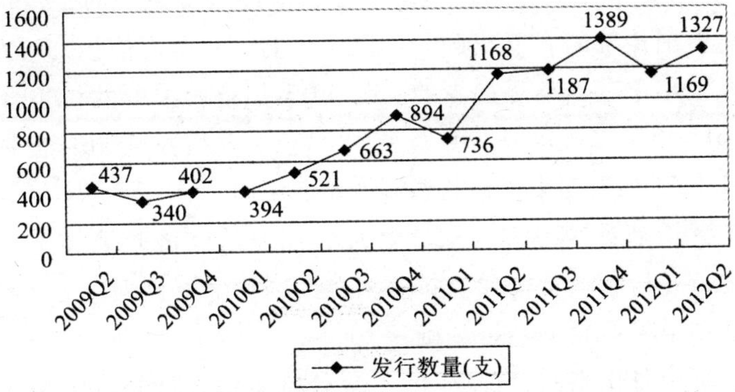

图1　集合资金信托计划季度发行数量趋势

表1　　2012年第二季度集合资金信托产品发行概况

		4月	5月	6月	第二季度
发行数量（支）		410	464	453	1327
	最小	430	200	200	200
	最大	120000	350000	250000	350000
发行规模（万元）	中位	9960	10000	11000	10000
	总计	4460627	6266256	6375934	17102817
	平均	15988	19046	20634	18651
	最短	1	1	1	1
存续期（月）	最长	240	240	240	240
	中位	18	18	18	18
	平均	23	25	30	26
	最低	4.6	3.2	4.2	3.2
预期收益率（%）	最高	16	14	15	16
	中位	9	8.8	8.6	8.8
	平均	8.62	8.77	8.55	8.66

数据来源：Wind信托产品数据库，百瑞信托博士后科研工作站。

注：所统计产品指推介起始当日在所属期间的信托产品，发行规模指实际发行规模，平均发行规模=实际发行规模/发行规模不为零的发行数量，分母中忽略了未披露实际发行规模信息的部分产品。

与2011年第二季度同期相比，2012年第二季度集合信托继续呈现高速增长的趋势，发行数量由1168支增加至1327支，发行数量增加159支，同比增长率为13.61%；与2012年第一季度发行集合信托1169支相比，发行数量增加158支，环比增长率为13.52%，不过需要说明的是，每年的第一季度因为有中国传统的春节长假，所以每年的第一季度信托公司发行的集合信托数量在全年中基本都是最少的。与2011年第四季度发行集合信托1389支相比，2012年第二季度发行数量减少62支，下降了4.46%。因此，总体来看，2012年第二季度集合信托数量平稳增长。

从宏观背景来看，2012年第二季度，国家的经济政策和宏观调控的基调已经确定，各行各业都需要安排落实全年的投融资计划，这些都成为集合资金信托计划平稳增长的经济基础。

第二季度分月份来看（见表1），集合资金信托计划发行数量月均达到了400多支，其中，4月份新发行的集合信托计划较少，为410支；5月份新发行的集合信托计划数量最高，达到了464支；6月份集合信托计划数量相比5月份略有下降，为453支。

（二）集合资金信托的年预期收益率出现下降

2012年第二季度集合资金信托的年预期收益率平均值为8.66%，中位数为8.8%（见图2），与2011年同期相比大致相同，但与2011年第三、第四季度以及2012年第一季度相比，出现了一定程度的下滑，这可能与2012年6月8日的降息有着直接的关系。中国人民银行决定，自2012年6月8日起下调金融机构人民币存贷款基准利率。金融机构一年期存款基准利率下调0.25个百分点，一年期贷款基准利率下调0.25个百分点；其他各档次存贷款基准利率及个人住房公积金存贷款利率也相应调整。自同日起：（1）将金融机构存款利率浮动区间的上限调整为基准利率的1.1倍；（2）将金融机构贷款利率浮动区间的下限调整为基准利率的0.8倍。存贷款基准利率下调0.25个百分点以及“将金融机构贷款利率浮动区间的下限调整为基准利率的0.8倍”在一定程度上体现了宏观经济增速下滑情况下政府利用货币政策刺激经济的意图，在这种经济背景下，信托产品的预期收益率下滑也是符合预期的。

第二季度年化收益率最低的信托产品是粤财信托于2012年5月30日发行的“先锋理财开放式集合资金信托计划（A）二期”，投资者年预期收益率为3.2%，该信托资金投资于金融市场投资工具，包括但不限于银行间市场债券、央行票据、货币市场基金、银行理财产品、债券逆回购、同业定期存款、协议存款、信托计划、信托计划受益权、信托贷款、信贷资产以及收费权、租赁权或私募投资基金（以有限合伙人的身份参与有限合伙企业）等。该信托产品每7天开放一次。

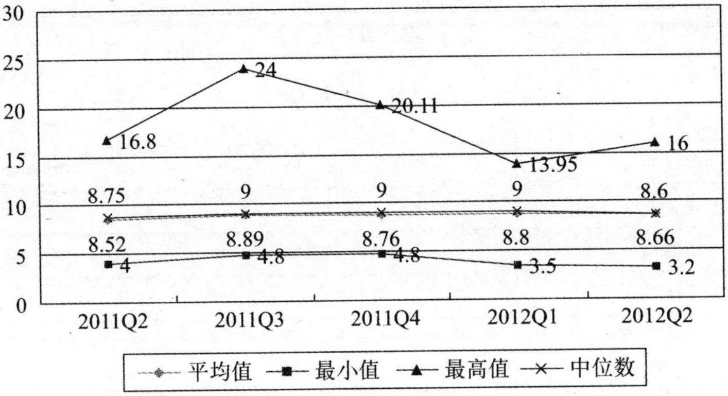

图2　集合资金信托计划季度预期收益率趋势

第二季度年化收益率最高的信托产品是厦门信托于2012年6月3日推介的"众一股份股权投资计划"，本信托计划拟以新设有限合伙企业投资受让云南天素投资有限公司（以下简称"云南天素"）持有的曲靖众一精细化工股份有限公司（以下简称"众一股份"）2400万股股份，每股受让价格10元，受让完成后合伙企业持有众一股份15.47%的股权。本投资计划拟通过设立两家有限合伙企业方式进行运作，两家有限合伙企业各募资1.2亿元，总投资时间为27个月，其中24个月为投资期，3个月办理股权转让和利益交割等事务。投资存续期间及期限届满后，由云南天素按相关约定条件受让有限合伙人的合伙份额，实现有限合伙人的退出及获取收益。若投资期限满一年但不足两年时退出，投资人可获税前15%的年化收益率；若投资满两年，投资人则可获得税前不低于16%的年化收益率。

二、工商企业和基础设施成为信托资金投资重点

据统计，2012年第二季度，工商企业领域发行信托产品236支，占总

发行数量的17.78%，为第二季度信托市场发行数量最多的领域；基础设施领域发行信托产品规模为443.87亿元，占总发行规模的25.95%，为第二季度信托市场发行规模最大的领域。2012年第二季度集合信托产品发行情况见表2。

表2　2012年第二季度集合信托产品发行情况分类表

投资领域	发行数量（支）	发行规模（万元）
金融市场	230	2138523
房地产	203	3752112
基础设施	206	4438645
工商企业	236	2963279
其他	452	3810258
总计	1327	17102817

由表2可知，2012年第二季度，工商企业和基础设施成为信托资金投资重点。工商企业领域集合信托发行数量最多的主要原因是：自2011年以来，融资渠道受阻，工商企业急需大规模贷款，为了缓解企业流动资金紧张的局面，工商企业通过信托公司进行融资以增加企业流动资金，虽然2012年上半年工商企业资金紧张的情况略有改观，但工商企业仍然是信托资金的主流投资领域。基础设施集合信托发行规模最大的主要原因是：一方面是因为地方性融资平台债务集中到期，需要迅速融资，但同时《中华人民共和国预算法修正案（草案二次审议稿）》却直接叫停了地方政府自主发债，使得地方政府一条重要的融资渠道被关闭；另一方面是因为各地方政府为了“保增长”上马的基础设施项目资金紧缺。

三、信托公司推出现金管理类产品，证券投资信托发行数量创出新高

（一）信托公司推出现金管理类产品，抢占短期理财市场

继银行和基金公司进驻短期理财产品市场后，信托公司也跃跃欲试，开始发行现金管理类产品抢占这一市场。2012年第二季度，多家信托公司推出了持有时间可少于1年的短期信托计划（见表3）。例如，中海信托推出的“理财宝2号集合资金信托计划”，其存续期分别为1个月、3个月、9

个月和12个月，其投资范围包括低风险的信托计划、中短期债券、货币市场产品、保本型银行理财产品以及其他高流动性、低风险的固定收益资产。粤财信托推出的“兴粤通开放式集合资金信托计划”和“智富8号开放式信托”两类产品，其存续期分为1个月、3个月和6个月，其资金用途包括投资于金融市场投资工具等，包括但不限于信托贷款、信贷资产、资产收益权、银行间市场债券、央行票据、货币市场基金、银行理财产品、信托受益权、购买信托计划、债券回购、收费权、基金公司或者证券公司专户理财等。

此外，上海信托、华宝信托、平安信托、华润信托等多家信托公司都发行过类似产品。信托公司积极推出现金管理类产品，抢占短期理财市场。此类现金管理产品与固定收益类信托产品不同，其主要特色是预期投资收益率高于同档次基准利率，期限选择灵活，投资回报稳定可预期，以及投资标的风险较低，比较适合资金量大、资金期限短，但对预期收益和安全性要求较高的客户。部分信托公司甚至推出了高流动性的现金管理产品，例如，上海信托的“现金丰利系列产品”已经实现了每日估值、每日申赎，基本实现了T+1到账，根据其公布的净值，近期年化收益率约为4.0%—5.5%，该产品还实现了与上海信托发行的其他信托计划之间的自由转换。其高流动性和收益性得到了投资者的认可，该系列信托规模从2006年的2.17亿元增加至2012年3月末的42亿元，2012年6月末高达63亿元。

信托公司积极推出现金管理类产品，有其自身的合理性。首先，如果投资者在一款信托产品到期后，没有很快找到适合的新产品，就很容易将资金转向货币基金或银行理财产品等，推出这类现金管理产品可以在一定程度上留住老客户的资金。其次，目前市场上的固定收益类信托产品的投资期普遍在1—2年之间，有的甚至更长，很难满足投资者短期资金配置需求，信托公司纷纷推出现金管理类产品，主要是为了抢占短期理财市场，这也符合信托公司向全能型财富管理方向发展的规划。

现金管理类产品的推出，对信托公司的资产管理能力也提出了一定的要求——不仅要保证产品的高流动性，还要尽量获得较高的收益。信托公司能否在这方面做得到位还需要一个考量和不断推进的过程。

表3　　2012年第二季度成立的现金管理类产品

受托人	产品全称	成立日期	存续期（月）
粤财信托	兴粤通开放式信托二期（1个月）	2012-4-01	1
粤财信托	兴粤通开放式信托三期（1个月）	2012-5-02	1
粤财信托	兴粤通开放式信托四期（1个月）	2012-6-01	1
中海信托	理财宝2号信托（1个月）（201204）	2012-4-05	1
中海信托	理财宝2号信托（1个月）（201205）	2012-5-02	1
中海信托	理财宝2号信托（1个月）（201206）	2012-6-20	1
粤财信托	兴粤通开放式信托二期（3个月）	2012-4-01	3
粤财信托	智富8号开放式信托E档2012第一期	2012-4-10	3
粤财信托	智富8号开放式信托E档2012第二期	2012-4-28	3
粤财信托	兴粤通开放式信托三期（3个月）	2012-5-02	3
粤财信托	兴粤通开放式信托四期（3个月）	2012-6-01	3
中海信托	理财宝2号信托（3个月）（201204）	2012-4-05	3
中海信托	理财宝2号信托（3个月）（201205）	2012-5-02	3
中海信托	理财宝2号信托（3个月）（201206）	2012-6-20	3
粤财信托	智富8号开放式信托F档2012第一期	2012-4-10	6
粤财信托	智富8号开放式信托F档2012第二期	2012-4-28	6
中海信托	理财宝2号信托（6个月）（201204）	2012-4-05	6
中海信托	理财宝2号信托（6个月）（201205）	2012-5-02	6
中海信托	理财宝2号信托（6个月）（201206）	2012-6-20	6
中海信托	理财宝2号信托（9个月）（201204）	2012-4-05	9
中海信托	理财宝2号信托（9个月）（201205）	2012-5-02	9
中海信托	理财宝2号信托（9个月）（201206）	2012-6-20	9

（二）证券信托稳步发展，发行量创出新高

2012年第二季度，证券投资集合资金信托计划产品发行数量为230支，创下了两年来证券投资集合资金信托计划产品发行数量的新高，呈现出稳步上升的趋势（见图3）。有一点需要说明的是，由于现金管理类产品主要投资于债券市场，因此，不少现金管理类产品也被归纳为债券型证券投资信托。因此，2012年第二季度证券投资集合资金信托计划产品发行数量的增加一定程度上要归功于信托公司发行的现金管理类产品。

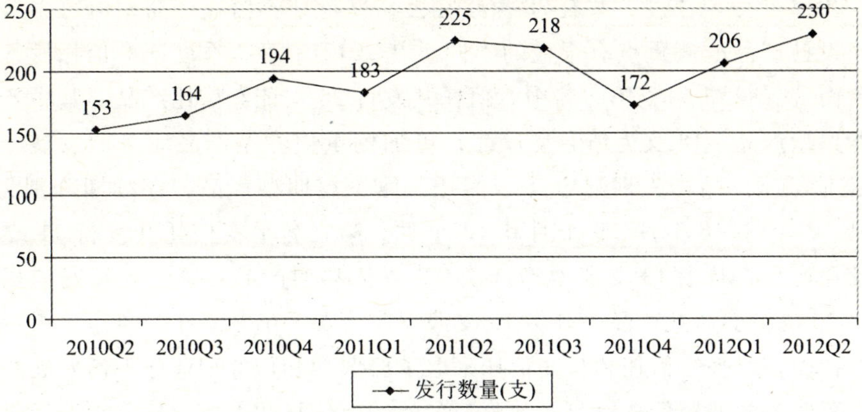

图3　证券投资集合资金信托计划发行数量季度趋势

从投资类型上看，股票型证券投资信托168支，占比69%，债券型证券投资信托62支，占比31%。2012年第二季度证券投资信托类型构成与2012年第一季度证券投资信托类型构成基本相同（见图4）。2012年以来，债券市场行情持续向好，加之债券市场一般拥有稳定的投资回报和较好的流动性，因此获得了广大投资者的青睐，尤其是多家信托推出的现金管理类产品，更是大幅提高了该类信托产品的流动性，为客户的短期理财提供了相应产品。股票市场在经历了长期的下跌调整后，估值逐渐合理，部分股票的价值甚至出现了低估，在这种大的背景下，许多投资者的目光又重新聚焦到了股票市场。债券市场的持续向好和股票市场的合理估值都成了助力今年证券投资集合信托发行数量稳步增长的主要推手。

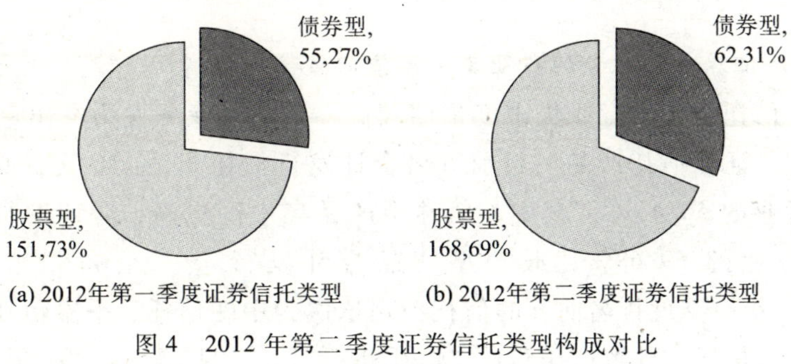

图4　2012年第二季度证券信托类型构成对比

2012年第二季度，共有28家信托公司发行证券信托产品，但每家信托公司设计产品的侧重点有很大的不同。就2012年第二季度证券信托发行前五名而言（见图5），第一名中海信托共发行26支证券信托产品，其中8支为股票型产品，18支为债券型产品，更加侧重债券型产品业务的发展，这18支债券型产品均为理财宝2号信托，属于短期型产品，存续期分别为1个月、3个月、6个月、9个月和12个月。第二名平安信托共发行21支证券信托产品，其中13支股票型产品，8支债券型产品；第三名长安信托共发行20支证券信托产品，其中14支股票型产品，6支债券型产品，相对中海信托而言，平安信托和长安信托采取了股票型和债券型业务平衡发展的策略。第四名的外贸信托以及并列第五名的云南信托和上海信托分别发行股票型产品14支、14支和16支，而发行的债券型产品分别为3支、2支和0支，这3家信托公司更加侧重股票型产品业务的发展。

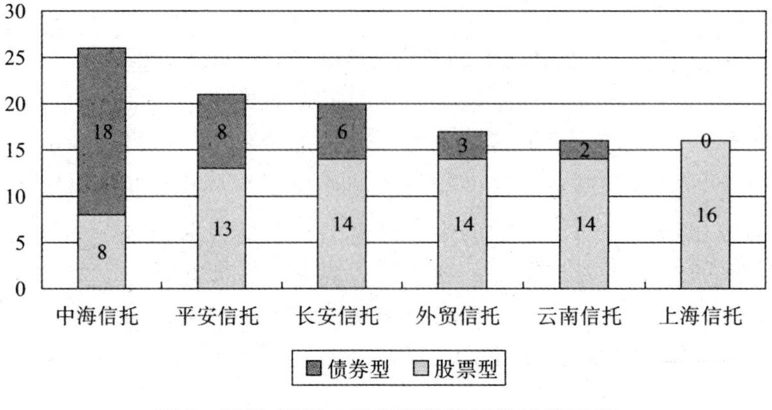

图5　2012年第二季度证券信托发行前五名

（三）证券信托业务的行业集中度依旧较高，但有所下降

证券信托业务的行业集中度依旧较高，债券型业务尤为突出。2012年第二季度，证券信托产品发行前五名合计发行信托产品116支（见表4），占整个行业的50.43%，其中，债券型产品集中度更高，合计发行37支，占整个行业的59.68%；股票型产品合计发行79支，占整个行业的47.02%。第一季度排名前五的信托公司依次为中融信托、平安信托、中海信托、云南信托、外贸信托和长安信托并列第五（见表5）。2012年第二季度的行业集中度与2012年第一季度相比，前五名基本相同，除了上海信托

替代中融信托进入了前五名，其他几家信托公司均还在前五名，这表明证券信托业务的行业集中度依旧较高。证券信托产品的行业集中度高主要是因为信托公司需要较强的资产管理能力，或者是与具有良好口碑的投资顾问具有较好的合作关系，而这些多是需要深耕证券市场多年的信托公司才具有的优势。

表 4　　2012 年第二季度证券信托发行前五名及其行业占比

排名	公司名称	股票型	债券型	证券信托
1	中海信托	8	18	26
2	平安信托	13	8	21
3	长安信托	14	6	20
4	外贸信托	14	3	17
5	云南信托	14	2	16
5	上海信托	16	0	16
前五名合计		79	37	116
前五名占比		47.02%	59.68%	50.43%

但是，2012 年第一季度证券信托产品发行前五名合计发行信托产品 85 支（见表 5），占整个行业的 60.68%，其中，债券型产品发行 40 支，占整个行业的 72.73%，股票型产品发行 85 支，占整个行业的 56.29%。把 2012 年第二季度的数据和 2012 年第一季度的数据对比可以发现：证券信托发行前五名的信托公司无论是股票型产品的发行，还是债券型产品的发行以及证券信托产品发行的行业集中度都有所下降。因此，从这个角度可以表明证券信托发行市场的行业集中度正在下降，其他信托公司的证券信托业务正在加强。

表 5　　2012 年第一季度证券信托发行前五名及其行业占比

排名	公司名称	股票型	债券型	证券信托
1	中融信托	25	0	25
2	平安信托	9	15	24
3	中海信托	7	15	22
4	云南信托	20	0	20
5	外贸信托	10	7	17
5	长安信托	14	3	17
前五名合计		85	40	125
前五名占比		56.29%	72.73%	60.68%

四、保障房信托受到热捧，收益率迎头追赶商品房

2011年以来，随着各地保障房建设热情的不断高涨，保障房资金一度告急。在此情况下，保障房信托的诞生无疑很好地缓解了保障房资金紧张的局面。此外，由于政策对保障房建设的大力支持，保障房信托更是一度成为投资者眼中的“新大陆”。2012年第二季度，保障房信托的收益率大幅上升，迎头追赶商品房信托，9%以上的年预期收益率屡见不鲜（见表6）。其中，以中航信托成立发行的“天启147号亿利金威集宁保障房建设集合资金信托计划”为最高，该信托计划产品期限分为18个月、24个月和30个月，其募集规模分别为2亿元、3亿元和5亿元，其预期年化收益率分别为9%，10%和10.5%。该信托计划的资金运用情况是：以募集资金向金威地产增资扩股，占金威地产20%的股权；增资款专项用于乌兰察布市集宁区“百旺家苑”保障房项目（宗地一至宗地八）的建设。其采用的信用增级方式为：第一，金威地产、乌兰察布市亿利金威城市建设投资开发有限公司以持有的1678亩国有土地使用权及在建工程抵押给信托计划，抵押率50%；第二，亿利资源集团有限公司为金威建设集团到期回购中航信托所持金威地产股权承担连带担保责任；第三，金威建设集团实际控制人王文治及其配偶为金威建设集团到期回购中航信托所持金威地产股权承担无限连带担保责任。

表6　2012年第二季度部分信托公司成立的保障房项目信托

受托人	产品全称	存续期（月）	实际发行规模（万元）	预计年收益率（%）
中诚信托	上海胜通保障房项目信托	21	105000	9.50
中投信托	天香南园保障房代建项目信托	24	17000	9.50
中航信托	天启147号亿利金威集宁保障房建设信托（18个月）	18	20000	9.00
中航信托	天启147号亿利金威集宁保障房建设信托（24个月）	24	30000	10.00
中航信托	天启147号亿利金威集宁保障房建设信托（30个月）	30	50000	10.50
北京信托	天房大寺127地块保障房项目信托	14	44545	9.00

续表

受托人	产品全称	存续期（月）	实际发行规模（万元）	预计年收益率（%）
北京信托	长盈10号保障房信托	36	20000	9.00
中投信托	云城保障房建设基金（一期）信托	24	20600	9.10
湖南信托	昭山两型社会改革示范区棚户区改造昭晴片区项目信托	36	3500	8.50
湖南信托	湘潭高新技术产业开发区双马片区483、484号地块棚户区改造项目信托	36	8000	10.20
湖南信托	昭山两型社会改革示范区棚户区改造昭岚片区项目信托	36	3500	8.50
大业信托	新街坊棚户区改造特定资产收益权投资信托（B类）	24	14770	9.50

（一）保障房信托的分类

目前发行的保障房信托，主要分为四大类：一是棚户区改造信托。该类产品一般对旧城或棚户区进行改造，拿地成本较低，同时采用“回迁房+商品房”的模式，并受到一定的政策支持，后期有较充足的现金流来偿还信托本息，故该类产品能较好的和信托融合，获得较多信托资源的青睐。二是安居工程类保障房信托。该类产品多为安置房项目，能获得较高的收益偿付信托本息，该类产品也成为2012年以来保障房信托的主流资金流向。三是经适房和“两限”房信托。因为经适房和“两限”房具有产权可以销售，能在一定期限内回款，满足目前信托产品的期限要求。四是公租房和廉租房信托。因为公租房和廉租房的成本回收期较长，现阶段发行的该类项目多为政府回购项目，若要大规模发行还难以实现，因为缺乏完善的还款来源。

（二）信托公司助力社保基金投资保障房

2011年2月，全国首个社保基金以信托产品形式投资保障房项目在南京启动，首批引入社保基金30亿元，截至2012年6月30日，社保基金先后借助信托渠道已在南京、天津、重庆、杭州等地投资保障房领域，投资规模已突破百亿元。

2012年5月30日，国投信托成功地引入了6亿元社保基金，设立了

"国投信托·杭州经济适用房单一资金信托"项目。该项目通过信托贷款方式将社保基金用于杭州市保障房项目建设，并由浦发银行为其信托融资提供担保，该信托计划预期年化收益率略高于6%。

截至目前，社保基金投资以信托方式投资保障房项目已经形成了一套模式，该模式主要是通过信托公司贷款，银行为贷款提供担保，项目公司关联方再为银行提供反担保，这种模式可以有效降低社保基金的投资风险。目前该类信托产品的预期回报率大多在6%以上，最高收益率一般不超过10%。

五、信托公司积极参与股指期货业务

2011年6月27日，中国银监会出台并施行《信托公司参与股指期货交易业务指引》（以下简称《指引》），该《指引》对信托参与股指期货的准入标准和操作细则进行了说明。2011年11月底，华宝信托获得中国银监会批准，成为信托行业内第一家获得股指期货交易业务资格的公司。2012年5月，外贸信托关于股指期货交易业务资格的申请获得了银监会的批准，成为全国第二家取得该资格的信托公司。并且有消息称，华润信托、平安信托和中海信托近期也将有望获批股指期货交易业务资格。

在2012年4月21日第六届中国期货分析师论坛的"金融机构风险管理产品研讨会"上，华润深国投信托有限公司透露，公司即将推出"春雷计划——优秀资产管理人孵化平台"，以推动期货私募资产的管理向阳光化、合规化、专业化、长期化、机构化的方向发展。"春雷计划"可以为对冲基金人才提供具有公信力的业绩鉴证服务，并通过该平台在期货私募经理人中挑选出"千里马"。而未来发行相关信托产品时，华润信托还可以在对管理人的交易理念、交易策略、交易风格等个性化特征有深入了解的基础上，为其量身定做最合适的信托产品风控条款，以帮助其最大限度地发挥自身的投资管理能力。更诱人的是，华润信托还将为遴选出来的优秀资产管理人提供各种合作机会。

在目前的国内资本市场格局下，股指期货成为信托行业证券投资信托业务唯一、有效的风险对冲工具。通过合理运用这一工具，证券投资信托产品可以规避系统风险，保持收益的稳定性，有利于改善产品的资源配置，加强其风险管理能力。同时，股指期货的推出改变了A股持续多年的单边市模式，由此衍生出多种新型的投资策略，信托行业可以借助这一工具进一步丰富产品线。监管部门对股指期货交易放开，也为将来其他金融衍生品加入到信托资产管理业务埋下了伏笔，金融衍生工具的介入，将使得产品定制工具进一步丰富，从而能够更好的满足信托业未来高端私人理财的各类需求。

六、信托发行频出新品，投资范围不断延伸

信托业的加速转型促使信托公司积极探索新的业务领域。近年来，投资珠宝、艺术品、红酒、矿产等另类信托得到了投资者的热烈追捧。2012年第二季度，钻石信托、生猪信托也“闪亮登场”，信托新品频出，信托投资的范围正在不断延伸。

（一）“钻石信托”发行

山东信托6月7日推出国内首支投资钻石的信托产品——美钻之缘1号钻石投资基金集合资金信托计划，该信托计划与工商银行深圳分行合作，产品只针对银行私人客户发行，其预期年化收益率可达9%，信托资金用于投资深圳市蓝玫瑰珠宝有限公司价值不低于6000万元的钻石收益权。

（二）“生猪信托”发行

中粮信托与中粮集团旗下的中粮肉食合作，在中粮生猪养殖基地试点发行“生猪养殖投资单一资金信托”，该信托产品是国内首款针对规模化生猪养殖的金融投资产品，第一期的募集资金规模仅1500万元，期限为12个月（可提前结束）。外部投资者的信托资金通过中粮信托认购中粮肉食20公斤左右的仔猪，中粮信托委托中粮肉食作为投资管理人代为管理、监护和养殖仔猪，养殖过程中产生的所有费用由信托资金承担。信托到期后，出栏生猪（100公斤左右）按市场价格销售，变现后收回的资金作为信托收益。这种合作模式可进一步延伸为由农户或私人养殖企业修建猪舍养猪，信托提供购买和养殖生猪所需的资金，中粮肉食输出管理和技术的“公司+基地+农户+金融”模式。

中粮信托推出的“生猪信托”属于真正意义的商品投资类产品，具有一定的创新意义。该模式可以推广到其他商品，例如经济作物的种植、生禽牲畜的养殖等商品投资。

（三）信托公司掘金文化旅游产业

在房地产持续调控下，房地产信托整体风险已成行业共识，目前各家信托公司正努力降低对房地产这一传统主营业务的依赖，而2011年中央将文

化产业确定为支柱产业，这也成为各家信托公司下一个发力的“掘金地”。

2012年4月26日，中信信托有限责任公司与昆明市政府在昆明星耀水乡共同签署了《昆明市政府与中信信托有限责任公司战略合作协议》。根据协议，中信信托将在2012—2014年向昆明市投入共不低于100亿元专项信托资金，重点推进昆明文化旅游、资源整合等优势特色产业的快速发展。上述专项信托资金首期项目位于昆明市嵩明县嘉丽泽地区，将把嘉丽泽片区打造成以多样性文化旅游产业为主，集国际养老养生外包产业、旅游度假产业、现代农业、体育赛事及会展业于一体的综合性文化旅游产业集聚区。

此外，中信信托还看好戏剧产业，在2012年的京博会上，中信信托通过其子公司中信聚信投资了国内首只戏剧产业投资基金，其今后还有望发行相关的信托产品来扶持京剧等传统艺术的发展。

2012年5月15日，陕西省国际信托股份有限公司联合陕西文化产业投资控股有限公司和陕西文化产业投资管理有限公司共同发起设立的陕西文化产业投资基金宣告募集到位。新成立的陕西文化产业投资基金首期规模为3亿元，所募集基金将以股权投资形式定向投向艺术品文化企业，推动文化产业与资本市场有效对接，促进陕西艺术品市场繁荣发展。

七、矿产资源类信托发行规模有所下降，行业风险需要防范

（一）矿产资源类信托发行规模有所下降

2012年3月22日，由国家发改委、国家能源局组织编制的《煤炭工业发展“十二五”规划》正式实施。该《规划》确定了“十二五”时期煤炭工业发展的指导思想、基本原则和发展目标。其中在煤炭结构调整方面，我国将通过推进煤矿企业兼并重组，发展大型煤炭企业集团，整顿关闭小煤矿，淘汰落后产能；在生产开发布局方面，全国煤炭开发总体布局是控制东部、稳定中部、发展西部。

在这样的大背景下，2011年矿产资源类信托趁势而起，得到了广大投资者的热烈追捧。进入到2012年，矿产资源类信托发行依然火爆，据wind信托产品数据库，百瑞信托博士后科研工作站不完全统计，2012年第一季度共发行27支矿产资源类信托产品，发行规模为105.52亿元；2012年第二季度共发行30支矿产资源类信托产品，发行规模为80.20亿元。总体来看，2012第二季度比2012年第一季度的发行数量有所上升，但发行规模却

有所下降。2012年第二季度矿产资源类信托产品发行情况见表7。

表7　　2012年第二季度矿产资源类信托产品发行情况

受托人	产品全称	存续期（月）	实际发行规模（万元）	预计年收益率（%）
国元信托	中煤第三建设（集团）有限责任公司贷款信托		10359	
北京信托	华民创富矿业投资基金信托	36	5000	
北京信托	金虎煤业信托	24	40000	9.00
长安信托	煤炭资源产业投资基金2号信托	18	23301	9.50
长安信托	煤炭资源产业投资基金2号信托	18	23301	9.50
长安信托	盛鑫矿业融资项目信托	30	45000	12.0
长安信托	新基业煤炭采购流动资金贷款信托	18	4000	9.50
华融信托	宝塔能源股权收益权转让暨回购信托		8130	9.10
华融信托	金牡丹·融丰系列·和谐煤矿信托贷款信托（二期）	24	12150	8.00
华融信托	金牡丹·融丰系列·和谐煤矿信托贷款信托（一期）	24	27850	8.00
华融信托	金牡丹·融丰系列·伊化矿业股权收益权转让及回购信托	24	35000	8.50
华融信托	融丰系列·能东煤矿采矿权收益权信托	24	10000	9.10
华润信托	焱金4号山西咀头煤矿特定资产权益信托	18		9.10
华润信托	焱金5号美锦能源集团有限公司信托	24	30000	8.00
华润信托	焱金6号山西汾西太岳煤业股份有限公司信托	24	30000	8.00
陕西国投	天元十二期神木瑶渠煤业资源整合信托贷款信托（1.5年）	18	5000	
陕西国投	天元十二期神木瑶渠煤业资源整合信托贷款信托（1年）	12	5000	
天津信托	工商企业（俊安煤焦公司流动资金贷款）信托	24	20000	7.80

续表

受托人	产品全称	存续期（月）	实际发行规模（万元）	预计年收益率（%）
天津信托	矿产能源（鼎丰能源）信托	24	50000	9.10
五矿信托	华兴能源经营收益权信托	36	40000	9.10
五矿信托	民生能源神府1号基金福庆煤矿股权收益权信托（A类）	24	60000	9.10
五矿信托	民生能源神府1号基金福庆煤矿股权收益权信托（B类）	30	60000	9.10
五矿信托	盛鑫矿业采矿权收益权信托	30	45000	9.10
五矿信托	有色金属投资系列2号——新洲矿业股权收益权投资信托	24	50000	9.10
新华信托	重庆（万盛）煤电化基地基础设施建设一期项目贷款信托（三期）		5653	
英大信托	广宇煤电信托贷款信托	12	10000	8.50
中航信托	天顺308号北京能源投资流动资金贷款单一资金信托	12	50000	6.11
中融信托	大石圈煤矿信托贷款结构化信托	60	24000	9.00
中融信托	唐源1号煤炭产业结构化信托	15	50000	9.00
中信信托	华江矿业贷款信托	30	23280	11.0

（二）巨大资金缺口，矿企和信托一拍即合

矿产资源类信托之所以高歌猛进，从信托公司角度来看，近两年，信托公司传统投资渠道越来越窄，2009年7月，信托证券账户的暂停开设至今还未恢复，使信托公司的证券投资类信托业务大受影响；2009年年底，有关银信合作理财业务的一系列规范要求使曾经银信合作业务占很大比例的信托公司几乎无计可施；2010年开始持续至今的房地产调控政策以及房地产信托监管政策，使得房地产信托不能大展拳脚。加速业务模式转型，寻求新的盈利增长点便成了信托公司发展的迫切要求。

从资金需求方来看，矿产资源行业一般融资规模都比较大。因为包括勘探开采、取得矿业权、建设矿井巷道、购置设备、引进技术以及承担各种税费，加上资源整合政策对企业提出的新要求，使得矿产资源企业普遍资金缺

口都较大；其次，金融机构约束条件复杂。由于矿产资源行业高收益与高风险并行，金融机构特别是商业银行对矿产资源企业的融资条件十分苛刻。

正是源于种种瓶颈约束，矿产资源行业融资渠道相对单一，加之在前期信贷规模紧缩的宏观经济环境下，矿产行业的高风险更是使得现在的矿产资源企业在传统银行信贷融资渠道上更加困难重重。而信托融资方式逐渐与矿产能源企业的融资需求形成互补，信托资金以其运用方式灵活多样、投融资范围广阔的特质，为矿产行业整合以及急需资金的中小矿企提供了资金。

对信托公司来说，同房地产市场相比，矿产资源行业有同样庞大的资金需求和高额的利润回报，不同的是，由于资源整合纳入到“十二五”规划，矿产资源行业发展有政策支持基础，这是其优于房地产信托发展的一面。基于以上原因，矿产资源类信托得到矿企和信托公司的一拍即合。

（三）多种风险环绕，矿产资源类信托投资需谨慎

高收益必然隐藏着高风险。矿产资源类信托面临的问题和风险主要包括5个方面：

1. 由于受到节能减排等因素影响，部分小的矿产企业存在着被合并或被收回的政策风险。

2. 投资标的矿产证件或批文不够齐全，投资标的矿产不具有足够的经济性，导致信托项目的经济效益不具有足够保障。

3. 矿产项目在资产估值，尤其是对矿产品位、矿产储量等的认定较为复杂，即便是专业评估机构，对其估值的差别也较大，项目本身价值的不确定成为风控措施必须趋严的首要原因。

4. 在国内市场，近几年矿石和煤炭价格不稳定，因而矿产企业的经营业绩不能简单估量，市场风险较大。

5. 如果发生安全事故，矿场将被停业整顿，可能导致信托不能按期退出项目。

2012年6月，中诚信托涉矿产品陷入“危局”犹如投向信托行业的一枚重磅炸弹，在业内引起轩然大波。出事的是中诚信托旗下一款名为“诚至金开1号”的集合信托。该款信托计划成立于2011年2月1日，募集规模达到了30.3亿元，其认购起点为300万元，存续期为3年，预期年化收益率为9.5%—11%，信托资金用途为振富集团整合收购四家煤矿，支付矿产资源费及进行技术改造。整合目标为山西三兴煤焦有限公司、山西交城神

宇煤业有限公司、山西吕梁交城黄草沟煤业有限公司、准格尔旗杨家渠煤炭有限责任公司。目前，振富集团实际控制人王平彦，因为涉及50亿元的民间借贷已被山西警方控制。同时，振富集团收购的4个煤矿中，其中一个煤矿有重大采矿权纠纷，另两个煤矿在信托计划成立时亦未获得开工批复，而振富集团的现金流无法支付这一信托还款进度，因此上述信托产品可能面临不能预期兑付的风险。

表面上看，“诚至金开1号”集合信托面临兑付风险，是因为实际控制人王平彦涉及民间高利贷这一意外事件，但仔细分析，该项目存在若干明显瑕疵：第一，振富集团的净资产只有11亿元，但中诚信托却为其提供了高达30亿元的融资，杠杆率放得太大；第二，该信托计划虽然进行了结构化设计，但是融资方提供的一般受益权资金只有3000万元，优先级资金与一般级受益权资金的比率高达100:1，结构化设计徒有其表，一般级受益权资金对优先级资金难以起到保障作用；第三，振富集团收购的4个煤矿中，其中一个煤矿有重大采矿权纠纷，另两个煤矿在信托计划成立时亦未获得开工批复，这些情况中诚信托在做尽职调查时即已获悉；第四，这笔信托计划资金以股权投资形式进入振富集团后，但并未取得该公司的控股权，仅持有公司49%的股权，这也为极端状况下处置公司资产埋下了地雷。

以大多数信托公司的风险判断标准来看，诚至金开1号集合信托计划都存在明显瑕疵，对已经存在和可能存在的风险估计不足，在此情况下，中诚信托仍然审批通过了该项目，也反映出中诚信托在该项目决策审批时不够严谨和审慎。

中诚信托涉矿产品陷危局虽然属于个案，并不能由此判断矿业信托都有问题，但是中诚信托事件也需要引起各家信托公司的高度重视，并且有必要对相关矿产资源项目加强风险排查和控制，毕竟目前煤炭价格暴跌、库存超过警戒线，使得煤矿公司的资金更加紧张，矿产能源信托特别是煤矿信托的风险不断加剧。

2012 年第三季度信托行业分析报告

百瑞观点：

- 集合资金信托平稳增长，预期收益率持续下降
- 房地产信托维持低位，基础设施信托成支柱
- 债权投资一枝独秀，发行数量和规模快速增长
- 信托公司积极支持保障房建设，参与方式丰富多样
- 保障房信托尚有较大发展空间，但信托参与方式仍需创新

2012 年第三季度 GDP 同比增长 7.4%，创 14 季度新低。与此同时，针对上半年经济增速的放缓，各个地方政府纷纷出台经济刺激政策，信托业呈现出与之相对应的一些特征。

一、集合资金信托平稳增长，预期收益率持续下降

（一）集合资金信托平稳增长

根据 Wind 信托产品数据统计，2012 年第三季度，国内共有 64 家信托公司推出了集合资金信托计划 1289 支，发行规模总计 1749 亿元，平均预期收益率为 8.36%，存续期从 1 个月到 20 年不等，平均期限为 2.2 年（见图 1、表 1）。存续期最短和最长的产品仍然基本集中在证券投资类信托，比如中海信托的“理财宝 2 号集合资金信托计划”和华宝信托的“月月增利信托计划”（A1 期、A2 期和 T1 期）存续期均为 1 个月；而中信信托的“融赢天风 1 号伞形结构化证券投资信托”和华宝信托的“安苏 2 号证券投资

信托”等11支证券投资类信托产品的存续期则高达20年。

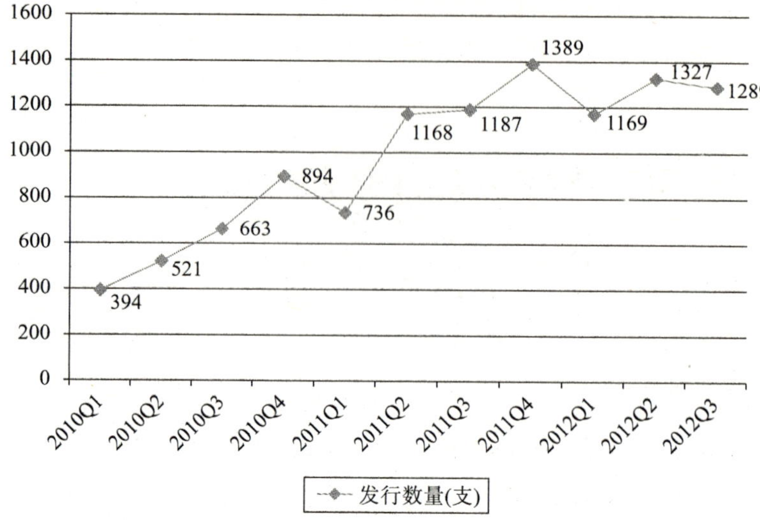

图1　集合资金信托计划季度发行数量趋势

表1　　2012年第三季度集合资金信托产品发行概况

		7月	8月	9月	第三季度
发行数量（支）	422	404	463	1289	
	最小	500	1500	250	250
	最大	180000	149230	200000	200000
发行规模（万元）	中位	13710	10360	10226	15304
	总计	6704622	5276622	5510590	17491834
	平均	21352	17948	18247	19222
	最短	1	1	1	1
存续期（月）	最长	240	240	240	240
	中位	24	24	24	24
	平均	26	27	26	26
	最低	4.1	4	4	4
预期收益率（%）	最高	15	12.5	12	15
	中位	8.5	8.5	8.5	8.5
	平均	8.36	8.42	8.31	8.36

数据来源：Wind信托产品数据库，百瑞信托博士后科研工作站。

注：所统计产品指推介起始当日在所属期间的信托产品，发行规模指实际发行规模，平均发行规模=实际发行规模/发行规模不为零的发行数量，分母中忽略了未披露实际发行规模信息的部分产品。

与2011年第三季度同期相比，2012年第三季度集合信托继续呈现高速增长的趋势，发行数量由1187支增加至1289支，发行数量增加102支，同比增长8.6%。虽然与2012年第二季度发行集合信托1327支相比，发行数量减少38支，环比下降2.9%，但是，第三季度集合信托规模达1749亿元，与2012年第二季度集合信托规模1710亿元相比，增长39亿元。因此，总体而言，2012年第三季度集合信托稳步增长。

第三季度分月份来看（见表1），集合资金信托计划发行数量均超过四百支，其中，8月份新发行的集合信托计划较少，为404支；9月份新发行的集合信托计划数量最高，达到了463支；7月份集合信托计划数量居中，为422支。

（二）集合资金信托的预期收益率持续下降

2012年第三季度集合资金信托的预期收益率平均值为8.36%，中位数为8.5%（见图2），低于2011年同期的8.6%，同时与2012年第一、第二季度相比，出现了一定程度的下滑。导致第三季度集合资金信托预期收益率下滑的因素主要有两个：一是6月初央行开始实施的降息政策拉低了借贷市场的利率水平。中国人民银行决定，自2012年6月8日起下调金融机构人民币存贷款基准利率。金融机构一年期存款基准利率下调0.25个百分点，一年期贷款基准利率下调0.25个百分点；其他各档次存贷款基准利率及个人住房公积金存贷款利率也相应调整。自同日起：（1）将金融机构存款利率浮动区间的上限调整为基准利率的1.1倍；（2）将金融机构贷款利率浮动区间的下限调整为基准利率的0.8倍。二是宏观经济增速的持续下降，2012年第三季度GDP同比增长7.4%，创14季度新低，低落的经济增速代表着实体经济利润增长的乏力，进而拉低了信托产品的收益率。

第三季度年化收益率最低的信托产品有3支，其中两支为中海信托于8月和9月分别成立的“理财宝2号信托产品”，该信托产品旨在建立动态的资产配置方案，通过跨期限无风险套利策略，实现预期收益。其投资资产类型和投资比例分别为：低风险的信托计划，包括结构化证券优先级受益权，50%—100%；中短期债券0—50%；货币市场产品0—20%；保本型银行理财产品0—20%；其他高流动性、低风险的固定收益资产。第3支是云南信托发行的“成长2007-2（第九期）集合资金信托计划”，所筹资金用于证券市场投资。

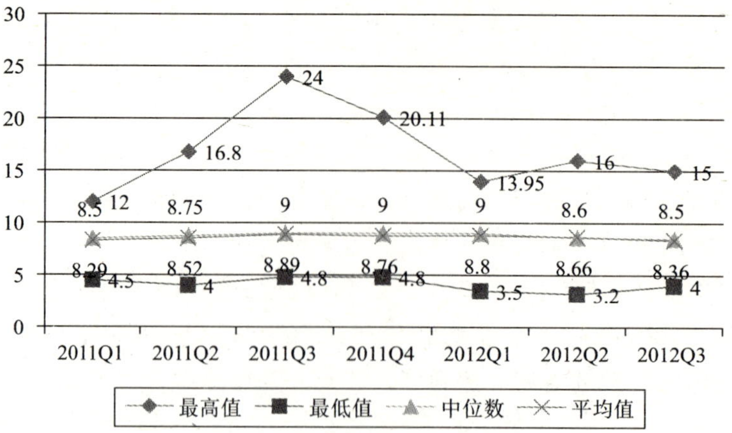

图 2　集合资金信托计划季度预期收益率趋势

第三季度年化收益率最高的信托产品为金谷信托 7 月发行的“沿海 1 号投资基金信托计划产品”，该信托计划属于股权类投资，募集资金用于投向沿海地产开发的重庆北碚大学科技园项目。

二、东方不亮西方亮，房地产信托维持低位，基础设施信托成为支柱

东方不亮，房地产信托持续维持低位。据不完全统计，2012 年第三季度，投资于房地产市场的集合信托产品共发行 191 支，总规模 3377662 万元，发行规模占比仅为 19.3%，相比于第二季度的 18.3% 上升了 1 个百分点。2012 年第三季度集合信托产品发行情况见表 2。

表 2　　2012 年第三季度集合信托产品发行情况分类表

投资领域	发行数量（支）	发行规模（万元）
金融市场	262	3155375
房地产	191	3377662
基础设施	340	5396516
工商企业	190	1990489
其他	306	3571792
总计	1289	17491834

数据来源：用益信托研究室。

信托公司和开发商供求双方的影响共同导致了房地产信托市场的低迷与萎缩：

从作为资金供给方的信托公司来讲，一方面，由于今年房地产信托兑付高峰的到来，监管部门对其进行了增量控制。近日，住房和城乡建设部政策研究中心副主任王珏林称，监管部门目前仍要求商业银行执行差别化的信贷政策。同时，加强房地产信托风险管理，继续执行房地产信托业务事前报告制度，防止盲目扩张，下一步工作将重点关注今明两年到期房地产信托项目，加强对房地产企业的现金流监测。另一方面，现今房地产信托存量规模较大，信托公司出于风险考虑，也希望控制增量速度，从而降低兑付风险。在过去的几个月中，到期兑付的房地产信托产品中有少数产品被曝出延期兑付，数十例产品提前兑付。而减少新的房地产信托产品的发行已成为不争的事实。

从作为资金需求方的开发商来看，一方面，第三季度住房销售市场出现回暖迹象，第三季度全国主要的54个城市新建住宅签约合计套数797445套，环比第二季度的673203套上涨幅度高达18.5%，创造了2011年来调控后的新高，房企的销售回款正在增加，从而导致其资金需求的降低。另一方面，银行贷款有所松动，房企可以从银行贷到较之前更多的资金。这两方面的因素共同导致开发商对信托融资需求的降低。

西方亮，基础设施成为信托资金投资支柱领域。2012年第三季度，基础设施领域发行信托产品340支，占总发行数量的26.4%，为第三季度信托市场发行数量最多的领域，发行规模539.7亿元，占总发行规模的30.9%。

基础设施领域集合信托发行数量走高的主要原因在于：一方面，房地产信托发行规模持续走低，倒逼信托公司寻找新的利润增长点；另一方面，7月份公布的上半年经济数据显示，各省市经济增速均出现不同程度的下滑，在此背景下，为了稳定经济增速，很多地方政府开始各显神通，地方主导的稳增长措施陆续面世，7月以来，已有10多个省市发布大规模经济刺激计划或稳增长措施。例如，7月20日宁波市出台的《关于推进工业经济稳增长调结构促转型的若干意见》；7月23日南京市出台的《关于进一步扩大内需，拉动消费的若干意见》；7月25日长沙市195个项目向全球金融机构发出投融资邀请，其中包括“四十”个重大项目和155个一般项目，总投资额高达8292亿元。其中“四十”个重大项目总投资3748亿元，包括“十大片区建设”项目、“十大基础设施”项目、“十大中心镇（小城市）”项目和“十大产业”项目；贵州省的《贵州省生态文化旅游发展规划》，等等，粗略计算，地方出台的经济刺激计划涉及金额已近20万亿元，远超2008年中央政府的4万亿元投资计划。其中，广东、天津、山西、重庆、福建、贵州、四川的投资计划均超万亿元，地方政府毫无疑问地成为本轮稳增长的主力。在这些经济刺激计划中，基础设施建设成为主力投资方向之一，由此产生了巨大的资金需求。但以目前的经济形势来看，内需不振，外需疲软，企业收益少，政府财政收入不高，再加上过重的政府债务，仅靠政府财政难以满足如此巨大的资金需求，投资资金的来源就成了最严峻的问题，同时，由于基础设施建设的投资主体为地方政府及其融资平台，很难从银行获得所需足量的建设资金，而信托多样的资金运用方式和灵活的制度安排则刚好能够弥补银行渠道的不足，满足地方政府的融资需求。在此背景下，信托公司和地方政府不谋而合，基础设施信托自然而然进入了快速增长轨道并成为信托公司的支柱业务。不难预计，基础设施在本轮经济增长中将为信托公司提供更多的业务空间。

三、债权投资一枝独秀，发行数量和规模快速增长

（一）债权投资类信托发行升温

2012年第三季度债权投资类信托发行数量和发行规模双双大幅增长。Wind信托产品数据统计显示，2012年第三季度债权投资类集合资金信托产品发行数量达113支，较2011年第三季度的34支增长79支，增长率高达232.35%，与2012年第二季度的83支相比，增长了30支，增长率达36.14%。从发行规模看，2012年第三季度发行的债权投资类集合信托产品筹资规模达2818395.56万元，较2011年第三季度的595070.7万元增长了2223324.86，同比增长373.62%；与2012年第二季度的1865900.92万元相比增长952494.64万元，环比增长51.05%。2012年第三季度债权类集合资金信托计划发行趋势见图3。

债权投资类信托快速增长主要有以下几个原因：第一，正如前面所言，地方政府大规模基础设施建设产生的巨大资金需求。从债务人和资金投向上来看，在2012年第三季度发行的113支债权投资类信托产品中，有超过97

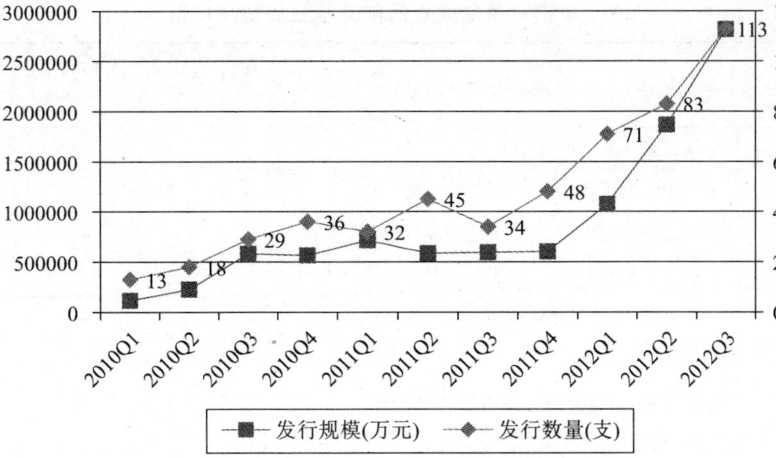

图3 债权类集合资金信托计划发行趋势

支的债权投资类信托产品的债务人为地方政府，资金投向为基础设施建设。第二，债券投资信托资金的用途大部分用于受让融资方因代建政府项目而对政府形成的应收账款（收益权），融资方将所募资金也通常用于形成应收账款项目的后续建设，或是其他政府项目的建设。表面上看这类产品缓解了融资方的资金缺口，但从本质上来说，只是替地方政府延长了偿还债务的时间，因此，对于缓解政府财政压力起了很大的作用；它不是增加了政府的债务，而是"盘活"了政府债务，这对目前资金需求迫切的各地方政府来说无异于雪中送炭，也对20万亿元投资计划的资金来源提供了一种很好的解决办法。第三，债权投资类信托的灵活性能够满足基础设施的融资需求。相比于银行单一的贷款模式而言，债权投资类信托具有非常强的灵活性，这种灵活性主要包括信用增级方式的灵活性和信托退出方式的灵活性两个方面。信用增级方面，相比于银行对抵押物的严格要求，债权投资类信托既可以由债务方增信，也可由原债权方增信，还可以由第三方提供担保和结构化设计进行增信，灵活多样的增信方式能够使信托计划符合交易对手的实际情况，进而保证信托资金的安全；信托退出方面，既可以以债务方清偿方式实现退出，也可以以原债权方溢价回购方式实现退出，甚至可以有第三方溢价回购方式实现退出，退出方式的多种选择能够保证信托计划的正常退出（见表3）。

表3　　2012年第三季度成立的部分债权类信托项目

受托人	产品全称	存续期（月）	实际发行规模（万元）	预计年收益率（%）
陆家嘴信托	常州淹城应收账款投资信托（一期）	24	17000	8.5
中航信托	天启295号无锡金源债权投资信托	24	70000	8.5
国元信托	皖江城市带系列产品之马鞍山南部新区发展公司债权投资（二期）信托	24	8000	8.5
中信信托	普惠·鄂尔多斯城投应收账款流动化信托1201期	24	85701	9.5
中铁信托	优债1263期成都国际商贸城市政道路建设项目信托	36	6347	8.5
天津信托	基础设施（武清区立交道路工程项目）信托（B类）	18	8000	7.8
华澳信托	长信15号南京空港应收账款转让信托	24	4520	9.0
国元信托	肥西县城乡建设投资有限公司债权投资信托	24	10226	8.5
五矿信托	滁州城投应收账款债权投资信托	24	43660	9.0
爱建信托	安吉绿洲新农村建设应收账款信托	24	28000	9.0
中投信托	富阳城投应收债权投资信托	13	10450	8.5
中信信托	民惠7号丹阳高发应收账款流动化信托	24	27644	8.8
中信信托	民享16号开封市应收账款流动化信托	28	99300	9.0
中信信托	基业1号柳州城投应收账款流动化信托	24	76568	10.5
国元信托	宣城市宣州区国有资产运营有限公司债权转让信托	24	8000	8.5
中投信托	余杭经济开发区应收债权投资信托	18	15000	9.5
中信信托	中信民悦1号九江庐山城投应收账款流动化信托	24	48468	9.2
国元信托	邳州市润城资产经营集团有限公司债权投资信托	18	24660	8.0
长安信托	南通新家园应收债权买入返售信托	24	34200	9.0
中铁信托	优债1252期温江区（城区）南部新区基础设施改造项目信托	36	5000	8.5

续表

受托人	产品全称	存续期（月）	实际发行规模（万元）	预计年收益率（%）
中铁信托	优债1258期崇州市街安路改建工程项目信托	48	3000	9.0
国元信托	颍上县慎泰城市建设投资有限公司债权投资一期信托	24	8000	8.5
中信信托	基业3号常德经投应收账款流动化信托	24	40589	10.0
中融国际	兴隆1号财产权信托	18	10070	9.0
五矿信托	潍坊滨海应收账款投资信托	18	6000	9.0

（二）基础设施债权投资类信托计划的主要模式

目前，基础设施债权投资类集合信托项目主要有以下几种模式：

1. “出让方回购+项目抵押+财政担保”模式。

典型产品：方正东亚信托推出的“方兴18号扬州鼎盛应收账款债权投资集合资金信托计划”。

资金用途：购买扬州鼎盛开发建设有限公司对广陵区管委会的应收账款的债权。

退出方式：扬州鼎盛以其经营收入到期溢价回购。

增信方式：（1）项目抵押，扬州鼎盛开发建设有限公司将扬州广陵区产业园孵化器项目的6栋已完工厂房和2栋在建厂房及其土地抵押给受托人，抵押物市场评估价值总计20830.85万元，抵押率为49.5%；（2）政府财政担保，广陵区财政局出具承诺函，同级人大出决议，保证扬州鼎盛开发建设有限公司按时足额支付贷款本息。

2. “财政还款+结构化设计+回购承诺”模式。

典型产品：中信信托推出的“中信普惠·鄂尔多斯城投应收账款流动化信托项目1201期”。

资金用途：用于购买鄂尔多斯城投以BT方式承建鄂尔多斯市乌兰木伦河河道整治工程持有的对鄂尔多斯市人民政府的应收账款债权设立信托的优先收益权。

退出方式：财政还款。

增信方式：（1）结构化设计，合格投资者购买优先级受益权，鄂尔多斯城投购买次级受益权；（2）债权回购承诺：次级受益人鄂尔多斯城投承诺回购所有未获偿付的债权。

3. “财政还款+出让方土地抵押+交易对手连带责任”。

典型产品：国元信托发行的“阜阳市城市建设投资有限责任公司债权投资集合资金信托计划”。

资金用途：受托人设立债权投资集合信托计划，将委托人交付的信托资金集合运用，购买阜阳市城市建设投资有限公司（以下简称阜阳城投公司）的应收账款，债务人为阜阳市政府。

退出方式：财政还款。

增信方式：（1）阜阳城投公司以其持有的国有土地使用权（土地登记面积为105479.1平方米，评估价值为42077.4万元）为阜阳市财政局清偿全部债务提供抵押担保，抵押率为59.41%；（2）阜阳城投为债务人按期偿还债务提供不可撤销的连带责任保证担保。

4. “转让方回购+第三方物业抵押+财政专项资金承诺”。

典型案例：中航信托发行的“天启295号无锡金源债权投资信托”。

资金用途：募集信托资金10亿元以分期募集的形式将信托资金用于向无锡金源购买其合法持有的对滨湖区政府16.155亿元应收债权。

退出方式：到期由无锡金源按照约定的价款进行回购标的债权。

增信方式：（1）物业抵押：由都市建设以其合法持有的房屋及对应国有土地使用权为无锡金源回购标的债权提供抵押担保。根据江苏同方出具的评估报告，抵押物评估值约21.8亿元，抵押率约50%。（2）还款纳入财政预算：无锡市滨湖区人大常委会出具决议，同意无锡市滨湖区财政局拨付资金专项用于偿还本次信托融资，将无锡金源回购标的债权的资金纳入滨湖区政府财政预算支出。

四、信托公司积极支持保障房建设，参与方式丰富多样

（一）信托公司积极支持保障房建设

随着国家住房体制改革的不断深化，为满足中低收入家庭的住房需求，保障房建设成为我国未来住房建设的重点。根据2011年“两会”公布的计划，在“十二五”期间，未来5年保障房建设计划为3600万套，使保障房

的覆盖率从“十一五”期末的8%提高到“十二五”末的20%。

保障性住房作为国家政策导向支持的项目，由于地方配套资金投入不足存在巨大的融资需求。根据2011年投资1.3万亿元建设1000万套保障房推算，5年总共3600万套房就需要4.7万亿元的建设资金。每年均将面临6000亿—7000亿元的资金压力。

信托公司支持保障房建设具有重要的积极意义：一方面，保障房项目的销售对象及回款均较稳定，故信托业务可以对保障性住房建设提供必要的支持，保障性住房融资可以成为房地产信托业务的新亮点；另一方面，作为落实国家宏观经济发展方针的一项具体措施，信托公司支持保障房建设有利于树立各信托公司支持民生工程建设的社会责任形象，提高信托公司的美誉度。

随着2011年全国开始大规模进行保障房建设，信托公司开始积极支持保障房建设，WIND数据库中的数据显示，在2011年大规模开始保障房建设之前，参与保障房建设的信托公司、发行的集合资金信托计划数量和规模一直处于低位，2009年，参与发行保障房项目集合资金信托计划的信托公司仅有5家，发行数量15支，成立规模仅47563万元；2010年，参与发行保障房项目集合资金信托计划的信托公司增至7家，但发行数量较上年仅增加2支，成立规模为243505万元。2011年开始大规模保障房建设之后，参与保障房建设的信托公司及其发行的集合资金信托计划开始呈现大幅增长态势。2011年，参与发行保障房项目集合资金信托计划的信托公司增至24家，发行数量达71支，成立规模突破百亿元，达1188163万元；2012年前三季度，已有24家信托公司参与发行保障房项目集合资金信托计划57支，成立规模达1140929万元。2009—2012年，前三季度保障房集合资金信托发行情况见表4。

表4　　2009—2012年前三季度保障房集合资金信托发行情况

年份	成立数量（支）	参与信托公司数量（个）	成立规模（万元）
2009	15	5	47563
2010	17	9	243505
2011	71	24	1188163
2012年前三季度	57	23	1140929

总体而言，2009—2012年第三季度已有华宸信托、湖南信托、昆仑信托等38家信托公司对保障房建设进行了支持，近四年来累计发行保障房建设类信托产品160支，支持资金超过2620160万元。在这38家发行过支持保障房信托产品的信托公司中，发行超过10支的信托公司仅有华宸信托、湖南信托、昆仑信托和天津信托4家，而仅发行过一只的信托公司则有华澳信托、华润深国投等13家。2009—2012年前三季度信托公司保障房项目集合资金信托发行情况见表5。

表5　2009—2012年第三季度信托公司保障房项目集合资金信托发行情况

信托公司	发行数量（支）	信托公司	发行数量（支）
华宸信托	31	华融信托	2
湖南信托	18	陕西信托	2
昆仑信托	11	五矿信托	2
天津信托	11	中海信托	2
中融信托	8	中粮信托	2
吉林信托	7	重庆信托	2
新华信托	7	华澳信托	1
中航信托	6	华润深国投信托	1
中信信托	6	华鑫国际	1
国元信托	5	建信信托	1
长安信托	4	江苏信托	1
金谷信托	4	陆家嘴信托	1
江西信托	3	平安信托	1
中铁信托	3	厦门信托	1
中投信托	3	爱建信托	1
北京信托	2	新时代信托	1
大业信托	2	兴业信托	1
方正东亚信托	2	中诚信托	1
华能贵诚信托	2	外贸信托	1

（二）信托公司支持保障房建设方式灵活多样

2009—2012年第三季度，信托公司充分利用了信托的灵活性，以贷款、股权、债权、权益和组合投资等多种方式对保障房建设进行了支持（见图

4），在已推出的160款集合资金信托产品中，贷款投资类共85支，占比53.13%；权益投资类和股权投资类均为31支，占比均为19.38%；债权投资类12支，占比7.5%；组合投资类1支，占比0.63%。

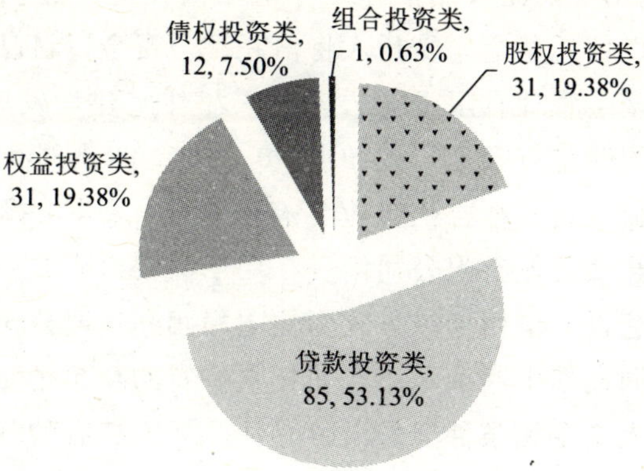

图4　2009—2012年第三季度保障房信托类型

1. 贷款投资模式。在这种模式下，信托公司作为受托人，接受市场中不特定投资者的委托，以信托合同的形式将其资金集合起来，然后通过信托贷款的方式贷给开发企业，开发企业定期支付利息，并于信托计划期限届满时偿还本金给信托公司；信托公司则定期向投资者支付信托受益，并于信托计划期限届满之时，支付最后一期信托收益和偿还本金给投资者。

典型案例：新华信托推出的“江苏句容经济适用房贷款集合资金信托计划”

该项目计划募集资金15000万元，期限为24个月。募集资金贷款给句容市城市建设投资有限责任公司，用于“句容市华阳南路延伸段两侧经济适用房”一期项目的开发、建设，取得信托收益并分配给受益人。借款人用其拥有的“句容市二圣路南侧、华阳南路西侧宗地”和“句容市隆昌路南侧、昌盛路西侧宗地”中的25333平方米的国有土地使用权为信托贷款提供抵押担保。

2. 股权投资模式。在这种模式下，信托公司以发行信托产品的方式，从资金持有人手中募集资金，之后以股权投资的方式（收购股权或增资扩股）向项目公司注入资金；同时，项目公司或关联的第三方承诺，在一定的期限后，溢价回购信托公司持有的股权。

典型案例：天津信托推出的“住宅集团住宅产业化股权信托基金—海春园限价房建设信托基金”

该项目计划募集资金5000万，期限15个月，预期收益率为7.4%—7.8%。信托资金用于设立天津信托·住宅集团住宅产业化股权信托基金—海春园限价房建设信托基金，受托人将信托基金资金以自己的名义与天津津城住宅产业投资基金管理有限责任公司、天津住宅建设发展集团有限公司、天津华厦建设发展股份有限公司按50∶1∶0.2∶0.2的比例共同出资设立天津津城华城秋苑股权投资基金合伙企业（有限合伙），并由投资基金将该资金向天津住宅集团津滨置业有限公司增资，用于俞蒙道华城秋苑海春园限价商品房项目的开发建设。信用增级方式为住宅集团和华厦公司分别出具承诺或在该基金相关合同文本中明确承诺在受托人持有的0.5亿元信托基金份额到期时，根据受托人指令无条件全额溢价受让受托人持有的基金份额，同时住宅集团和华厦公司将其持有的项目公司合计1亿股的股权质押给受托人作为其到期受让“天津信托·住宅集团住宅产业化股权信托基金”（1.5亿份基金）的担保。住宅集团和华厦公司中未被受托人选择受让基金份额的公司为本信托基金提供保证担保。其基本交易结构图如下（见图5）：

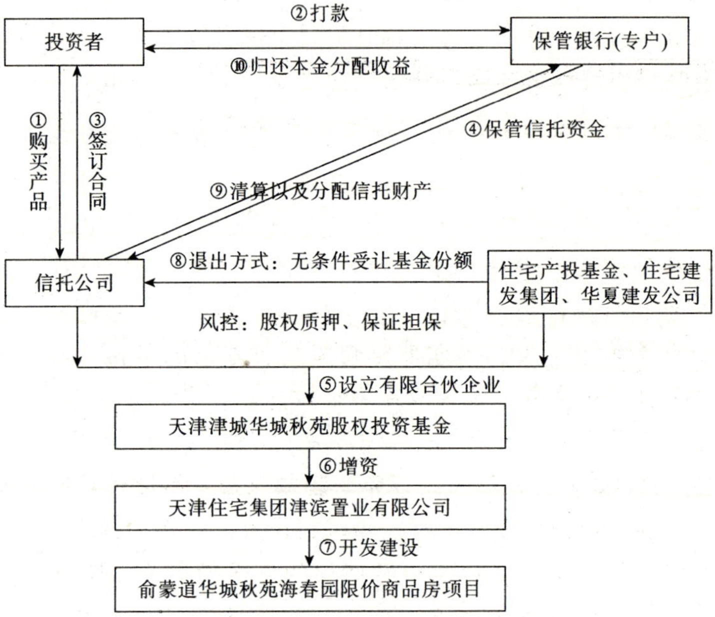

图5　股权投资交易结构图

3. 权益投资模式。该模式利用信托的财产所有权与受益权相分离的特点，由信托公司发行信托计划，募集资金用于购买开发企业开发项目的受益权，在信托到期后，由开发企业溢价回购收益权或者由信托公司处分该项目实现退出。

典型案例：华能信托推出的“新里程·东山居住区经济适用房项目收益权投资集合资金信托计划”

该项目计划募集资金25000万元，信托计划期限为24个月，信托资金用于投资贵州新里程房地产开发有限公司现开发的新里程——东山居住区经济适用房项目收益权，信托收益来源为华能信托受让新里程——东山居住区经济适用房项目收益权获得收益及处分该项目收益权所形成的收益。保障措施为：第一，财产抵押：新里程公司用位于贵阳市省府西路1号商住楼的房产及其土地使用权向甲方提供抵押担保；第二，贵州世联投资有限责任公司用位于延安东路20号商办楼一至四层、地下负一层、地下负二层停车场、塔楼27—28层的房产及土地使用权向甲方提供抵押担保，抵押率不高于63%；第三，股权质押：贵州世联投资有限责任公司以其所持新里程公司90%股权提供质押担保；新里程公司法人代表提供不可撤销连带担保责任。

4. 债权和股权相结合的混合信托投融资模式。此种模式具备贷款类和股权类房产信托的基本特点，同时也有自身方案设计灵活、交易结构复杂的特色，通过股权和债权组合满足开发企业对项目资金的需求。

典型案例：中投信托推出的“云城保障房建设基金（1期）集合资金信托计划”

该项目发行规模7亿元人民币，其中优先级规模为5.25亿元，劣后级1.75亿元，劣后级由交易对手云南城投以现金认购，信托期限18—24个月，优先级受益人分为A、B两类，其中，A类优先级受益人预期基准收益：8.7%—9.5%/年，如合伙企业收益超过基金基准业绩，提取超额收益的20%；B类优先级受益人预期收益为：100万—300万元，8.7%+超额收益；300万—3000万元，9.5%+超额收益；3000万—10000万元，10.5%+超额收益；10000万元及以上，12%+超额收益。本信托计划为中投信托作为合伙企业的有限合伙人以信托资金进行出资，与作为普通合伙人的基金管理公司共同设立基金，通过股权及债权的方式投资于昆明城海公司“融城金阶”项目。信用增级措施为：第一，若项目公司未能按期归还股东配套借款本金及资金占用费的，云南城投将无条件代为履行股东配套借款本金及资金占用费的偿还义务；第二，云南城投出具不可撤销，不可抗辩的承诺，基金对项目公司股权及债权投资收益（含本金）不得低于12%/年，不足时由云南城投公司补足；第三，信托计划进行信托利益期间分配，在扣除当期信托费用之后，信托计划的现金收益未达到优先级当期应获分配的基础收益时，由云南城投公司补足；第四，云南城投承诺在项目公司非正常清算时，应收购信托持有的LP份额，收购金额应使得合伙基金对项目公司股权及债权投资收益（含本金）不得低于12%/年；第五，增资后80%项目公司股权质押，为本信托计划本金回收及收益实现（年化收益率不低于12%）提供担保。

5. 债权投资模式。受让“BT”模式下对政府的债权，是目前较普遍采用的一种保障房信托模式。在这种模式下，交易对手一般为地方政府的融资平台，信托募集用于从交易对手手中购买对政府的应收债权，其风控措施一般均要求债务方（财政部门）出具还款承诺，地方人大常委会通过决议，将此项资金列入当年本级财政建设资金预算；此外还包括其他措施，如转让方为债权转让债务人足额清偿债务提供不可撤销的连带担保责任、第三方为债权转让债务人足额清偿债务提供不可撤销的连带担保责任、土地抵押等。

典型案例：中信信托推出的“民享1号保障性安居工程应收账款流动化信托项目”

该计划募集资金2亿元，期限1.5年，收益率为9.5%。淮安开发控股有限公司将其合法拥有的对江苏省淮安经济开发区管理委员会在淮安市福州路花园保障性限价房（一标段）建设项目项下的应收账款设定信托；由受托人中信信托以发售优先受益权的形式，对标的应收账款实现流动化。认购人（即优先受益权持有者）获得预期优先信托收益，委托人（即次级受益权持有者）获得优先级受益权转让款及剩余信托利益。该计划的基本交易结构图如下（见图6）。

不仅信托资金运用方式灵活多样，信托公司支持保障房建设也涵盖了全部类型的保障房，包括两限房、经济适用房、廉租房、公租房、棚户区改造等。但是在不同类型的保障房建设方面支持力度存在较大差异，在可统计具体投向的138支保障房集合资金信托产品中，投向棚户区改造的多达74支，投向两限房的为18支，投向经济适用房29支，投向廉租房和公租房的为

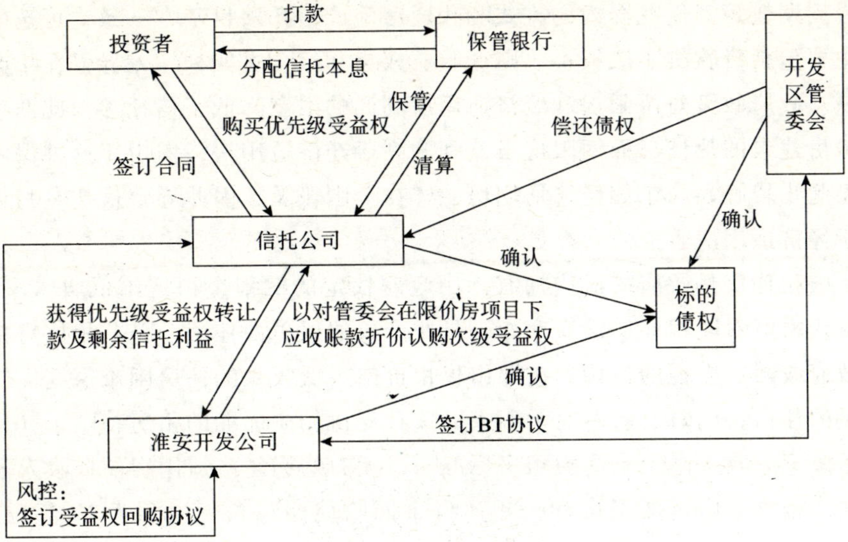

图6 交易结构图

17支。具体投向数量的差异反映了各种类型保障房性质的差异。

棚户区改造按照"政府主导、市场运作"的原则实施。政府除了鼓励地方实行财政补贴、税费减免、土地出让收益返还等优惠政策外，还允许在改造项目里配套建设一定比例商业服务设施和商品住房，支持让渡部分政府收益，能够满足信托产品追求高收益的需求，因此，这类项目成为目前信托资金进入最多的领域。

两限房指经城市人民政府批准，在限制套型比例、限定销售价格的基础上，以竞地价、竞房价的方式，招标确定住宅项目开发建设单位，由中标单位按照约定标准建设，按照约定价位面向符合条件的居民销售的中低价位、中小套型普通商品住房。两限房享有完整的产权，主要由社会机构通过市场运作方式来解决，仅仅是限制价格与面积，市场利润为8%—10%。经济适用房是由城市政府组织房地产开发企业或者集资建房单位建造，免征城市基础设施配套费和商业网点建设费以及契税，减半征收水电增容费等各种税费。建设用地采取行政划拨方式供应，优先给予办理有关手续。另外，经济适用房建设管理费只限于1%—3%，市场利润被限在3%以下。棚户区改造、经济适用房、两限房建成后，销售获得的现金流足以覆盖建房成本，且建设周期较短，信托介入的方式和普通房地产信托项目基本一致，可选的方式主要包括贷款类、股权类、财产收益权类和组合类四种，差异仅在于收益较低。政府政策对两限房和经济适用房利润的限制降低了信托参与此两类的保障房建设的热情，而两限房虽然利润高于经济适用房，但由于这种保障房建设起步较晚，尚未如经济适用房一样在全国普及，因此导致信托参与程度低于经济适用房。

廉租住房是政府或机构拥有，用政府核定的低租金租赁给低收入家庭。低收入家庭对廉租住房没有产权，是非产权的保障性住房。公共租赁房指通过政府或政府委托的机构，按照市场租价向中低收入的住房困难家庭提供可租赁的住房，同时，政府对承租家庭按月支付相应标准的租房补贴，其目的是解决家庭收入高于享受廉租房标准而又无力购买经济适用房的低收入家庭的住房困难。由于廉租房和公租房资金回收周期过长，通常为10年以上，一般由属于地方政府的地方融资平台开发建设，由政府财政负责还款，因此，目前廉租房和公租房多数采用贷款模式，信托参与模式单一，信托公司参与热情不高。

此外，针对复杂的保障房建设，各家信托公司在参与保障房建设时也各显神通，在产品模式和投向方面各有侧重。比如，华晨信托推出的31支保障房集合资金信托产品中有28支为贷款投资类型，有18支投向棚户区改造项目建设上；湖南信托推出的18支保障房建设集合资金信托全部为贷款类型，其中有14投向棚户区改造项目上；天津信托推出的11支保障房建设集合资金信托产品均为股权投资类信托产品，且均投向两限房建设；中信信托推出的6款保障房建设信托产品全部为债权投资类信托产品，资金投向均为经济适用房或棚改房；国元信托推出的5支保障房建设信托产品4支为债权投资类信托。

五、保障房信托尚有较大发展空间，但信托参与方式仍需创新

正如前面所言，根据“十二五”规划，“十二五”期间大规模的保障房建设面临着巨大的资金缺口，为信托公司参与保障房建设提供了巨大的空间。而“十二五”之后，随着城镇化的加快，保障房建设仍将是政府的主要任务。

作为具有典型二元经济结构特征的发展中国家，改革开放以来我国的经

济增长实际上是一个二元经济转化过程，大量农村剩余劳动力从农村农业部门向城市现代部门转移。由于体制的原因，在农村剩余劳动力向城市转移的过程中，我国多年来一直采取非永久性迁移的模式，规模庞大的农村剩余劳动力家庭在农村，工作在城市，常年在农村和城镇之间流动，抑制了其在城镇的住房需求。伴随着二元经济结构转化进程的加快，非永久性迁移模式所能释放的劳动力已被吸收殆尽，为了获取经济发展所需要的更多劳动力，农村剩余劳动力必须由非永久性迁移向永久性迁移转变，城镇化将成为我国接下来一段时期经济发展的主要动力。农村剩余劳动力的永久性迁移意味着农村剩余劳动力家庭将迁入城镇。大量的农村家庭迁入城镇，成为城镇居民的一部分，将释放出巨大的刚性住房需求。作为以打工为主的农村迁移人口而言，其在迁入城镇中处于低收入阶层，住房支付能力低下，绝大多数来自于农村的城镇新居民的基本住房需求难以通过市场机制解决。在城镇原有中低等收入的住房需求通过保障房建设满足之后，来自于农村的城镇新居民的住房需求将会逐步被纳入政府的保障之中，因此，在“十二五”之后的相当长一段时期内，保障房建设仍将是地方政府的主要任务，这将持续产生大量的资金需求，保障房信托将面临较大的发展空间，信托公司应该加大对保障房项目的开发和拓展。

虽然保障房信托具有较大的发展空间，且目前保障房信托已综合利用了贷款、股权、债权等多种方式，但是信托公司要进一步挖掘保障房信托潜力，仍需进行参与方式的创新，这种参与方式创新主要包括信托资金来源和信托资金运用方式两个方面。信托资金来源方面，除发行集合信托计划开拓高净值个人客户之外，信托公司应加大争取社保资金、保险资金和公积金等机构资金的力度，这些机构资金体量大，能够很好地满足大规模的资金需求。信托资金运用方式方面，除了目前常用的五种投资方式外，由于廉租房和公租房的产权性质，只租不卖，可以获得长期稳定的收益，符合REITs的条件，因此，可以参照REITs，发展保障房信托基金。参照房地产信托基金（REITs），发展保障房信托基金具备两个突出优点，是一个比较好的产品创新方向。首先，保障房信托基金以未来租金作为收益来源，虽然租金需要政府财政补贴，但延长了财政补贴的年限，可以最大程度上起到缓解财政压力的作用，非常符合政府的需求，因此，参照房地产信托基金（REITs），发展保障房信托基金可以使信托公司更加深入地参与廉租房和公租房建设，扩展廉租房和公租房信托业务空间。其次，作为发达国家较为成熟的信托业务之一，REITs 一直是信托公司着力开拓的一项业务，但是由于相关制度的欠缺，这方面的业务一直没有实质性的进展，参照 REITs，发展保障房信托基金可以积累大量丰富的实践经验，进而从实践上为未来开展真正的 REITs 打下坚实基础，破冰 REITs 业务。

2012年第四季度信托行业分析报告

百瑞观点：

- 集合资金信托数量、规模双降，年预期收益率持续走低
- 一枚硬币的正反面：房地产信托和基础设施信托
- 证券投资信托和贷款类信托，冰火两重天
- 大资管时代到来，竞合中的机遇与挑战
- 资产证券化产品重启，未来发展空间广阔
- 公益信托：信托社会功能和价值之体现

当前国民经济运行正在由缓中趋稳到筑底企稳转变。官方对“筑底企稳”形势的判断，回应了此前市场各方对中国经济何时筑底的争论。初步核算，2012年全年国内生产总值519322亿元，按可比价格计算，比上年增长7.8%。分季度看，第一季度同比增长8.1%，第二季度增长7.6%，第三季度增长7.4%，第四季度增长7.9%。全年CPI上涨2.6%，比上年低2.8个百分点。金融市场保持健康平稳发展，货币市场交易活跃，市场利率总体小幅下降，债券发行规模大幅增加，股票市场指数跌至底部后有所反弹。2012年11月，党的十八大顺利召开，党中央领导人实现新老过渡，在政府释放“改革是发展的最大红利”积极信号下，新一轮的经济上涨周期值得期待。

一、集合资金信托数量、规模双降，年预期收益率持续走低

（一）集合资金信托数量、规模双降

根据Wind信托产品数据统计，2012年第四季度，国内共有67家信托公司推出了集合资金信托计划1217支，发行规模总计1496亿元，平均发行规模1.2亿元，平均预期收益率为8.36%，存续期从1个月到20年不等，平均期限为2.33年（见图1、表1）。存续期时间最短产品为1个月期，属于短期理财产品，有华宝信托的“月月增利A7期”证券投资信托、中海信托的“理财宝2号”证券投资信托和广东粤财信托的“兴粤通开放式信托十期”组合投资信托；最长的产品都集中在证券投资类信托，属于开放期限产品，比如中信信托的“稳健分层型财富1期”信托计划和中融信托的“融新慧安11号”信托计划等14支证券投资类信托产品存续期均则高达20年。

2012年第四季度集合信托一改年度的增长态势，发行量和发行规模均出现下降（如图1）。发行数量由第三季度的1289支减少至1217支，环比下降5.59%，同比下降12.38%；发行规模由第三季度的1761万元降低至1496万元，环比下降15.05%。第四季度分月份数据看，10—12月的发行数量和规模逐月增加，大致处于上升趋势当中。集合资金信托计划发行数量月均达到了400多支，其中，10月份新发行的集合信托计划最少，为279支；12月份新发行的集合信托计划数量最高，达到了515支；11月份集合信托计划数量为423支。

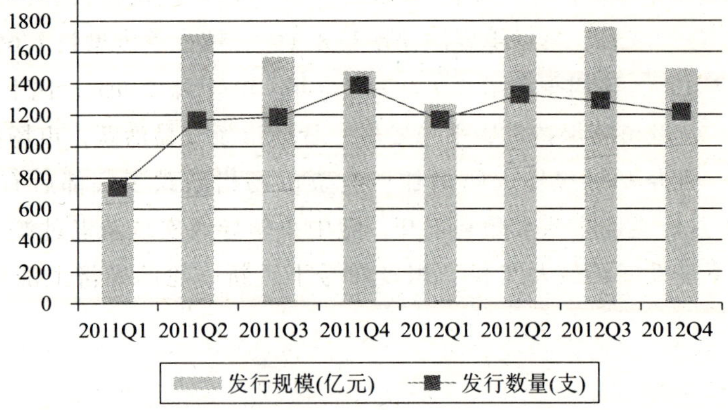

图1 集合资金信托计划季度发行数量和规模趋势

表1　　2012年第四季度集合资金信托产品发行概况

		10月	11月	12月	第四季度
发行数量（支）		279	423	515	1217
发行规模（万元）	总计	3432249	4885244	6644349	14961841
	平均	12302	11549	12902	12294
存续期（月）	最短	1	1	1	1
	最长	240	240	240	240
预期收益率（%）	平均	8.21	8.46	8.33	8.36

数据来源：Wind信托产品数据库，百瑞信托博士后科研工作站。

注：所统计产品指推介起始当日在所属期间的信托产品，发行规模指实际发行规模，平均发行规模=实际发行规模/发行规模不为零的发行数量，分母中忽略了未披露实际发行规模信息的部分产品。

（二）随大市，集合资金信托年预期收益率稳中回落

2012年第四季度集合资金信托的年预期收益率从年初以来，整体仍呈下降趋势。第四季度集合资金信托的年预期收益率平均值为8.36%，比第一季度的8.8%下降了0.44个百分点，和2011年前三季度预期收益率走势相比，集合产品的收益情况仍是稳中回落。2012年12月份，根据央行统计数字，贷款加权平均利率为6.78%，比年初下降1.23个百分点。这一趋势的出现和我国资金价格的整体走势有关：

1. 2012年上半年，银行体系流动性总体充裕，贴现、债券筹资等市场化产品利率有所下行，带动金融机构贷款利率稳步下降。6月份和7月份，中国人民银行连续两次下调存贷款基准利率，并小幅扩大利率浮动区间，金融机构贷款利率进一步下降，并于年末趋于稳定。

2. 下半年以来，央行将逆回购操作作为流动性供给的主要渠道，有效熨平多种因素引起的流动性波动。全年累计开展正回购操作9440亿元，开展逆回购操作60380亿元。2012年10月30日，央行在公开市场操作中开展两期共3950亿元逆回购操作，创史上单日新高。逆回购是中国人民银行向一级交易商购买有价证券，并约定在未来特定日期将有价证券卖给一级交易商的交易行为，属于央行向市场上投放流动性操作。按照央行公布的9月末人民币存款余额计算，降准0.5个百分点释放的资金在4000亿元左右。央行虽然没有动用“降准”等深度流动性释放工具，但是通过逆回购这样的

别样降准措施，同样达到了纾困资金，有效引导市场预期，促进货币市场利率水平合理回落和平稳运行（见表2）。

表2　　2012年第四季度集合信托产品发行情况分类表

投资领域	发行数量（支）	发行规模（万元）
金融市场	259	2157530
房地产	215	4097716
基础设施	320	4107146
工商企业	166	1896045
其他	257	2703404
总计	1217	14961841

在信托资金运用上股权类信托收益率最高，证券类信托的预期收益率最低。公布收益率指标的562支集合信托产品中，第四季度收益率在10%以上（含10%）有46支。年化收益率最高的信托产品为爱建信托的“昆仑地产基金1号集合资金信托计划”，最高收益达到17.4%。该信托计划属于股权类投资，募集资金用于投向温州中昆项目公司股权及其开发的鳌江镇蓝田东侧A地块房地产项目的开发建设，通过项目清算分红、股权转让等方式以获得投资收益。其次为外贸信托发行的“富祥13号（天津万通中心项目）投资基金集合资金信托计划”，平均收益为13.25%，该计划募集资金规模为4.158亿元，实现持有天津和信项目48.96%的股权，并投资于天津万通中心项目的开发建设。这是本季度投向商业地产的股权投资信托中最具代表性的一个案例，通过对项目的专业管理谋求信托财产的稳健增值。

随着房地产调控政策逐渐收紧，住宅地产受到监管层控制更加严格，很多房地产开发商开始把目光转向了商业地产领域。信托公司也开始关注商业地产项目，近期，越来越多涉及商场、酒店、旅游文化地产等房地产信托产品开始出现在市场上，在超过10%年化预期收益率的普通住房信托项目已基本绝迹的情况下，而这类产品的预期最高收益大多在10%以上。目前大多房地产信托计划期限都不超过3年，投资于商业地产发挥的只是短期融资功能，即投资新建商业地产以部分销售或由开发商到期溢价回购方式实现退出，或者以商业物业作为信托融资标的资产。商业地产不同于住宅地产，资金回收主要来源于租金以及对租户提供物业管理等附加服务而取得的收入。

第四季度，年化收益率最低的信托产品是长安信托于2012年12月25日发行的“摩通一号（长安投资180号）证券投资集合资金信托计划”，募集资金投向上海证券交易所或深圳证券交易所公开挂牌交易的A股股票、新股申购、证券投资基金、银行存款，预期投资收益率为0.5%固定+浮动。

二、一枚硬币的正反面：房地产信托和基础设施信托

第四季度发行的产品投资领域分布上，基础设施类信托发行规模延续了上一季度的态势仍居首位，房地产信托再度发力，紧随基础设施类信托，位居第二（如图2所示）。时至年底房地产和基础产业领域通过信托融资的需求依然强烈，从发行情况看，这两类产品发行规模交替领先可谓是近期的主旋律。统计数字显示，从发展的趋势看，房地产信托产品的发行一改前期颓势，发行规模从第三季度的338亿元升至409亿元，环比上升约21%；而基础设施信托则从540亿元降至410亿元，环比下降24.1%。具体分解到每月数据显示，第四季度各月房地产信托发行规模分别约为115亿元、160亿元和134亿元；基础设施类信托发行规模分别约为130亿元、183亿元和97亿元，可见第四季度房地产信托发行规模追平基础设施类信托的拐点出现在12月份。

本季度投向金融市场的信托产品占比约为14%，发行规模较上季度降低21.1%，投向工商企业的信托产品占比13%，发行规模较上季度上升5.8%。

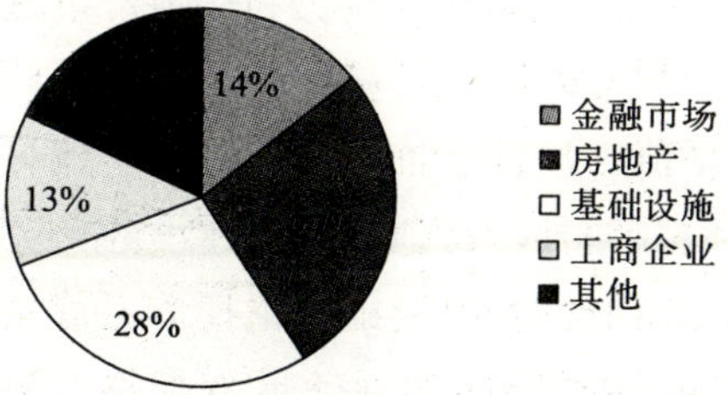

图2 成立产品投资领域分布图之资金规模占比

城镇化被认为是未来10年左右我国经济发展的主要动力。近日，由发改委主导的《促进城镇化健康发展规划（2011—2020年）》初稿也已编制

完成，该规划称"城镇化将在未来十年拉动40万亿元投资"。根据城镇化建设融资的国际经验，综合大多数国家情况，城镇化建设资金来源主要有三个方面：一是传统意义上的政府税收；二是基于使用者付费原则的项目收益；三是通过发行市政债或类似债务工具从金融市场融资。但无论是政府税收、使用者付费还是发债，其来源都与城镇化过程中基础设施服务功能提升，以及土地、房产带来的未来收入有关。可见，城镇化和房地产业的发展存在着相辅相成紧密关系。根据城市发展的"纳瑟姆曲线"规律显示，我国城镇化在突破了50%的水平后正在从初级阶段向加速阶段转化，因此，中国大规模房地产开发期还将持续（如图3所示）。

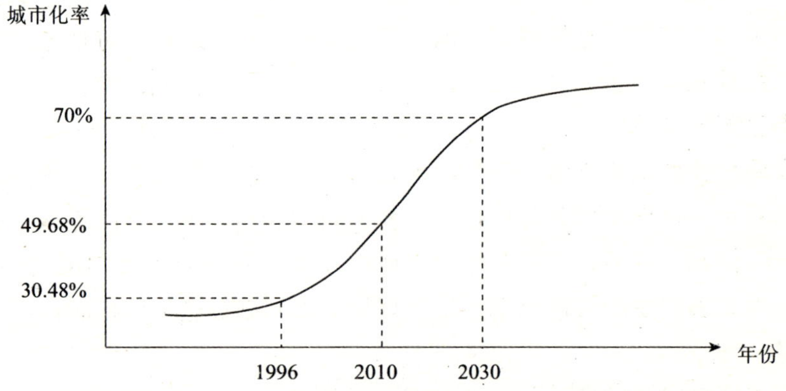

图3 中国城市化的"纳瑟姆曲线"

城市基础设施建设的资金来源主要依靠地方政府的税收或发债，而地方政府的税收或偿债又主要依靠出让土地等和房地产市场相关的收入。这就导致了以下关系的形成：地方政府通过将募集的资金投向基础设施建设带来当地的收入增长、土地增值、城镇化推进，收入、土地、人口都是影响房地产市场的关键因素，它们共同推动房地产开发建设的繁荣。而房地产市场的繁荣又进一步支持了地方政府的城市基础设施投资。可见，房地产市场、地方政府和基础设施建设这三者之间存在一个相互促进，相辅相成的关系，在这一关系中实现了资金的循环往复（如图4所示）。

投资于房地产开发领域的资金和基础设施建设资金两者具有较强的相关性，基础设施建设和房地产业的这种相辅相成的关系也恰如其分的反映在基础设施和房地产信托的发行上（如图5）。2012年第四季度，房地产信托和

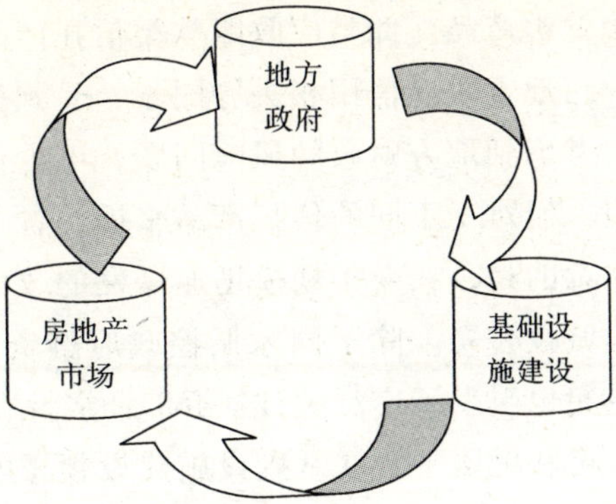

图4 城镇化进程中资金的流向

基础设施信托分别受以下因素影响较大。

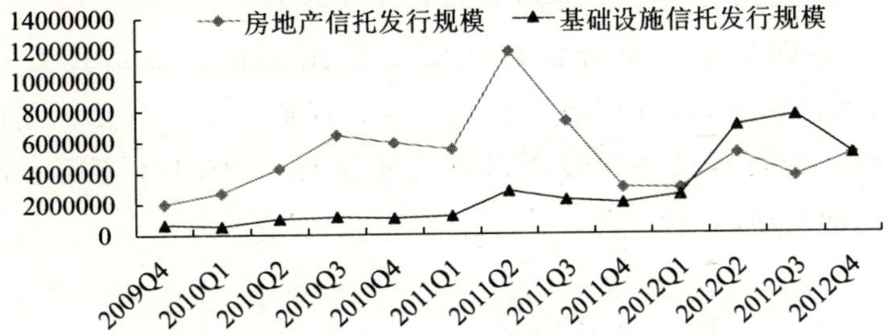

图5 房地产信托和基础设施集合信托发行规模走势

1. 房地产市场调整即将结束。2012年前三季度经济超预期下滑，逐渐跌至谷底，第四季度，基建投资、房地产回暖推动经济环境温和复苏。从全国来看，商品房市场2012年第一季度销售面积同比下降13.6%，平均房价同比下降1.16%；上半年销售面积同比下降10%，平均房价同比上涨5.38%；前三季销售面积同比下降4.0%，平均房价同比上涨6.92%。商品房销售由降转升，平均房价由跌变涨，各重点城市市场交易量出现年底翘尾，市场调整即将结束。

2. 政信合作规模暴增，财政部等四部委出台463号文。2012年12月底财政部等四部委出台的《关于制止地方政府违法违规融资行为的通知》（简称463号文）规范政府融资行为的最新部门规章。在土地财政吃紧，地方政府债台高筑的背景下，以往的基础设施信托中，贷款类产品日渐减少，取而代之的则是应收账款类产品。此类应收账款类信托产品因其颇具优势的预期收益并且或多或少与地方政府信用相关等因素，受到投资者的追捧。从信托公司的角度来说，考虑到地方财政的风险问题，不少信托产品都设置了更齐备的风险控制措施。但对于不同的信托产品来说，各个地方政府信用也各不相同。但是值得注意的是，在今年规模迅速爆发的政信合作中，将近六成融资主体是区县级的城投公司。除了国家调控政府融资风险的政策要求外，地方政府是否难以兜底也引发了广泛关注。463号文旨在进一步规范政府的融资行为，对信托公司和融资平台在基础设施建设领域的合作产生不可小觑的影响。

三、证券投资信托和贷款类信托，冰火两重天

（一）大盘遭遇寒冬，证券投资信托跌至谷底

2012年第四季度，集合信托在资金运用上贷款类信托发行规模为3538050万元，以23.23%的占比稳居首位；证券投资信托由于受股市低迷触底的影响，发行规模本季度下跌至近年最低点935141万元，占比仅为6.14%（如图6所示）。

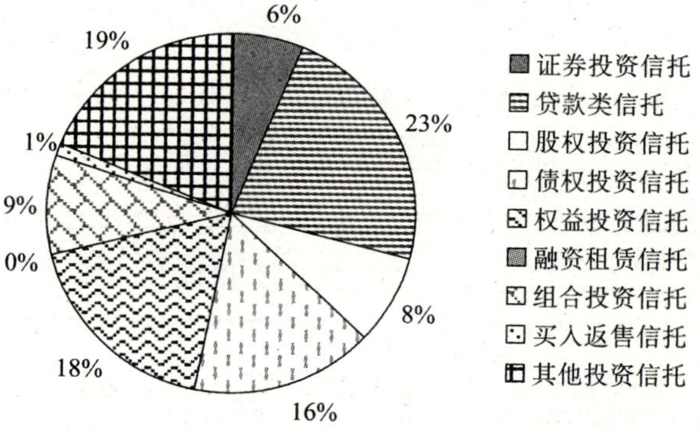

图6　成立产品资金投向分布图之资金规模占比

2012年资本市场的大事件之一即为上证指数跌破2000点大关，12月4日跌至1949.46的低点。大盘遭遇寒冬，证券投资信托发行数量、规模均下跌。其中第四季度发行证券投资信托188支，环比下降13.36%，发行规模环比下降49.62%。A股市场的持续下跌，首只双投顾模式来对冲股市风险的阳光私募应运而生。

产品名称："瀚信泰安对冲护本1期"

资金运用：该产品最多50%的仓位投资于股票，30%投资于股指期货市场，20%投资于分级债基。由瀚信资产和瀚鑫泰安资产合作成立，其中，股票投资部分由长期从事二级市场投资的瀚信资产负责，而股指期货方面则由专业从事量化和对冲基金管理的瀚鑫泰安负责。

风控措施：采取了较为新颖的类保本模式。首先产品设置了0.96元的严苛止损线，且随着产品净值的提高，止损线也会不断抬高，即基金净值每上升0.3元，止损线上浮0.2元；其次，在操作上仿效保本基金，前期主要通过投资固定收益类产品以及套保来累积安全垫，待安全垫达到足够厚度，才开始在二级市场买入股票。

（二）社会融资规模上升，贷款类信托举足轻重

2012年全年社会融资规模明显高于上年，主要是由于信托贷款（包括单一信托和集合信托，下同）、企业债券、人民币贷款和外币贷款融资较为活跃，这四类融资合计为12.66万亿元，比上年多3.05万亿元（见表3）。可见，信托在贷款市场上也扮演着重量级的角色。央行发布的11月份统计数据报告显示，11月份信托贷款增加1995亿元，同比多增1279亿元，这个新增数额，占11月1.14万亿元社会融资规模的17.5%。如此高占比，不仅高于10月份的11.2%，更高于9月份的12.26%，创下历史新高，膨胀速度之快令人吃惊。数据显示，2012年8月以来，信托贷款就以不凡增速屡屡引发社会关注。而前三季度社会融资规模统计数据报告显示，信托贷款增加7015亿元，同比多增6176亿元。

从集合信托的资金投向上看，贷款类型托的主要投向为基础产业领域和房地产领域。投向基础产业领域的贷款类信托产品占总数的31.25%；其次，25%的贷款类信托产品投向了房地产领域。而这一数据也反映出基础产业领域以及房地产领域需要依靠信托渠道进行融资的现象。

信托贷款高速增长，既与经济增速放缓背景下，实体经济低迷，使银行放贷谨慎，而资金链紧绷的企业为了救急，不得不从外部寻求资金支持有关；也与当前银行储蓄利率较低甚至为负，居民存款离开银行体系，流向了回报更高的理财产品、信托产品，银行也为了绕开规模控制，争取更大收益，热衷于推动资产表外化有关；还与监管机构希望提高直接融资在社会融资规模中的比例，降低间接融资占比，分散银行体系信贷风险的政策取向有关。

表3 社会融资规模构成

单位：亿元

年份	社会融资规模	其中：						
		人民币贷款	外币贷款（折合人民币）	委托贷款	信托贷款	未贴现银行承兑汇票	企业债券	非金融企业境内股票融资
2005	30008	23544	1415	1961	—	24	2010	339
2006	42696	31523	1459	2695	825	1500	2310	1536
2007	59663	36323	3864	3371	1702	6701	2284	4333
2008	69802	49041	1947	4262	3144	1064	5523	3324
2009	139104	95942	9265	6780	4364	4606	12367	3350
2010	140191	79451	4855	8748	3865	23346	11063	5786
2011	128286	74715	5712	12962	2034	10271	13658	4377
2012	157606	82035	9163	12837	12888	10498	22498	2508

注：①社会融资规模是指一定时期内实体经济从金融体系获得的资金总额，是增量概念。②当期数据为初步统计数。③表中的人民币贷款为历史公布数。④“—”表示数据缺失或者有关业务量很小。

数据来源：《2012年第四季度中国货币政策执行报告》。

四、大资管时代到来，竞合中的机遇与挑战

2012年12月底，信托业管理的信托资产规模已然突破7万亿元大关，达到7.5万亿元，信托业资产规模首次超越保险，成为排名第二的金融子行业。自2009年以来，信托公司全行业管理的信托资产规模，已连续4个年度保持50%以上的同比增长率。作为一种财产法律制度，信托能够集成多种金融工具，以其灵活性和跨市场运作的制度优势为客户量身定制综合金融解决方案，使之在复杂的国际、国内经济环境下，成为中国金融市场一道亮丽的风景线。

在金融体制改革总体思路“金融业必须服务于实体经济”的指引下，监管机构放松对资产管理牌照的审批，打破对现有证券公司、基金公司的行业监管。2012年下半年，证券、保险、基金等金融子行业相继出台了一系列改革新政，极大地拓展了上述行业的业务范围，使其资管业务与信托业务之间产生了很强的替代性。出现了资产管理业务百舸争流的局面。对于信托业而言，自身发展和外部环境均发生了重大的变化，融通与竞合将成为未来发展的主要趋势。

（一）信托和基金的竞合

2012年9月20日，中国证监会颁布《证券投资基金管理公司管理办法》（证监会第84号令），随后又于2012年9月26日颁布《基金管理公司特定客户资产管理业务试点办法》（证监会令第83号令）及其配套文件，并于11月1日正式实施。这两套文件的出台，对基金公司开展资产管理业务进行了一系列调整，进一步放宽了该业务的投资范围。和信托公司开展的资管业务相比，基金公司具有以下五个优势：

1. 业务开展成本低。在资管业务中，只需要2000万元注册资本即可成立，无净资本约束，因此其资管业务规模可实现无限制增长，业务杠杆高、净资产收益率高，对单个业务的收费要求低，这将导致信托公司的通道业务大幅流失。

2. 投资者范围和数量更加宽泛，更好的满足融资需求。强调投资门槛（客户风险承受能力）与产品性质相匹配，在同样单笔委托金额300万元人民币以上的投资者数量不受限制的条件下，基金公司单个资产管理计划投资者数量均放宽至200人，而信托公司单个集合资金信托计划投资者数量不得超过50人。从而扩大基金的募集规模。

3. 私募业务公募化，投资者风险自担。基金自身主业为公募业务，分支机构遍布全国，公募业务积累了大量客户，为私募业务打下了基础，其私募资管业务实质上已经公开化、公募化，使得其同时具有推介优势和门槛优势；和信托公司的刚性兑付不同，基金公司不对终极风险承担责任，强调投资者风险自担。

4. 在产品的开放性和流动性方面更能满足客户的需求。在开放性上，基金公司特定多个客户资产管理计划每季均可开放，且为多个客户设立的现金管理类等证监会认可的其他类型资产管理计划还可根据客户需求灵活设置开放期；在流动性上，基金资管可以通过交易所平台进行转让，极大地提高了这两类产品的流动性。而信托产品缺乏有效的流通平台，流通机制的广度和深度远不能满足市场需求。

5. 允许自然人入股，为股权激励留下了操作空间，使“知本”和“资本”得以有效结合。组织形式上，基金通过设置子公司实现风险隔离，但对注册资本的要求较低，基金资产管理子公司仅要求基金公司控股50%以上，甚至允许自然人入股，为股权激励留下了操作空间。

可见，信托公司由于更容易受到银监会的窗口指导，所受监管比基金公司更加严格，开展业务不如基金公司自由。而基金公司的投资范围已和信托公司无异，在经营“类信托”业务时又不受净资本的约束，并且允许管理层持股，成为资产管理市场上竞夺银行理财资金的利器。

信托公司在面临挑战的同时积极寻找机遇，信托和基金的竞合风生水起，一些信托公司先发制人，走上了控股基金公司之路（如表4所示），实现基金公司凭借不同监管部门监管政策的差异进行的监管套利。券商系一直都是基金公司的第一大派系，但今年以来，信托公司大有争夺第一大派系宝座的势头，通过控股实现业务拓展。

（二）信托和保险的竞合

2012年10月，中国保监会先后发布《关于保险资产管理公司有关事项的通知》、《关于保险资金投资有关金融产品的通知》等6个文件，对保险资管业务进行了规定，扩大了保险资金的投资范围。保险资管的资金受托与资产投向双向拓宽，保险资金几乎成为所有金融产品的买方。未来，保险资管与银行理财、券商资管、信托公司等在资产管理业务上有望形成全面合作与竞争的关系。

表4　　信托控股的基金公司

序号	信托公司	持股比例（%）	基金子公司	成立时间	地点
1	中诚信托	48	嘉实	1999年2月	北京
2	华宝信托	67	华宝兴业	2003年2月	上海
3	上海信托	51	上投摩根	2004年5月	上海
4	天津信托	48	天弘	2004年11月	天津
5	国投信托	51	国投瑞银	2005年6月	深圳
6	山西信托	51	汇丰晋信	2005年11月	上海
7	平安信托	64	平安大华	2011年1月	深圳
8	华宸信托	40	华宸未来	2012年7月	深圳
9	英大信托	49	英大	2012年6月	北京
10	中融信托	51	道富	报批	杭州
11	华润信托	51	华润元大	报批	深圳
12	厦门信托	51	圆信永丰	报批	厦门

注：报批部分是根据2012年《基金管理公司设立申请审核公示表》。

从目前一些合作的案例看，保险公司想拥有更多的主权，把信托公司仅作为融资渠道，这种合作方式将会对该项业务的开展带来一定的阻碍。因此，信托公司未来想拥有更多的话语权，还需积极拓展渠道，信托计划在设计和发行上还需更多的细化要求，设计出更适合保险公司的信托计划，从而与券商、基金公司竞争，形成比较优势。

首单信保合作："中信·聚信汇金地产基金1号集合资金信托计划"。2012年12月，中信信托官方表示与泰康人寿达成合作意向，泰康人寿将出资总额9.68亿元认购"中信·聚信汇金地产基金1号集合资金信托计划"优先级信托产品。

资金用途：投标竞买天津市天嘉湖二期项目地块，通过100%股权投资设立（增资）项目公司、发放贷款、补充期间流动性需要。

项目情况：天嘉湖二期项目位于天津津南区八里台镇，建筑业态包括高层住宅、别墅住宅、商业街及配套公建（会所）。项目初步规划总投资150.6亿元，建设期为2011—2019年，分七期开发建设。

增信方式：本产品主要通过产品分级保障优先级投资人的利益。优先级与其他层级的资金比例原则上不超过7.3∶1。除中间级和次级的缓冲效果外，中信集团全程全额承诺认购T2类信托受益权、T3类信托受益权以保障优先级受益人信托利益按时、足额的实现。

其他相关信息：本计划优先级产品信托期限10年，按3个月为主的持有期开放申赎（最短持有一个持有期），优先级预期收益率5.7%/年。

（三）信托和券商的竞合

2012年10月18日，中国证监会颁布《证券公司客户资产管理业务管理办法》（证监会第87号令）及其配套文件，与此前的规定相比，新的管理办法出现明显松动，为券商资产管理业务开展创造了良好的条件。和信托公司开展的资管业务相比，券商具有以下优势：

1. 投资门槛低，投资人数放宽。根据《证券公司客户资产管理业务管理办法》第二十四条规定，限定性集合资产管理计划客户的投资门槛降低至5万元，非限定性集合资产管理计划客户的投资门槛降低至10万元。单个资产管理计划投资者数量均放宽至200人。券商客户群体覆盖面广，即包括高端投资者，又包括中小投资者，同时，券商主业为公募业务，分支机构遍布全国，公募业务积累了大量客户，其私募资管业务实质上已经公开化、公募化，使得其同时具有推介优势和门槛优势。

2. 在开放性和流动性上更为宽松，不对终极风险承担责任，强调投资者风险自担。证券公司可以根据集合计划的类型、特点和客户需求设立开放期；通过交易所平台进行产品的转让，极大地提高了产品的流动性。

券商资管和私募跨界合作，2012 年 11 月 26 日，国内资产管理规模最大的证券公司国泰君安与资产管理规模最大的“阳光私募”机构上海重阳投资联合发售一款名为“国泰君安君享·重阳阿尔法对冲一号”的券商集合理财产品，实现阳光私募品牌首度被“嵌入”券商集合理财产品之中。

五、资产证券化产品重启，未来发展空间广阔

资产证券化的发行过程可概述为发起人将其财产或财产权委托给信托公司或其他有关机构，由信托公司或有关机构成立一家特殊目的工具（Special Purpose Vehicles，SPV），发起人通过真实销售将应收账款、银行贷款等财产或财产权作为基础资产出售给 SPV，再由 SPV 以这些基础资产为支持发行证券在市场上公开出售，基础资产所产生的现金流和相应权益是该类证券收益和权益的法律保障。SPV 是资产证券化的核心，SPV 既可以采取公司制形式（Special Purpose Corporation，SPC），也可以采取信托形式（Special Purpose Trust，SPT），目的是实现基础资产与发起人的风险隔离。例如银行的信贷资产证券化就是银行作为委托人将基础资产信托给受托人（信托公司）设定为信托资产，转移给受托人所有，再由受托人发行相关证券化产品。资产证券化通过委托人将资产信托给受托人设计特定目的信托实现了风险隔离和破产隔离，也保证了投资人认购证券的收益。我国目前的资产证券化业务可分为企业资产证券化、资产支持票据、信贷资产证券化三类。

（一）企业资产证券化

企业资产证券化是证券公司以专项资产管理计划为特殊目的载体（Special Purpose Vehicles，SPV），以计划管理人身份面向投资者发行资产支持受益凭证，按照约定用受托资金购买原始权益人能够产生稳定现金流的基础资产，将该基础资产的收益分配给受益凭证持有人的专项资产管理业务。因此，证券公司企业资产证券化是证券公司的一项特殊的专项资产管理计划业务，该专项资产管理计划筹集的资金全部认购某特定基础资产，专项资产管理计划的份额表现为受益凭证并可以在证券交易所进行转让和流通，从而将

流动性弱的基础资产通过专项资产管理计划的方式实现证券化。据不完全统计，截至2012年年底，共有3家企业发行14支资产支持证券，余额为32.79亿元，其中在深交所或上交所上市27.8亿元。

（二）资产支持票据

2012年8月，中国银行间市场交易商协会（以下简称“交易商协会”）发布了经中国人民银行备案同意后的《银行间债券市场非金融企业资产支持票据指引》（以下简称“指引”）。依据资产支持票据指引规定，资产支持票据指“非金融企业在银行间债券市场发行的，由基础资产所产生的现金流作为还款支持的，约定在一定期限内还本付息的债务融资工具”。据不完全统计，截至2012年年底，共有7家企业发行了15支资产支持票据，余额为62亿元，全部为定向发行，没有在全国银行间债券交易市场上市。

根据交易商协会的信息，“首批发行的资产支持票据产品采用账户隔离模式”，但账户隔离模式不能实现资产的风险和收益的完全隔离，成为资产支持票据结构设计中的最大缺陷。和典型的资产证券化产品相比，我国资产支持票据缺少资产证券化最重要的一环，即没有引入SPV，没有实现资产与发行人的风险隔离，资产支持票据的现金流和风险仍然依赖于发行人，既不能实现发行人以优质资产和充溢的现金流发行高信用等级的资产证券化产品，实现低融资成本的目的，也不能隔断发行人负债和信用风险对资产支持票据计划的风险传递。

（三）信贷资产证券化

按照《信贷资产证券化试点管理办法》第二条规定，信贷资产证券化指“在中国境内，银行业金融机构作为发起机构，将信贷资产信托给受托机构，由受托机构以资产支持证券的形式向投资机构发行受益证券，以该财产所产生的现金支付资产支持证券收益的结构性融资活动”；该办法还规定，受托机构由信托公司或中国银监会批准的其他机构担任。包括住房抵押贷款、汽车贷款、消费信贷、信用卡账款、企业贷款等信贷资产的证券化。

2005年年底，首批资产证券化产品正式推出，它们是中国建设银行和国家开发银行分别发行国内首支住房抵押贷款证券化（MBS）和信贷资产支持证券化（ABS）产品——“建元2005-1个人住房抵押贷款证券化信托资产支持证券”和“2005年第一期开元信贷资产支持证券”。

2012年6月，财政部、央行、中国银监会联合发布了《关于进一步扩大信贷资产证券化试点有关事项的通知》。2012 年 9 月，国家开发银行以 101.66 亿元的首单 ABS 产品开启了信贷资产证券化的第一扇大门。11 月 28 日，上汽通用汽车金融有限责任公司（以下简称“上汽通用”）宣布，公司发起的“通元 2012 年第二期个人汽车抵押贷款证券化信托资产支持证券”在全国银行间债券市场成员公开发行成功，募集资金 19 亿元。这是国内信贷资产证券化（ABS）试点重启之后的第二单产品，也是首例汽车金融贷款公司发行的产品。同月，上海信托和上海汽车集团财务有限公司合作，通过银行间市场公开募集发行“2012 上元一期个人汽车抵押贷款支持证券”。

产品名称：“2012 上元一期个人汽车抵押贷款支持证券”

预期收益：优先 A 类发行利率 4.55%，优先 B 类发行利率 6.00%，次级受益权由上汽财务持有（见表 5）。

表 5　　上元信贷资产支持证券发行层级

	发行金额（元）	发行利率	法定最终到期日	评级（大公）	评级（联合资信）	评级（中债资信）
A 级资产支持证券	836290000	浮动利率	2016.6.30	AAA	AAA	AAA
B 级资产支持证券	113700000	浮动利率	2016.6.30	A	A	A
次级资产支持证券	49999276	无票面利率	2016.6.30	无评级	无评级	无评级
总计	999989276					

说明：银行间市场清算所股份有限公司将于 2012 年 11 月 27 日将资产支持证券计入持有人账户，受托机构将于发行结束后向中国人民银行申请在全国间债券市场交易 A 级资产支持证券和 B 级资产支持证券。次级资产支持证券不进行转让交易。

由上海汽车集团财务有限责任公司作为“发起机构”将全程持有全部最低档次的“次级资产支持证券”，并将相关“抵押贷款”、“抵押权”及“附属担保权益”委托给最为“受托机构”的上海信托，由上海信托设立一个专项信托，上海信托将发行以“信托财产”为支持的“资产支持证券”所得认购金额扣除“承销报酬”和“交易文件”约定的其他费用后的净额支付给“发起机构”。图 7 所示为“资产支持证券”发行的基本教义结构，其中实线表示各方之间的法律关系，虚线表示现金流的划转。

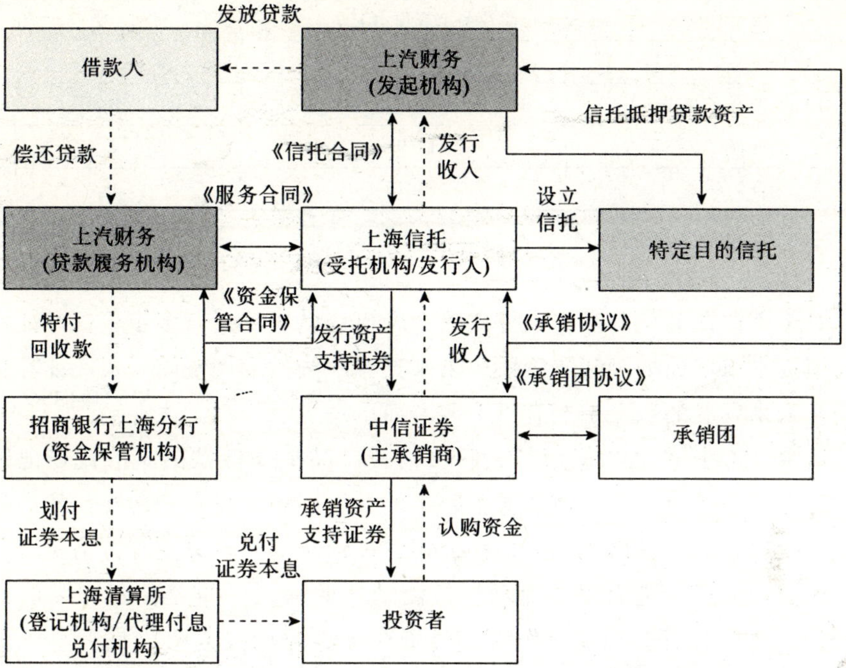

图7 “2012上元一期个人汽车抵押贷款支持证券”交易结构

据不完全统计，截至2012年年底，我国信贷资产证券化规模余额大致为233.76亿元，其中信贷资产支持证券规模余额为201.94亿元，其余还有12.89亿元住房抵押资产支持证券和18.93亿元汽车抵押资产支持证券。信贷资产支持证券规模余额中，国家开发银行规模最大，为78.03亿元，其余几家银行业金融机构分别是中国工商银行、中国银行、交通银行、兴业银行和中国信达资产管理股份有限公司；中国建设银行是我国唯一一家发行住房抵押贷款资产支持证券的商业银行。住房抵押资产支持证券是中国建设银行于2005年和2007年分别将其住房抵押贷款委托给中信信托有限责任公司和中诚信托有限责任公司发行；汽车抵押资产支持证券的发起人有上汽通用汽车金融有限责任公司和上海汽车集团财务有限责任公司，两家机构的资产支持证券余额分别是12.57亿元和6.36亿元（见表6）。

表6　　我国信贷资产证券化规模余额

项　　目	债券剩余规模（亿元）	发行机构个数（个数）
信贷资产支持证券	201.94	6
住房抵押资产支持证券	12.89	1
汽车抵押资产支持证券	18.93	2
合　　计	233.76	9

数据来源：财汇金融分析平台。

对于资产证券化产品，国外成熟金融市场已成功运营多年，资产证券化在我国资本市场尚处于起步阶段，未来具有广阔的发展空间。资产证券化对信托业未来发展的意义主要有以下两方面：

1. 拓展信托产品二级市场，解决信托产品流动性缺陷。信托登记制度尚未建立，信托也没有类似证券、基金的二级市场，投资者购买信托产品需要转让变现，缺乏退出机制，信托公司管理信贷资产也只能等待信贷资产到期，无法盘活资产进而提高流动性，流动性的缺乏一直是信托产品的一个"短板"。如果信托公司能够作为信贷资产证券化的发起人，将自身管理的信贷资产直接纳入证券化资产包，通过证券化并在银行间债券市场交易，就能实现信托产品的流通，提高信贷资产的流动性。

2. 发挥信托原理优势，有利于提高其自身的行业竞争力。结合我国目前的市场和法律环境，信托是目前资产支持证券发行最佳的载体，其在发行主体、破产隔离以及资产管理等方面都具有无可比拟的优势。而在银行间市场公开发行，也是信托公司从私募走向公募，在资金募集方式上的重大创新和突破。

六、公益信托：信托的社会功能和价值之体现

信托是一项以实现信托目的为中心的特殊的财产管理制度。委托人将财产交付信托的目的是为了实现自己的特定意愿，这种意愿可能是出于理财的需要，以实现信托财产的保值增值；也可能是出于非理财的需要，以实现信托财产按照自己的心愿实现转移和分配。因此，信托除了具有理财功能外，还具有广泛的社会功能和深厚的社会价值，这也是信托作为一项古老的制度，历久弥新，为现代国际社会普遍承认的根本。我国制定《信托法》的

宗旨也不仅仅是为了将信托制度确立为简单的理财制度，在设计上沿袭了英美信托制度的本质，以使信托能够最大限度地发挥在财产转移和财产管理方面的灵活性。

信托设计一直在社会公益促进方面扮演着极其重要的角色。在英美，举凡宗教、慈善、学术、教育、医学、科研等公益事业，无不得益于公益信托的实施。以美国为例，现今有数千个从事各种不同公益事业的基金会。而且资力雄厚的人往往会成立个人的基金会，例如，卡内基基金会、洛克菲勒基金会等。这些基金会财力非常雄厚，规模十分庞大，对于美国甚至世界的学术、科学、教育都有巨大的贡献。我国《信托法》就特别专门用一章规定了“公益信托”。但是实践中信托所具有的广泛的社会功能和社会价值还远未得到充分发挥。由于审批手续不明确和配套税收优惠措施没有建立，公益信托目前在我国的发展还受到比较大的制约。信托公司在公益信托的道路上积极探索，有理由相信，随着相关制度的健全，信托在我国公益事业的发展中将扮演越来越重要的角色。

公益信托一：四川省慈善总会·中铁信托爱心基金

2012年12月28日，由中铁信托有限责任公司和省慈善总会共同发起设立的四川省慈善总会·中铁信托爱心基金成立仪式在成都举行。中铁信托30家合作企业及高端爱心客户现场认捐400余万元。爱心基金由四川省慈善总会和中铁信托共同管理、独立核算、专款专用、透明运行，将主要用于扶贫济困、助学兴教、赈灾救助等社会公益慈善活动。此项行动是中铁信托首次尝试“用创新的理念献爱心，以创新的机制做公益”，使慈善事业走向长效化、规范化。

公益信托二：捐助、救助儿童的紫金厚德2号公益信托

2012年11月26日，在紫金信托重组成立2周年之际，经南京市民政局批准，紫金信托推出了紫金厚德2号公益信托产品。此次募集资金主要用于“捐助、救助困难家庭中罹患大病的儿童”，并邀请南京市慈善总会担任项目管理人，立信会计师事务所江苏分所担任监察人，监督信托资金的使用并出具审计报告，民生银行南京分行担任信托资金的保管人并确保资金安全。该产品通过信托模式的引入，对公益资金采取独立账户、封闭管理的运作方式，在第三方公益事业管理机构和信托监察人的监督下，以信托行业严谨的信息披露要求和监管机制作为保障，使公益资金的管理和使用透明、规范。

此运作模式为业界提供了一个公益信托的典范，对于推广公益信托，发挥信托的社会功效有重要意义。

公益信托三：首个金融养老服务类公益信托“安信·关爱系列‘阳光二号·颐养’集合资金信托计划”

安信信托2012年12月推出的“阳光二号·颐养”试点性地利用公司专业资金托管能力及融资平台，为老年人群体提供金融理财服务。产品区分特定投资者和一般投资者，60周岁以上老人系特定投资者，其权益优先于一般投资者得到保障和分配。此外，在本信托计划存续期间，每年从信托计划中计提公益捐赠资金，向上海市老年基金会公益捐赠不超过300万元，并成立上海市老年基金会——安信信托关爱老年专项基金，用于敬老爱老养老服务公益事业。

信托产品流通市场研究

引　言

自 2002 年《中华人民共和国信托法》正式实施以来，我国信托业开始迈入发展轨道，各种类型的信托产品逐渐得到市场的认可。尤其是 2007 年“新两规”出台后，信托业迎来了快速发展时期，集合资金信托产品以其相对高收益、低风险的特点吸引了众多投资者的青睐，行业信托资产规模连年攀升，投资者数量也快速增加。然而，种种迹象表明，信托产品流通机制却裹足不前，瓶颈效应开始显现出来。客观地看，信托产品的热销目前还只局限于发行市场上，而在信托产品的流动性安排方面，现有的转让模式则还处于原始阶段。

我们把信托产品的发行称为一级市场，将信托产品的转让称为交易市场，两者统称为流通市场，显而易见的是，信托产品目前没有一个统一、规范的流通市场。对于信托产品的交易，信托公司仅仅提供了一种现行法律架构下的可行性操作方案，即在信托文件中约定信托财产的受益人可以依法转让其享有的信托受益权，并承诺协助办理相关手续，在操作上，投资者欲转让手中已持有的信托合同，通常需要自己寻找买方，双方谈妥后，再到信托公司办理信托受益权转受让手续。显然，这种一对一的流动性安排较其他金融产品还相差甚远。

在客户需求的推动下，信托公司纷纷在提高信托产品流动性方面进行积极探索，但迄今未能有效地解决流动性问题，流动性缺失成为信托产品的短板。随着近几年信托资产规模的快速增长，信托产品流动性问题也逐渐得到关注，并成为行业健康发展必须解决的问题。本文通过对信托产品流通的研究，提出未来建立统一的信托产品流通市场方案。主要回答了以下几个问题：

1. 什么是流动性？如何进行考量？

2. 信托公司从哪些方面对提升信托产品流动性进行过尝试？

3. 信托产品与其他同类产品流动性相比如何？

4. 为什么要建立统一的信托产品流通市场？

5. 如何建立？有哪些需要注意的问题？

一、流动性理论分析

（一）流动性的定义

对于流动性，传统的定义为：资产的流动性是指某一种特定产品能够以较低的交易成本、合理的价格水平、较短的交易时间和较小的价格波动进行流动的能力。

对于金融产品而言，Black（1971）认为，如果市场符合以下条件，则可以认为市场是有流动性的：

1. 在任何时候，对于一个想立即买或卖的投资者，都有一个“卖价”和“买价”，并且不受市场管理当局的影响和干预。

2. “卖价”和“买价”的价差总是很小的。

3. 在没有“特殊”信息的条件下，一个想买或想卖的投资者在平均的意义上能够以一个可预期的接近当前价格的价格完成大量的交易。

4. 投资者可以在支付一定的溢价（或折价）的条件下，立即完成大宗交易，溢价（或折价）的程度与交易量成正比。

与Black的定义相比，国际清算银行的定义更为直接和简洁。证券（这里可以理解为各种金融产品）的流动性是指证券与现金之间相互转换的能力，在一个流动性好的市场中，参与者可以迅速地执行大规模的交易指令，并且不对资产价格产生很大影响（Bank for International Settlements，1999）。

当一种资产和现金能够以较小的交易成本迅速相互转换时，我们说该资产具有流动性。因此可以认为，流动性实际上就是投资者根据市场的基本供给和需求状况，以合理的价格迅速交易一定数量资产的能力。或者更简单地说，流动性就是迅速执行一定数量交易的成本。市场的流动性越高，则进行即时交易的成本就越低。一般而言，较低的交易成本就意味着较高的流动性，或相应较好的价格。

（二）流动性的四维指标

流动性实际包含了三个方面：速度（交易时间）、价格（交易成本）和交易数量。

1. 速度（交易时间）。速度主要指证券交易的即时性。从这一层面衡量，流动性意味着一旦投资者有买卖证券的愿望，通常总可以立即得到满足。

2. 价格（交易成本）。在任何一个市场，如果投资者愿意接受极为不利的条件，交易一般均能够得到迅速执行。因此，流动性还必须具有第二个条件，即交易即时性必须在成本尽可能小的情况下获得，或者说，在特定的时间内，如果某资产交易买方的溢价很小或卖方的折价很少，则该资产具有流动性。流动性的价格层面意味着，买卖某一证券的价格必须等于或接近占主导地位的市场价格。

流动性的价格因素通常以市场宽度来衡量，最常见的指标是买卖价差，即当买卖价差足够小时，市场具有宽度，当大额订单的买卖价差很大时，市场缺乏宽度。以宽度衡量的流动性在价差为零时达到无限大，此时交易者可按照同一价格实现买和卖。宽度指标主要用来衡量流动性中的交易成本因素。

3. 交易数量。光有速度和低成本还不够，流动性还必须有第三个条件——数量上的限制，即较大量的交易可以按照合理的价格较快执行。

流动性的数量因素通常以市场深度来衡量，即在特定价格上存在的订单总数量（通常指等于最佳买卖报价的订单数量）。通常把市场深度定义为在目前价格上可交易的能力。订单数量越多，则市场越有深度，反之，如果订单数量很少，则市场缺乏深度。深度反映了在某一个特定价格水平（如最佳卖价或买价）上的可交易的数量。深度指标可用来衡量市场的价格稳定程度，即在深度较大的市场，一定数量的交易对价格的冲击相对较小，而在浅度市场，同等数量的交易对价格将产生较大冲击。

结合以上3个指标，假定由于较大数量的交易在较短的时间内得到执行，从而造成价格上的较大变化，则还可以推论出流动性的第四个构成要素——弹性，即由于一定数量的交易导致价格偏离均衡水平后恢复均衡价格的速度。在一个以弹性衡量的高流动性的市场，价格将立刻返回到有效水平。或者说，当由于临时性的订单不平衡导致价格发生变化后，新的订单立即大量进入，则市场具有弹性；当订单流量对价格变化的调整缓慢，则市场缺乏弹性。

以上 4 个要素也就是通常所说的流动性的四维。必须指出的是，这四维指标在衡量流动性时可能彼此之间存在冲突。例如，深度和宽度通常就是一对矛盾，深度越大则宽度越小，宽度越大则深度越小；即时性和价格也是一对矛盾，为耐心等待更优的价格无疑将牺牲即时性。流动性的四维可表示如图 1 所示：

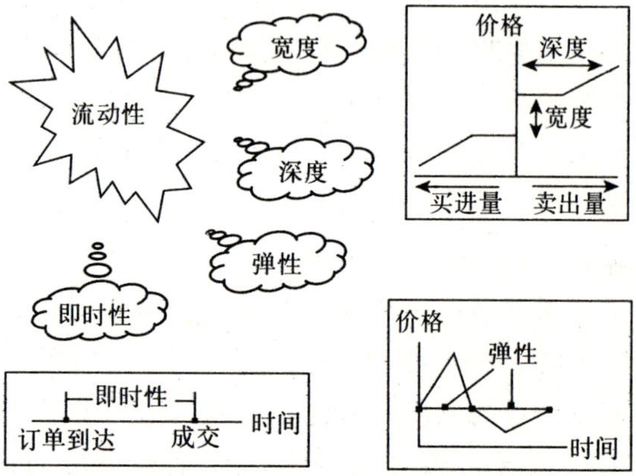

图 1　流动性四维指标图

二、信托公司在提升信托产品流动性方面进行过的尝试

从 2003 年起，各家信托公司已经意识到了信托产品流动性不足对于信托业发展的巨大制约，关于提升信托产品流动性的探索一直没有停止。但是信托公司个体，只能从局部改善信托产品的流动性，流动性问题仍普遍存在并困扰着信托业的发展。除了传统的柜台转让模式外，信托公司在提升信托产品流动性方面进行的尝试列举和分析如下：

（一）建立信托产品流通信息发布平台

影响信托产品流通的一个关键因素就是寻找交易对手的搜寻成本太高，阻碍了信托产品的潜在买方和卖方的信息交流，所以通过构建信托产品转让信息的集中披露平台，降低潜在交易客户的搜寻成本是促进信托产品流通的一个重要手段。

围绕这个方面，各家信托公司网站上几乎都开辟了转让信息栏目，由受益人自行登记，信托公司审核后发布。一些潜在投资者看到转让信息后，可与信托公司或者转让方联系进行受让，信托公司充当中介，撮合双方最终达成信托受益权的转受让。但这些信息都是信托公司自身开发的产品，各家信托公司之间信息互不相通，受信托公司影响力及客户资源的限制，效果并不明显。在这种情况下，构建一个能容纳各个公司信托产品转让信息，扩大潜在需求客户范围的开放性信息披露平台成为各方关注的重点。

随即，这一需求被当时西南证券旗下的飞虎网把握住，并迅速联合重庆信托推出了命名为“信证通”的业务。“信证通”业务利用飞虎网的网上交易平台和庞大的证券交易客户资源，为重庆信托“四川回龙水电站贷款资金信托计划”提供了销售客户资源和转让信息披露的平台，一定程度具有集中统一的信息披露平台的雏形。飞虎网的网络平台作为一个开放的信息平台，可以接纳各家信托公司开发的信托产品，所有的转让信息集中在这里披露，所有信托产品客户可以在这里共享，通过这种方式有效地降低了信托产品转让过程中的交易成本。

尽管“信证通”业务所具有的潜在价值被各方看好，但是同样存在一些问题：

1. 飞虎网只提供交易信息，并不提供影响价格因素的信托财产运行信息披露，因此，其介入并没有使转受让双方的信息不对称问题得到改善。即使提供信托财产运行信息披露，由于缺乏相应的配套监督机制，信托公司、交易平台和交易者之间的信息不对称，仍容易引发信托公司或网络交易平台的道德风险。

2. 飞虎网只是转让信息集中披露平台，没有交易功能，转受让手续仍需到各家信托公司办理，功能大打折扣。如果信托产品的交易能够像证券交易那样通过网络集中交易的话，无疑会极大地促进信托流通市场的发展。但这涉及参与各方的经济利益，而且飞虎网作为一家商业机构履行类似交易所职能本身存在很多法律争议。

3. 信息发布平台的受众数量对能否真正提高信托产品流动性有着极大影响，作为一家网站平台，其受众非常有限，并且在资金的匹配上也存在一定难度，所以成交量微乎其微。

实践中“信证通”并未得到发展，不能有效地解决信托产品交易中的信息不对称问题而导致市场失灵是其深层次的原因。未来信托产品流通若选择网络交易平台，则需要设计一种机制使其独立于信托公司、完善充分信息披露制度并引入监管。

（二）引入“做市商”机制

做市商制度是一种证券交易制度，由一个或多个具备一定实力和信誉的证券经营法人（金融中介）充当做市商，他们不断地向投资者报出特定证券的买卖价格——买入报价和卖出报价，并在该价格上接受投资者的买卖要求，以其自有资金和证券投资者进行交易。一方面通过他们的不断买卖来满足投资者的投资需求，维持市场流动性；另一方面通过买卖报价的适当差额来补偿做市成本，实现一定的利润。信托公司引入“做市商”机制正是借鉴证券市场运作模式的一种机制创新。在“做市商”模式下，不仅原有信托产品的投资者变现成为了可能，而且新的投资者也可购买“做市商”手中的信托产品。主要有三种形式：

1. 信托公司自身做市。2003 年，中诚信托推出的“北京市车公庄危改小区贷款项目信托计划”被市场认为是信托公司迈出的类似于“做市商”制度的第一步。在信托文件中，中诚信托承诺将提供不超过该信托计划资金 20% 的固有财产（资金），用于受让持有在 6 个月以上（含 6 个月）信托产品的信托受益权。事实上，是通过回购的方式来增强信托产品的流通性，这样的制度安排只搭起了信托公司与信托产品出让方之间的单向交易平台，在许多方面与真正的做市商制度相差甚远。在信托规模较小的时候，这不失为一种较好的办法，但一旦信托规模扩大以后，单个信托公司恐怕无力承担这种做市商的角色。

2. 引入第三方“做市商”，由“做市商”随时受让信托受益权，为投资者提供信托受益权转让服务。一般都是与信托产品或信托公司有利益关系的大型企业集团作为“做市商”，受让价格大多在信托计划中事先约定。但不同产品由不同的“做市商”担当，缺乏统一性。而且若企业集团出现财务危机，会增加信托产品的流通风险。

3. 利用 TOT 产品来提升信托产品流动性。近两年，TOT 产品由于能够实现期限错配被信托公司广泛运用，由于投资范围包括信托产品和信托产品受益权，因此能在一定程度上提高信托产品的流动性。实际上是通过资金来源的多样化，将信托公司作为“做市商”可能承担的风险分散化了，但后面发行的TOT产品具有一定的不确定性，如果因政策或市场原因无法按预期开展，信托产品的流动性就无法保障。从收益角度，由于合理估算出不同信托产品需要转让的概率难度较大，但为了保证流动性，必须预留部分资金进行短期投资，这种TOT产品的收益性将受到影响。

（三）信托受益权质押贷款

主要是引入信托公司或商业银行为信托产品办理质押贷款，通过质押贷款的方式解决投资者临时性的资金周转困难问题，增强信托产品流动性。但由于信托产品的非标准化，银行对其风险和收益状况评估有一定困难。因此，并不是所有银行都能对所有的信托产品提供质押贷款，一般只限于特定合作银行为特定的信托产品提供服务。另外也有信托公司运用自有资金，为自己发行的信托产品提供质押贷款服务。

从法律角度，《担保法》没有明确规定信托受益权可以质押，其他法律、法规及司法解释至今也无明确规定，但实践的脚步却并未因此而停止。继北京信托与民生银行后，广发银行与中诚信托、招商银行与北方信托相继开展了信托受益权质押贷款即是例证。

质押贷款模式虽然在一定程度上提升了信托产品的流动性，但存在两个问题：一是信托产品无法标准化，每个信托产品都有不同的风险和收益，银行必须根据每个信托产品确定不同的质押比例；二是对于投资者来说，质押融资成本如贷款利息、银行手续费、银行对个人资信调查的时间成本等，如果超过信托收益率，就会造成本金损失。信托产品收益减去融资成本后应至少高于同期银行活期存款利息，否则投资者处于明显亏损，所以这种模式难以有大的突破。

（四）金融资产交易所挂牌

目前我国金融资产交易所主要包括北金所、天金所、陆金所、深圳前海金交所等，从经营范围上看涵盖信托产品发行和交易。从客户群体看，汇集在交易所的绝大多数为机构投资者，与当前信托公司客户结构形成互补。同时，这部分机构投资者对流动性要求更高，通过交易所的信托产品交易服务平台实现二级市场流通可以适度提升流动性。

目前，各家金融资产交易所正在酝酿建立做市商交易制度，但根据《国务院关于清理整顿各类交易场所切实防范金融风险的决定》（国发〔2011〕38号）规定：除依法设立的证券交易所或国务院批准的从事金融产品交易的交易场所外，任何交易场所均不得将任何权益拆分为均等份额公开发行，不得采取集中竞价、做市商等集中交易方式进行交易；不得将权益按照标准化交易单位持续挂牌交易，任何投资者买入后卖出或卖出后买入同一交易品种的时间间隔不得少于5个交易日。由此可见，金融资产交易所目前尚不符合采取集中竞价、做市商等集中交易方式的条件。但从西方发达国家信托业发展的历史来看，利用交易所的技术平台系统来进行信托受益权的转让是一种必然的趋势，这也是彻底解决信托产品的流通性问题，消除信托业发展障碍的最佳选择。

（五）从信托产品内部设计改善流动性

除了上述举措外，信托公司在从信托产品内部设计改善流动性方面也有不少突破，如缩短产品期限、开放式设计等。

1. 缩短期限。实践中，信托项目期限通常为2－3年，甚至部分项目达到4－5年，在信托产品流动性缺失的情况下，为了吸引投资者，信托公司通过TOT资金池期限错配等方式缩短信托产品期限。一般操作是发行1－1.5年期集合资金信托产品（TOT产品）投向长期项目，TOT产品到期前，再发行一支进行对接。近期，已有信托公司推出期限分别为3个月、6个月、9个月、12个月的信托产品，大大提升了信托产品的流动性，但是也变相突破了监管部门关于信托期限不得低于1年的规定。

这种模式的好处在于迎合了投资者对短期投资的需求偏好，并且还可以通过期限错配节约发行成本。劣势则是每期TOT产品到期必须实现资金的无缝对接，并且在项目出现风险的时候，即便信托公司切实履行了受托职责，也难以对应到TOT产品，适用于信托业的特定发展阶段（信托计划刚性兑付时期），在行业发展到成熟期的时候，更加强调风险投资者自担，则这种模式便不能继续采用。

2. 开放式设计，可赎回。对于一些投向具有较好流动性领域的信托项目，信托公司在产品设计中也尝试引入了开放式设计元素，包括全开放和定期开放两种模式。如建信财富通、中海信托理财宝、“平安财富·日聚金跨市场货币基金集合信托计划”、上海信托“现金丰利系列集合资金信托计划”等等。

此类设计从内部提升了信托产品流动性，但并非所有信托项目都适合，目前还主要运用于现金管理信托、证券投资信托、TOT产品等产品类型，且资产配置中必须保证一定的流动性。

（六）信托受益权证券化

根据中国证监会下发的《证券公司资产证券化业务管理规定》，信托受益权可以作为基础资产进行证券化，由此引发了一番热潮，一些机构投资者与证券公司就其持有的信托受益权进行了证券化设计，虽然目前还没有正式发行的案例，但是这种模式为以后机构投资者受益权流通留下了空间。

证券化模式对于银行等机构投资者而言，一方面可以将非标资产规模降低；另一方面可以获得信托收益与发行成本之间的利差。但是也存在一些不足，如资产证券化审批周期长，申请程序繁琐；再如仅适合机构等投资规模较大的投资者采用。

三、当前信托产品与其他资管产品流动性比较

（一）信托产品与其他金融工具相比流动性差，推动资金成本走高

与信托产品的流通性差相比，股票、债券、封闭式基金可以在上海和深圳证券交易所挂牌交易，开放式基金可以通过银行、券商的网点办理购买和赎回，银行理财一般期限较短，因此也具有较好的流动性。

从表1可以看到，相对于其他金融产品而言，信托产品在流动性方面处于绝对劣势，进而使得信托产品尽管风险适中，但获得资金的成本明显高于其他几类金融产品，其根源就在于与其他金融产品相比，信托产品缺乏统一的流通市场。

表1　　信托产品与其他金融产品比较

	信托	股票	债券	封闭式基金	开放式基金	银行理财
流通市场	无	上海和深圳交易所挂牌交易			银行、券商网点、网络	银行网点、网络
流动性	差	好	较好	好	工作日赎回，T+7到账	好
收益性	较高	不确定	较低	一般	一般	较低
风险性	一般	高	较低	高	高	较低

从图2可以看到，2012年集合资金信托产品平均预期收益率达到9.2%，高于基准贷款利率2.8个百分点，等于基准贷款利率上浮44%；同

样，与信托产品投向较为类似的企业债发行票面利率也仅为7.03%。从期限上，企业债的期限通常为5－7年，远超过信托，但其可在银行间或交易所市场流通，所以受到机构投资者的青睐。信托产品流动性的缺失，导致必须在收益上给投资者以补偿，这也是造成信托产品预期收益率较高的原因之一。

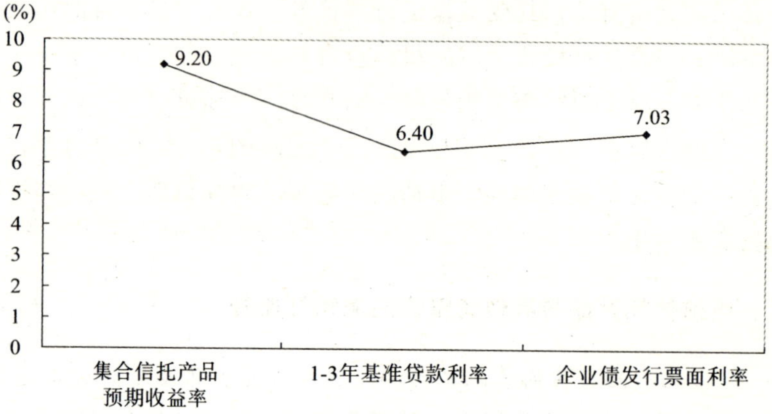

图2　2012年资金成本对比图

与股票投资相比，集合信托产品平均市盈率更低且相对稳定（见图3），但是即便如此，我们可以看到，投资者对股票的热衷程度远超过信托。除了可以通过买卖价差获得高收益的可能性外，高流动性也是投资者热衷的重要原因。

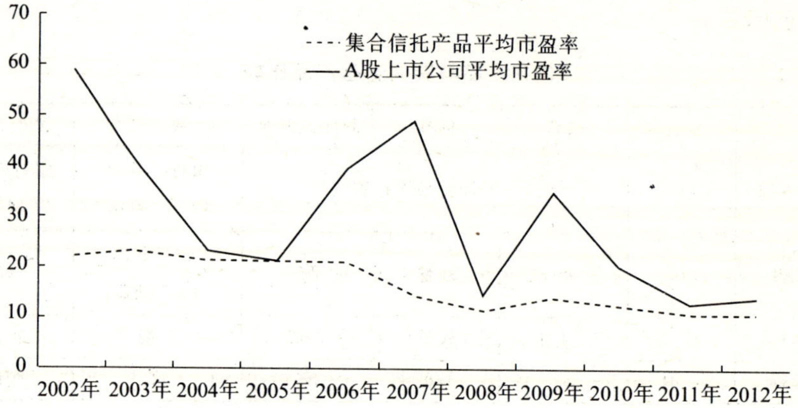

数据来源：百瑞信托、用益信托网、wind资讯。

图3　信托产品市盈率与A股市盈率对比图

（二）信托产品与券商、基金资管计划比较

通过表2的对比，券商资管和基金资管产品均可通过交易所交易平台进行转让，只有信托产品没有统一的交易流通平台。开放性上，信托产品暂未可参照的规定条款，信托公司部分产品游走在政策边缘；而券商资管和基金资管产品相应的规定更加详细，操作层面有据可依。

表2　不同资管产品关于流动性的相关规定比较

	产品类别	相关规定
流动性	集合信托计划	信托计划存续期间，受益人可以向合格投资者转让其持有的信托单位。信托公司应为受益人办理受益权转让的有关手续。信托受益权进行拆分转让的，受让人不得为自然人。机构所持有的信托受益权，不得向自然人转让或拆分转让
	券商集合资管计划	客户之间可以通过证券交易所等中国证监会认可的交易平台转让集合计划份额。受让方首次参与集合计划，应先与证券公司、资产托管机构签定集合资产管理合同
	基金公司资管计划	资产委托人可以通过交易所交易平台向符合条件的特定客户转让其持有的资产管理计划份额
开放性	集合信托计划	信托期限不少于一年；对于开放性未做规定
	券商集合资管计划	证券公司可以设立存续期间不办理计划份额参与和退出的集合计划。根据集合计划的类型、特点和客户需求，集合计划需要设立开放期的，集合资产管理合同应当对客户参与、退出集合计划的时间、次数、程序及其限制等事项做出明确约定
	基金公司资管计划	资产管理计划每季度至多开放一次计划份额的参与和退出，为单一客户设立的资产管理计划、为多个客户设立的现金管理类资产管理计划及中国证监会认可的其他资产管理计划除外

四、建立统一信托产品流通市场的必要性

（一）解决信托产品的流通性是信托作为金融业的内在要求

任何一项金融产品，其投资价值可以用流动性、收益性和风险性这“三性”来评价。流动性是“三性”的前提，长期产品流动性需求更强。只有通过流通，才具有变现能力，才能提高收益性；只有通过流通，才能规避风险，降低风险性。

与股票、债券、和基金相比，信托行业目前还没有建立起针对信托产品的二级市场，这大大地阻碍了信托行业自身的发展。所有的金融产品都有流动性的需要，尤其是如今信托行业管理的信托资产规模已超过 9 万亿元，客户数量也已达到相当规模，信托公司从产品导向逐渐向客户导向转型，尽管各家信托公司普遍在内部建立了信托受益权转让机制，但成交量和效率仍处于低位，信托产品流通问题通过建立统一的流通交易平台予以解决，不仅是为了满足客户需求，也是行业发展的内在要求。

（二）改善投资者结构，降低项目风险需求

从资金成本角度，机构投资者资金成本远低于个人投资者，但是机构投资者闲置资金对流动性要求也比较高，在信托产品流动性问题尚未解决的情况下，机构投资者购买信托产品顾虑重重、意愿不强，形成了目前集合类信托产品机构投资者缺位，基本上以个人特别是中老年投资者为主的局面，加上较高的投资起点，信托产品预期收益率整体走高。如图 4 所示。

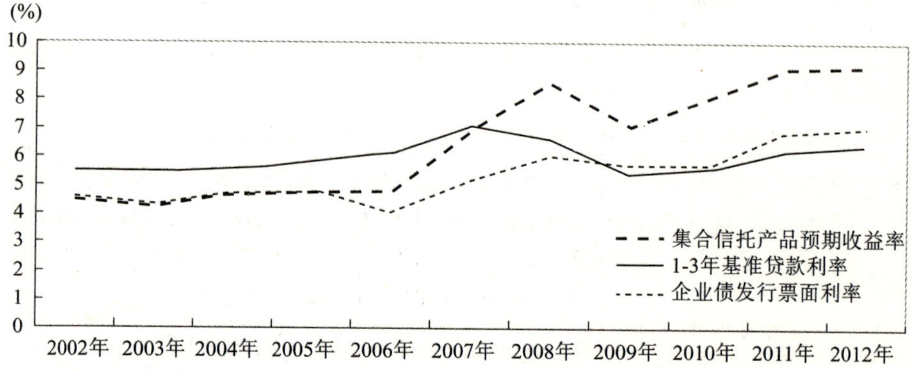

数据来源：百瑞信托、用益信托网、wind 资讯。

注：为便于对比，图中年度数据为当年数据的算术平均值。

图 4　信托资金价格走势对比图

获得资金成本居高不下，导致很多优质项目整体融资成本达不到信托公司的要求，最终只能转道对接银行资金。在这种逆向选择下，信托公司集合资金信托项目整体风险偏高，不利于行业的长期稳健发展。

通过统一流通交易平台的建立，流动性的提升能够吸引部分机构投资者参与，并有效降低资金成本，从而使信托公司能够接受较低融资成本的优质项目，避免劣币驱逐良币情形的出现，降低行业风险。

（三）克服信托产品短期化趋势，建立完整信托产品体系需求

一方面，由于信托产品缺乏流动性，目前市场对信托产品的投资需求仍集中在短期产品，对于3年以上的信托产品很难接受；另一方面，目前信托产品对接的项目仍以基础设施、房地产为主，而这两大行业的特点是资金需求量大且投资期限长，这与当前信托产品端的需求严重不匹配。

流动性安排的缺失使得信托公司只能做一些短期产品，现阶段信托公司参与的项目多属于短期过桥贷款性质，这既与银行业务相冲突，又与房地产和基础设施的投资周期不相符。通过建立统一流通交易平台，信托产品流动性得到改善将使长期限产品能够获得投资者的认可，从而建立完善的信托产品体系。

（四）促使行业迈入规范化发展阶段

从行业角度，统一流通交易平台的建立将弥补信托产品的主要不足，使金融市场得以完善和优化，尤其是信息披露将更加规范，并将促使信托行业迈入规范化发展阶段；从市场参与主体角度，除了流动性改善满足了各方需求外，在其他方面也有积极意义。

对于监管者而言，信托产品信息集中发布在流通交易平台，有利于统一监管和风险监控，并且通过规则的制定和调整，有效对信托市场进行调节；对于投资者，可以货比三家，弱化地域性特点，倒逼信托公司提高产品和服务质量以获得客户的信任；对于信托公司，信息的透明化可以使大家相互学习，提升专业能力。

五、流通市场建设方案

（一）总体框架

依托信托业协会，建立银监会直接监督管理的信托产品交易所，作为统一的信托产品流通交易平台（发行与流通），致力于创造透明、安全、高效的市场环境，切实保护投资者利益，促进信托行业的健康发展。主要职能包括：提供信托产品交易的场所和设施；制定交易所业务规则；借助于信息系统，接受信托产品发行与转让登记；管理和发布信托产品信息披露信息；组织、监督信托产品发行与交易；对信托公司及产品运行进行监管等。如图5所示。

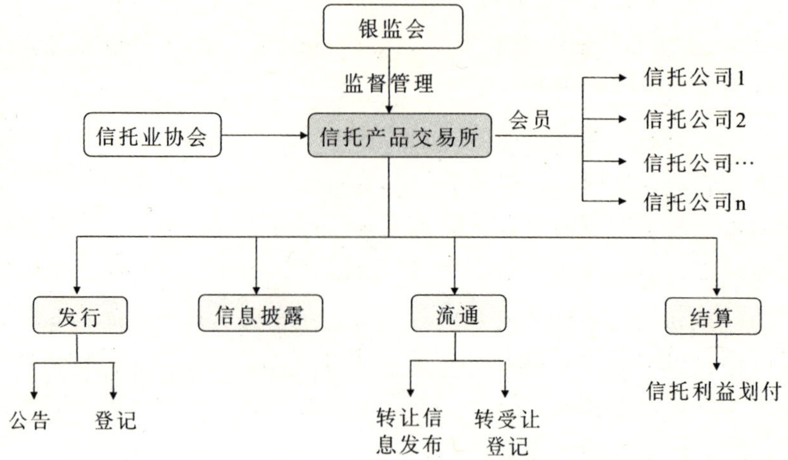

图5 信托产品流通市场总体框架设想

（二）业务操作流程

1. 信托产品发行前，信托公司通过交易所发布发行公告，含募集说明书、信托合同、业务计划书、风险申明书。

2. 合格投资者在交易所开立信托账户，与其银行账户进行关联，并到银行办理委托转款手续。信托账户即为投资者实施交易行为的身份认证。

3. 投资者选择拟投资信托项目，网上提交认购指令，签署信托合同，款项从银行扣划至该信托专户，获得信托受益权电子凭证。

4. 交易所登记系统对委托人、受益人信息进行登记。

5. 信托公司定期向交易所提供信托产品运行情况信息披露，交易所集中进行发布，供投资者查询。

6. 当受益人需要转让其持有的信托受益权时，在网上通过交易平台进行登记，交易所审核信息后发布。

7. 受让方在网上提交受让指令，签署转受让合同，款项从银行账户扣划至转让方账户，交易所对转受让信息进行登记。

8. 信托利益分配日，信托公司将信托资金划至交易所账户，提供清算报告。

9. 交易所按照登记的受益人信息进行信托利益分配，并发布清算报告。

（三）需要关注的一些问题

1. 撮合交易还是做市商机制？做市商机制下，做市商提供流动性，其他交易者消耗流动性。由于每笔交易的一方总是由做市商担当，所以对于做市商的要求比较高，要有自己的定价策略，设置合理的买卖价差支付自己的交易成本、利润和风险。在市场参与者有限的情况下，做市商能够为流动性提供保证，但由于做市商要涉及信托产品的定价、过户手续、信息披露、资金规模等问题，因此操作中仍然存在一定的技术难度，流动性成本较高。在目前信托产品信息披露机制尚不完善情况下，信息不对称导致除了担任受托机构的信托公司和部分关联机构以外，其他机构并不愿意担任做市商。同时，做市商要定期提交成交报告，主要包括关于成交情况以及提供投资购买的参考信息，提高市场效率和透明度。

撮合交易是卖方在交易所提交信托受益权转出信息，交易所挂牌后，买方提交受让指令，双方成交并生成电子转受让协议的方式。撮合交易中，卖方仅通过集中流通平台实现信息发布和手续办理，转让价格由自己确定，能否成交也取决于信托产品安全性、转让价格是否有吸引力，以及市场的活跃程度等因素。当市场参与者足够多时，撮合机制能够在保持流动性的同时降低转让成本。

对比来看，做市商适用于市场参与者有限的情形，而撮合交易则适用于市场参与者众多、活跃程度高的情形。根据信托市场当前发展现状，建议交易所流通平台采取撮合交易，对于部分信托产品，在产品设计时，信托公司可引入做市商机制。

2. 二级市场定价机制。撮合交易中，主要由转让方提供转让价格，交易所可以给出参考定价，主要是综合项目风险、收益、剩余期限、信托公司管理能力、交易对手情况等众多因素，类似于产品估值。可以根据行业内部信用评级的结果，制定对应产品的参考价格。

而做市商机制下，双边报价则是一项比较复杂的工作。可以参考国债的双向报价，不同信托产品规定一个价差幅度来平衡双方利益。转让方持有期收益率应低于信托产品的预期收益率，但高于同期银行存款利率。具体的浮动可以根据不同时期信托产品风险收益状况来确定，行业内部信用评级在此同样具有重要参考意义。在信托产品做市商制度推行的初期，可以与国债的双边报价规定相近，将买卖收益率的上限定在50到100个基点，并可以根据信托计划的不同而调整。可以要求做市商对信托产品的定价机制予以公示，定价机制的公示有利于对处于垄断地位的做市商给予自我约束，通过一个双方认可的收益率，为投资者提供一个可以定价的基准，平衡双方的利益。

3. 建立行业内部信用评级体系。风险和价格是影响信托产品流通的两个最为重要的因素，通过信息披露机制的完善能够在一定程度上降低信息不对称问题，但是由于信托产品的非标准化属性，如何帮助非专业领域的投资者对信托产品风险收益进行评价，则需要通过建立行业内部信用评级体系去完成，即通过标准化的风险评级流程和风险指标体系，对信托产品给予标准化的评级。

目前，已有的信用评级公司包括中债资信、中诚信、联合资信、大公国际等，主要是针对债券发行主体、资产证券化、信贷企业等进行评级，虽然也在信托产品评级进行了一定的尝试，但是由于信托产品差异性较大，尚未形成对信托产品评级的成熟体系。并且，收费标准较高，每单业务收费基本在60万元左右。针对信托行业特点，信托产品数量众多、同质性低，建议交易所在银监会的指导下，建立信托行业内部信用评级体系，定期对信托产品进行信用评估，主要依据其项目资产质量及风险控制设计确定其信用等级，为市场定价及投资者选择提供参考依据。

4. 规范信息披露。Jack Treynor 于 1971 年首次尝试用信息成本解释市场价差，他认为，信息成本是影响做市商定价行为的最主要因素，因此，严格信息披露制度以降低信息成本是做市商制度规避逆向选择和道德风险的首要内容。

投资者在交易所选择购买信托产品或转让的信托受益权时，需要依据公开披露的信息评估其未来的价值与风险。因此建立规范的产品信息披露机制是建立信托产品流通平台的必做功课之一，不仅要保证披露内容的详尽性、真实性，而且还要确保信息披露的及时性。

六、存在的障碍及解决措施

（一）法律层面

根据“一法两规”规定，“受益人的信托受益权可以依法转让和继承，但信托文件有限制性规定的除外。”即信托受益权具有流通性特征，在集中流通平台转让不存在法律障碍。但是从以上方案设想来看，可能存在以下几个问题：

1. 公开披露与私募性质的冲突。《信托公司集合资金信托计划管理办法》第八条规定：信托公司推介信托计划时，不得进行公开营销宣传。从相关规定来看，信托产品具有私募性质。信托产品交易所设立后，作为统一的信托产品流通交易平台，其产品发行及运行情况信息披露在交易所公告系统上集中发布，阅读对象可能是不特定群体，即信息的公开披露和信托产品私募性质可能存在冲突。

解决措施：建立市场参与者的资格准入制度，将可能被异化了的信托产品目标客户回归到私募客户的定位上。准入条件可包括是否是合格投资者（金融资产100万以上）、拥有的资金是否为合法收入（资金合法性）、是否了解信托产品风险自担（风险认识）等多个方面。满足准入条件的，可在交易所开立信托账户，与银行账户进行关联。

2. 信托公司做市与不得保底的冲突。《信托公司集合资金信托计划管理办法》第八条规定：信托公司推介信托计划时，不得以任何方式承诺信托资金不受损失，或者以任何方式承诺信托资金的最低收益。

做市商机制实际上是受益人和做市商利益和风险的再分配，如果信托公司担任做市商，其实质是若信托计划将来出现了风险，受益人可以将信托受益权转让给信托公司，从而使风险转移到信托公司，一定程度上可以认为是信托公司对信托项目承担了兜底义务。虽然信托公司可以通过降低报价来减少自身损失，但是不能免除承担风险和经济损失的可能性。这种情况实质上属于风险共担，这点与上述规定存在一定的冲突。

解决措施：交易所采用交易撮合机制，而非做市商机制。即便是部分信托产品引入做市商，尽可能回避信托公司为自己产品做市的情形，可由信托公司股东或关联方担任做市商。

3. 转受让额度匹配的适应度。《信托公司集合资金信托计划管理办法》第二十九条规定：信托计划存续期间，受益人可以向合格投资者转让其持有的信托单位。信托公司应为受益人办理受益权转让的有关手续。信托受益权进行拆分转让的，受让人不得为自然人。机构所持有的信托受益权，不得向自然人转让或拆分转让。如图6所示。

根据上述规定，机构投资者持有的信托受益权只能完整转让给另一机构投资者；自然人投资者持有的信托受益权可以完整转让给个人或机构，但拆分转让时只能转给机构。这将使得信托产品在二级市场流通时，必须做到转受让额度高度匹配，否则将影响其流动性。

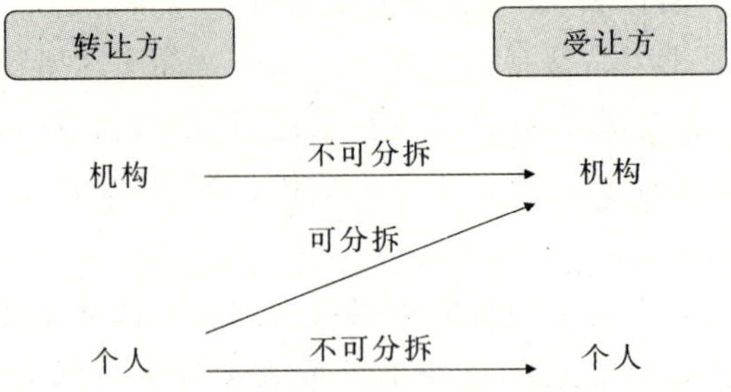

图 6　信托产品转受让的监管规定示意图

解决措施：通过上述分析，机构投资者在受让信托受益权时较个人投资者有一定的优势，因此，可以尽可能吸引更多机构投资者参与进来，以保证转受让额度的匹配。

（二）运行层面

1. 信息不对称：信息充分披露。主要是信托公司与投资者、转让方与受让方之间可能存在信息不对称情况。如信托公司信托产品发行和存续期，未将交易对手及信托产品信息进行如实、详尽披露，则可能造成投资者对项目风险的误读；另外，转让方可能掌握比受让方更加全面的项目信息，从而损害受让方的利益。

解决措施：信托公司有义务向投资者披露信托产品的发行信息及信托财产的运行信息，并保证其真实性、完整性。信托产品交易所可通过规则的建立和监督机制，督促信托公司规范和完善信息披露，以有效降低信托公司和投资者之间的信息不对称。此外，在交易所流通平台下，凡是符合准入标准的投资者享有相同的信息披露权，从而降低了转受让双方之间的信息不对称。需要明确的是，建立透明、高效的信息披露机制，是信托产品集中流通交易的重要前提。

2. 信托产品的非标准化特性提升流通难度。信托产品的非标准化包括在期限、交易结构、项目类别等方面的差异性。标准化可以使交易流通的效率更高、报价更规范，而信托产品的非标特性将提升信用评级和二级市场产品定价的难度。

解决措施：初期先选择相对标准化的产品如融资类信托产品进入交易所作为试点，待运行相对成熟后，再扩大产品范围。

3. 交易量。从各信托公司当前情况来看，因为信托产品的流动性缺失已经逐渐被投资者所接受，且在信托产品收益率上也做出了补偿，所以，当前信托产品转受让比例极低。流通交易平台建立后，必须有足够的交易量来支撑，否则流通平台存在的必要性就值得考虑了。

截至 2012 年年底，信托行业集合资金信托存续规模为 1.88 万亿元，即便是 1% 的流动性需求，也将产生 188 亿元的潜在交易规模。因此，从需求量上看还是满足要求的，但是还必须有足够的参与者才能促使转受让的达成。

解决措施：在方案设计中，交易所除了二级市场流通外，还包括一级市场发行公告与信息登记职能，目的就是使得交易所的参与者足够多，以此促进二级市场的流通，继而通过流动性的改善降低一级市场发行成本。

综上所述，安全性、收益性、流动性是投资者衡量金融产品的三项标准，流动性缺失一直是困扰信托行业发展的问题。尽管信托公司从内外部多个方面对流动性的提升进行了尝试，但是相对其他金融工具甚至与信托产品极为类似的券商、基金资管产品而言，信托产品在流动性方面均处于劣势，原因在于没有统一的流通交易市场。随着信托业的不断发展，建立统一流通交易市场的条件基本成熟，可以依托信托业协会建立银监会直接监督管理的信托产品交易所，通过改善信托产品的流动性降低发行成本，继而降低信托项目风险，推动行业健康发展。

金融创新浪潮下的信托监管建议

金融体系发展的主线是功能而不是机构，谁能以更高的效率、更低的成本、更好的服务满足社会需求，谁就是最有发展前途的机构，在竞争中处于优势地位。近期，证券、保险、基金等金融子行业纷纷出台了一系列新的政策措施，极大地拓展了上述行业的业务范围，使得其资管业务与信托业务之间产生了很强的替代性，从而对信托业未来的发展产生了深远的影响。在此背景下，探求信托行业可持续发展之路成为当下信托行业必须面对的问题。

一、近期其他金融子行业出台的主要新规

1. 2012 年 8 月 3 日，银行间市场交易商协会发布《银行间债券市场非金融企业资产支持票据指引》，随后，8 月 7 日首批 3 支资产支持票据（ABN）通过注册并完成发行，标志着非金融企业又一创新性债务融资工具的诞生。

2. 2012 年 9 月 20 日，中国证监会颁布《证券投资基金管理公司管理办法》（证监会第 84 号令），随后又于 2012 年 9 月 26 日颁布《基金管理公司特定客户资产管理业务试点办法》（证监会令第 83 号令）及其配套文件。这两套文件的出台，对基金公司开展资产管理业务进行了一系列调整，进一步放宽了该业务的投资范围。

3. 2012 年 10 月 18 日，中国证监会颁布《证券公司客户资产管理业务管理办法》（证监会第 87 号令）及其配套文件，与此前的规定相比，新的管理办法出现明显松动，为券商资产管理业务开展创造了良好的条件。2013

年1－2月，中国证监会先后下发《公司债券发行管理暂行办法》（征求意见稿）、《证券公司资产证券化业务管理规定》（征求意见稿）、《证券公司债务融资工具管理暂行规定》（征求意见稿），对于建立多层次债券市场，发展资产证券化业务有着积极的影响，并且拓宽了证券公司债务融资渠道，扫清了券商加杠杆的制度障碍。

4. 2012年10月，中国保监会先后发布《关于保险资产管理公司有关事项的通知》、《关于保险资金投资有关金融产品的通知》等6个文件，对保险资管业务进行了规定，扩大了保险资金的投资范围。2013年2月4日，中国保监会发布《关于保险资产管理公司开展资产管理产品业务试点有关问题的通知》，对于保险资管公司开展资管业务提供了依据。

二、新规特点及其对信托业的影响

无论是从提升信托行业自身竞争力，还是从行业间合作角度出发，都有必要对这些新规及其对信托业的影响进行认真研究。

（一）证券、基金新规的特点及影响

1. 完全比照信托功能开展资管业务，对信托具有极强的替代性。

（1）业务种类上，券商和基金管理公司的资产管理计划在业务类别划分上和信托公司基本一一对应。

（2）投资范围上，新规中，基金公司资管计划投资范围增加了“未通过证券交易所转让的股权、债权及其他财产权利”，而证券公司定向资产管理业务的投资范围则可以由证券公司根据客户需求约定。尽管目前信托具有横跨实业市场、资本市场和货币市场三大市场的制度优势，投资范围较宽，但根据新规，券商、基金通过各种形式的创新，可以实现与信托相同的投资范围。

（3）破产隔离机制方面，在券商和基金资管业务中，是以部门规章的形式进行规定，相对于信托法，其法律效力存疑。

对于市场竞争而言，在业务种类、投资范围、风险隔离上，信托产品和券商、基金资管业务无本质性差别，因此市场倾向于收费最低的产品提供者，导致各类机构陷入价格战，甚至短期内市场会出现“劣币驱逐良币”现象。就业务开展成本而言，在基金公司资管业务中，只需要2000万注册资本即可成立，无净资本约束，因此其资管业务规模可实现无限制增长，业

务杠杆高、净资产收益率高，对单个业务的收费要求低；而在近期券商开展的通道类业务中，也仅收取极低（万分之几）的费率甚至不收费，这将导致资管行业进一步通道化，且价格竞争愈演愈烈。通道业务的大幅流失，将严重影响信托资产规模的增加，从而削弱信托公司的社会公信力。券商、基金在此领域竞争优势的获取仅依赖于不同监管部门监管政策的差异进行的监管套利，而非自身具有更强的资产管理能力。

2. 投资者范围和数量更加宽泛，能更好地满足融资需求。从相关监管法规对投资门槛、投资者人数等发行环节的规定中，相对信托公司而言，券商和基金资管业务具有更大的优势。

（1）在投资者资格限制上，信托和基金资管产品的投资起点均为100万元，而证券公司资产管理业务投资者资格限制更加宽松。根据《证券公司客户资产管理业务管理办法》第二十四条规定，限定性集合资产管理计划客户的投资门槛为5万元，非限定性集合资产管理计划客户的投资门槛为10万元。券商客户群体覆盖面更广，即包括高端投资者，又包括中小投资者，同时，券商、基金自身主业为公募业务，分支机构遍布全国，公募业务积累了大量客户，为私募业务打下了基础，其私募资管业务实质上已经公开化、公募化，使得其同时具有推介优势和门槛优势。

（2）从投资者人数来看，在同样单笔委托金额300万元人民币以上的投资者数量不受限制的条件下，证券公司限额特定资产管理计划和基金公司特定客户资产管理计划投资者数量均为200人，而信托公司单个集合资金信托计划投资者数量不得超过50人。并且，证券公司限定性集合资产管理计划和非限定性资产管理计划均无人数限制。

（3）从券商资管业务对投资门槛的设定来看，中国证监会对于私募的理解更加倾向于投资门槛（客户风险承受能力）与产品性质相匹配，即针对不同的计划类型设置不同的投资门槛，按照同样的逻辑，其在投资者人数限定上也更看重投资者的风险承受能力而不是人数的增减，因此其将证券公司限额特定资产管理计划投资者人数限制为200人，且限定性集合资产管理计划和非限定性资产管理计划无人数限制。由此，变相扩大了募集规模。信托产品还受制于两个集合类信托不得投向同一项目的规定，加上投资者人数的限制，在募集规模上不能很好地满足融资方的需求。

3. 倾向于轻资产管理模式，强调投资者风险自担。

（1）技术层面上，信托的投资者保护措施最为全面有力，投资者可通过受益人大会决定信托计划的重大事项。券商和基金资管业务收取管理费，但没有规定投资者保护的具体方式，不对终极风险承担责任，强调投资者风险自担。

（2）组织形式上，基金公司通过设置子公司实现风险隔离，但对注册资本的要求较低，风险承担能力较弱。相比信托注重资本的“重资产管理”，基金、券商资管实质上是一种“轻资产管理”模式，更加注重“知本”。基金资产管理子公司仅要求基金公司控股50%以上，甚至允许自然人入股，为股权激励留下了操作空间。

4. 产品的开放性和流动性方面，券商和基金资管更为宽松。高端客户对于产品流动性和开放性的要求较高，在新的监管框架下，券商、基金资管计划更能满足客户的需求。

（1）在开放性上，监管部门对集合资金信托产品的开放期设计较为谨慎，而券商和基金资管的类似规定则非常宽松。证券公司可以根据集合计划的类型、特点和客户需求设立开放期；基金公司特定多个客户资产管理计划每季均可开放，且为多个客户设立的现金管理类等证监会认可的其他类型资产管理计划还可根据客户需求灵活设置开放期。

（2）在流动性上，券商和基金资管均可以通过交易所平台进行转让，极大地提高了这两类产品的流动性。尽管信托合同中通常规定允许转让，但是信托产品缺乏有效的流通平台，流通机制的广度和深度远不能满足市场需求。

5. 拓宽基础资产范围，资产证券化业务向常规化发展。在征求意见稿中，证券公司资产证券化业务基础资产范围涵盖企业应收款、信贷资产、信托受益权、基础设施收益权等财产权利，商业票据、债券及其衍生产品、股票及其衍生产品等有价证券，商业物业等不动产财产，提供了企业融资的新模式，也为证券公司开展REITs提供了有利条件。而目前信托公司资产证券化仍仅限于信贷资产，并且每轮额度非常有限，不利于信托公司探索支持实体经济发展的新模式。

6. 证券公司债务融资工具管理暂行规定助力券商提升杠杆。在现有公司债、次级债等融资工具的基础上，中国证监会在《证券公司债务融资工具管理暂行规定》（征求意见稿）中允许证券公司发行收益凭证这一新的融资工具，没有限制规模上限，本金和收益的偿付与货币利率、基础商品、证券的价格或者指数的特定标的相关联，不仅有助于券商提升杠杆，并且有利于开展合成 CDO 等创新产品。

7. 拓宽公司债券发行主体范围，非上市公司可通过非公开方式发行公司债券。根据《公司债券发行管理暂行办法》（征求意见稿），非上市公司可以通过非公开发行方式发行公司债券，采取备案制，发行对象包括金融机构、金融机构面向投资者发行的理财产品、注册资本不低于 500 万元的企业法人、实缴出资金额不低于 500 万元的合伙企业、QFII、RQFII、金融资产不低于 300 万元的个人投资者，每期债券投资者不超过 200 人。非上市公司私募债的发行人与融资类信托业务的融资方有较大的重合，中国证监会此次征求意见稿对于发行主体不设任何财务指标和发行限制条件，发行条件相对宽松，证券公司在理顺这类业务后将对信托公司的融资类业务产生巨大冲击。

综合来看，券商、基金新政下开展的资管业务以及非上市公司私募债的推出与信托公司的主业几乎完全重叠，导致信托公司缺乏独有的专属业务；券商资产证券化业务的监管要求非常宽松，而信托公司同类业务面临的限制过于严格，致使本属于信托原理的业务领域几乎被券商完全占据。从长期看，信托的制度优势会被其他金融机构资管业务的不断创新和相关政策的放宽所侵蚀，最终导致信托公司出现生存和发展危机。

（二）保险新规的特点及影响

本次中国保监会出台的新规，对信托公司未来的投融资业务影响巨大，具体表现在两个方面：

1. 在机构层面，保险资产管理公司可以作为受托人，接受客户委托或设立资管产品，开展资管业务；符合有关规定的，甚至可以申请开展公募性质的资管业务。由于保险公司资产规模大，并具有极强的社会公信力，这将变相为其控股的保险资产管理公司资管业务提供增信，且保险具有众多的分支机构、庞大的营销团队和极强的营销能力，对信托公司业务拓展和客户营销影响巨大。

2. 在业务开展上，保险新政将保险资金投资于基础设施债权投资计划的受托人界定为保险资管公司，将信托公司排除在外，未来其他业务投资领域预计也会有类似的限制。同时由于保险资金体量大，资金成本低廉，因此一旦进入产业市场，将具有很大的竞争力，其可直接通过保险资管公司对接融资者，将会极大地削弱信托公司融资业务的竞争优势。同时，由于其成功管理保险资金的历史业绩，其低风险稳定收益的投资策略对于养老金、企业年金等机构投资者具有很强的吸引力。

3. 在资管业务规定上，保险资管公司资管产品与基金公司的特定客户资管计划非常类似，包括向单一投资人发行的定向产品和向多个投资人发行的集合产品，向多个投资人发行的集合产品投资人数不超过200人，单一投资人初始认购资金不低于100万元。发行对象包括境内保险集团（控股）公司、保险公司、保险资产管理公司等具有风险识别和承受能力的合格投资人。从客户群体上看，保险资管公司客户风险偏好程度较低，相应的对于收益率也没有太高要求，因此其资金成本最低，可能导致优质项目优先流向保险资管。

（三）ABN的特点及影响

1. 在金融工具属性上，ABN作为一种介于企业债和资产证券化之间的新型融资工具，实质上是在银行间债券市场发行的类信托产品，且具有以下优势：

（1）发行程序简单，不需要经过特殊的审批，只需在交易商协会备案即可。

（2）ABN可以绕开净资产40%的限制，且对发债主体的资格要求较低，成本更低。因此发行人可以突破融资规模限制，通过基础资产现金流的优先受偿权使得债券评级一般会高于主体评级，从而获得更低的融资成本。

发行的便利性和低成本使得融资方倾向于选择ABN，替代信托融资，其直接后果是造成信托公司客户质量的进一步下滑，加剧信托业务风险。

2. 在市场内涵上，根据交易商协会现行规定，包括ABN在内的非金融企业债务融资工具主承及承销机构名单主要是银行和证券公司，未把信托公司纳入承销商范围，其实质是银行间接开展了资管业务，且无需纳入表内监管，银行既有项目又有资金，直接满足了客户低成本融资需求，进一步压缩了信托公司的业务空间。

相对于券商、基金资管业务的盈利模式和现有资产管理能力使得其在通道业务和资本市场业务中占有优势，ABN 和保险资管能够为客户提供更加低廉成本的资金，从源头上争夺了信托行业的客户，其对信托公司的融资类业务产生的影响可能更大。

三、信托监管的具体建议

金融机构组织形式的变化总是与监管制度的演进相辅相成，随着金融机构的衍生和变异，监管机制也必须做出衍生和变化。目前的金融机构是基于分业经营而设，但随着利率市场化的加速推进及金融体制改革的日益深入，中国金融机构进入了全面资产管理时代，综合经营趋势的日益明显。监管层应加强相关配套制度的建设，同时，为适应资管市场激烈的竞争应鼓励信托公司开展各项创新，并适时根据市场发展情况给予一定的政策调整。

（一）完善信托制度基础设施建设

随着金融市场进一步开放，各类金融业态在分业监管形势下的相互渗透将成为常态。完善信托制度基础建设是信托业长远健康发展的根本，其具体措施包括：

1. 创建信托登记制度，建立类似于中债登、中证登的信托产品登记机构。

2. 开设信托资产/产品交易所作为信托一级市场和二级市场，满足信托产品发行和信托受益权的流动性需求。

3. 协调解决信托税收问题，为财富传承、财产权信托、公益信托的兴起和发展打下基础。

4. 协调解决信托财产的转移和抵质押登记问题。明确信托财产的信托属性，确立以信托合同作为依据办理不动产等财产权的转移或抵质押登记，避免出现为办理相关登记而虚构交易合同或借款合同的情形，同时也为财产权信托的创新、REITs 业务的开展奠定法理和实施基础。

5. 推动建立信托账户，为未来向高净值客户提供综合金融服务做准备，满足信托本源业务的内在需求。

（二）推进市场化监管

金融机构的竞争不仅仅是金融机构自身的竞争，更是金融监管机构之间的竞争。监管应适时调整，使相同的资管业务面对相同的监管政策，为金融机构创造公平的竞争环境。

1. 在组织层面上，允许设立资产管理子公司，进行适当的风险隔离，使“知本”和“资本”得以有效结合；鼓励资产管理公司专注于资产证券化、房地产信托投资基金等某一类业务或某一行业领域。

2. 技术层面上。

（1）放宽投资者人数限制，强化风险承受能力的判断，弱化具体投资人数的限制，建议比照券商、基金资管监管，将投资者人数放宽至200人。

（2）区分公开发行和非公开发行，根据产品不同的风险水平施行不同的投资门槛，尤其是对于投向固定收益类产品的低风险业务，例如，现金管理类信托产品降低投资门槛至5万元，取消投资者人数限制，关键在于将合适的产品卖给合适的客户。

（3）明确放宽开放期设置，可以根据客户需求灵活设置开放期；取消集合资金信托计划期限不得少于一年的限制。

（4）允许信托公司为信托产品提供双边报价服务，即成为信托产品的做市商，提供流动性服务。

（5）将资产证券化业务从试点转化为常规化业务，扩大信托公司资产证券化业务基础资产范围，引入未来可产生稳定现金流的非信贷资产作为基础资产，通过银行间市场发行资产支持证券。

（6）对资金池业务不能因噎废食，应以规范引导为主，强化风险控制，引导该类业务健康发展。

（7）取消关联交易事前审批制，改为“需在发行材料和信托合同中充分向投资者进行披露，并在计划成立后5个工作日内向监管部门报备”，并明确关联交易标准。

（8）取消“贷款不得超过其管理的所有信托计划实收余额30%”的限制，鼓励融资类信托债券化，把收益权信托做成收益债券，放入银行间市场。

（9）取消“信托受益权进行拆分转让的，受让人不得为自然人”，“机构所持有的信托受益权，不得向自然人转让或拆分转让”的限制，可规定“转让后，投资者标准和人数均符合发行时的要求”即可。

（10）对于银行通道类业务，银信合作、银证合作监管标准应统一，要么都放开做，要么全部入表，避免存在监管套利的空间。

（11）允许信托公司发行债券，进行适当的杠杆化。

（12）允许信托项下开展卖出回购、正回购等正常的金融市场交易工具。

（13）调整净资本监管规则，下调通道类业务风险资本计算系数，承销业务的风险资本仅在承销当月计算。

（14）区分房地产信托业务类型，可设定一定的标准，对于符合标准的项目，如投向保障房、养老地产、商业地产领域可采用事后报备制。

（三）加强与其他监管机构的协调

资本市场作为经济金融的核心要素，股权投资始终是一个重要的业务领域，因此建议：

1. 协调中国证监会给予信托公司更多的准入，如信托投资 PE、信托计划参与定向增发。鉴于信托行业已推行净资本监管，资本金日益成为信托公司发展的重要约束因素，建议明确信托公司上市融资具体原则，鼓励信托公司通过上市途径增强自身资本实力。

2. 银行间债券市场是机构资金的主要投资平台，建议放开信托公司承销 ABN、允许信托固定收益类产品在银行间市场发行。

（四）引入信托保险机制分散风险

截至 2012 年年底，信托行业管理的信托资产规模 7.47 万亿元，预计 2013 年年末行业信托资产规模将达到 10 万亿元，按照 2012 年年底的集合信托规模占比 25% 测算，2013 年年底，预计集合信托规模将达到 2.5 万亿元，假定集合信托的不良率为 1% 计算，有可能产生 250 亿元的不良信托资产。

金融机构的利润来自对风险的经营水平，因此，消除信托产品的风险是不可能和不现实的，我们只能考虑如何降低或转移风险。在业务实践中，集合信托产品通常会设置抵质押、结构化等内部信用增级和第三方企业保证等外部信用增级措施，作为对受益人利益的保障措施。由于提供外部信用增级的第三方企业通常为融资方的关联方，因此保障能力十分有限，信托计划清算对融资方还款能力有较强的依赖性。

鉴于上述原因，建议引入保险机制分散集合信托风险。具体思路是：信托公司将信托产品到期按时收回本息向保险公司投保，保险公司按照实收信托规模的一定比例（假定为30%—40%）进行承保，并收取一定的保费（假定为承保规模的1%，则对于整个项目而言为实收信托规模的3‰左右）。信托计划运行过程中，若融资方未按时偿还贷款本息，则保险公司在承保额度之内进行赔付，超出承保额度部分，信托公司可通过处置抵质押物等方式进行追偿，从而使受益人利益得到更大程度的保障。

图书在版编目（CIP）数据

信托研究与年报分析．2013/百瑞信托博士后科研工作站著．—北京：中国财政经济出版社，2013.11

ISBN 978 - 7 - 5095 - 4895 - 0

Ⅰ.①信…　Ⅱ.①百…　Ⅲ.①信托 - 研究报告 - 中国 - 2013　Ⅳ.①F832.49

中国版本图书馆 CIP 数据核字（2013）第 253788 号

责任编辑：林治滨　　　　责任校对：李　丽

封面设计：郁　佳

中国财政经济出版社出版

URL：http：//www.cfeph.cn

E - mail：cfeph @ cfeph.cn

社址：北京市海淀区阜成路甲 28 号　邮政编码：100142

营销中心电话：88190406　北京财经书店电话：64033436　84041336

北京中兴印刷有限公司印刷　各地新华书店经销

787×960 毫米　16 开　19.25 印张　299 000 字

2013 年 11 月第 1 版　2013 年 11 月北京第 1 次印刷

定价：39.80 元

ISBN 978 - 7 - 5095 - 4895 - 0/F・3965

（图书出现印装问题，本社负责调换）

本社质量投诉电话：010 - 88190744

反盗版举报热线：010 - 88190492　88190446